グローバリズムと共感の時代の人事制度

これからの時代に即した
しなやかな人事のあり方を探る

山西 均
［著］

東京 白桃書房 神田

はじめに

異次元の発想

　2013年4月に日本銀行の黒田東彦新総裁が金融緩和を発表した。多くの人たちの予想を超えた大胆な内容で、それは「異次元の金融緩和」と呼ばれ、金融市場に大きな影響を与えた。

　この金融緩和が中長期的にうまく機能するかどうかは、まだわからない。けれども、なぜここまで大胆な手法を検討し、実施したのか、その背景は理解できる。日本には長年にわたって解決することができなかった大きな問題（デフレ）が存在し、それに対して小出しでさまざまな施策を講じてきたけれども、うまく解決できなかったからである。こういう場合には、従来とはまったく異なる発想で、大胆な手を打つことが必要になる。

　一部の好調な企業は別であるが、多くの日本企業も同様で、長年にわたり大きな問題をかかえている。社員は毎日まじめに働いているように見えるけれど、企業業績は必ずしも好調ではなく、社内には不安と閉塞感がただよっている。この問題の根本的な原因の一つは、日本企業の標準的な人事制度が有効に機能していないからである。

かなり極端に図式化すると、こんな感じが長年にわたって続いているのではなかろうか。提供する商品やサービスは国際的な競争力を失い、うまく海外に進出できない。海外に進出できないだけであれば、まだいいかもしれない。国内でも顧客から見放され、海外から日本に進出した企業に対してマーケットシェアを失い始めている。社員は保守的になり、自分の社内の地位を守ることに汲々として、自分が定年退職するまでつぶれないよう手を合わせて祈っているように見える。

こういう状況になってもう何年もたっているが、人事の仕組みについては何も抜本的な解決策は打たれていない。確かに小手先の人事制度の変更は、何度も行われている。変更のたびに能書きが流れるが、社員のほうはその意味がよくわからないし、ピンと来ない。場合によっては前回の変更を元に戻しただけではないか、と思われるような制度変更もある。もしかすると経営者も保守的になり、自分の地位を守ることに汲々として、大胆な発想を忘れているのではなかろうか。まさか、経営者も手を合わせて自社がつぶれないように祈っている、ということはなかろうが……。

長年にわたってこういう状況が続き、問題を解決できないのであれば、やはり今までと異なる発想で問題に向き合うことが必要になる。**従来とは異なる、異次元の発想が求められるということである。**

何に着目して、何を変えるか

人事制度の根本は、おカネと思想である。したがって、この2点に着目して変更を加えなければうまくいかない。

人事制度は、おカネと密接に関連している。社員は、給与・賞与という形で会社からおカネを受け取る。会社は適当に金額を決めて社員に支払っているわけではない。必ず何らかの基準と根拠に基づき金額を決めて支払っている。その基準と根拠を定めているのが人事制度である。

おカネは「命の次に大切」と言われる。人事制度が大切なおカネに関係しているのであれば、この部分をよく分析したうえで改善策を考えなければ、うまくいくはずがない。本書では、おカネの流れを「金融商品」として取り出し、その内容を分析したうえで改善策を提案している。**具体的には、長期雇用を長期債権・債務関係としてとらえ、給与水準を上げることを前提に、そうした雇用関係を「リスク付随型雇用」に変更することを提案している。**

もう1つ大切なものは、制度を支える思想である。「どんな軍隊にも旗は必要なんだ」(『世界の終りとハードボイルド・ワンダーランド』村上春樹)と言う。それと同じように、どんな制度にもそれを支える思想が必要になる。おカネは確かに大切であるが、人はおカネだけでは動かない。したがってどんな制度にも、その基軸となる考え方(思想)が必要であり、それは人を引き付ける魅力を持ったものである必要がある。

基軸となる考え方を確立することができれば、制度は時間と場所の制約を超えて機能する。逆に言えば、それがなければ、その制度は時間の経過とともにもろく壊れてしまうし、日本という国を超えて他の国に適用できるだけの普遍性を持たない。

従来の日本の人事制度（職能資格制度）では、「人の価値」（『賃金とは何か―戦後日本の人事・賃金制度史』楠田丘）という考え方が制度の基軸に据えられていた。本書では、それを「共感」に置き換えている。

人事制度の重要さ

人事制度は、そこに働く人たちの考え方と行動を変える。なぜなら人事制度は、命の次に大切なおカネの流れとそれを支える思想に基づき、どういう行動が評価されるかということを決めているからである。この2つが与えられると、そこに働く社員は、日々そのことを意識しながら行動するようになる。1日の与えられた時間の大部分を会社で過ごすとすると、人事制度は人生に大きな影響を与えることになる。

人事制度を高層ビル（たとえば丸の内の丸ビル）の設計にたとえてみよう。建築技術の制約はあるにしても、建物の設計自体は、基本はいかようにも可能である。設計した建物を実際に建築しオープンすると、人の動きは元々の設計に大きく左右されていることがわかる。階を上下するために、人はエレベーターホールのところに集まる。商業施設、飲食店、ホテルをどの階に置くかによって、時間帯別の人の動きはまったく異なるものになる。どこにレストルームがあるのかによっても、人の流れは変わる。人の導線は設計によって決まる。

その建物に出入りする人は、なぜこの階のここに移動しないと自分の用件をすますことができないかということは、あまり意識しない。自分で用件を決めて、まったくの自由意志でその建物の中の特定の場所に向かっているように感じている。けれども、建物に出入りする人の動きを全体としてとらえた場合、その建物の中でどう人が動くかは、設計の段階で決まっている。建物を設計した人たちには、そのことがよくわかっている。

人事制度も同じようなものである。設計すると、それで日々の社員の動きはだいたい決まってしまう。ビルの中の動きと同じように、一人ひとりは自分の意志で目的地に向かっているという感覚を持っている。けれども**全体としてとらえると、人事制度の設計の仕方によって、そこに働く人の考え方、行動の方向性はだいたい決まってしまう**。したがって、人事制度というものは、そこに働く社員にとっても、社員を動かして会社を運営する経営者にとっても、すごく重要なものだということになる。

法律による制約

実際に人事制度を変更しようとする場合は、法律による制約を考慮する必要がある。法律は何か守るべき価値があるから定められているのであり、それは民主的なプロセスによって決まっている。日本という国で会社を運営していく以上、法律を守るのは当然の話である。

人事制度を変更する場合に重要なのは、会社の基幹業務を担っている正社員の制度を見直すことである。日本の労働法は、こうした正社員にとって有利にできている。有利にできているというのは、会社に対する正社員の権利が手厚く守られているという意味でもあるし、非正規雇用の人たちに比べて正社員の権利が手厚く守られているという意味でもある。この法制度が正社員を対象とした人事制度の変更を妨げているという論調をよく見かける。けれども、法律を理由に何もできないという言い訳だけを述べていても、何も変わらない。法律の範囲内で工夫できることはいくらでもある。

高層ビルを建てるときも同じことであろう。国や地方自治体が設けたさまざまな規制があり、「このように設計したい」と思っても実現できないことがたくさんあるのではなかろうか。その制約の中で、さまざまなプランを検討し、いろいろな人が熱意を持って協力し合い、新しいビルができていく。ビルができ上がることにより、街並み全体も大きく変わっていく。

都市全体の開発計画は国や地方自治体の役割で、開発が秩序だって行われるようさまざまな規制が設けられている。けれども一つひとつのビルは、普通のビジネスパーソンが主体的に設計し、建築してでき上がっていく。実際に目に見える形で街並みを変えたのは、そのビルを作った人たちである。こうして実際に街並みが変わること自体が、国や地方自治体が考える将来の都市開発計画や規制にも大きな影響を及ぼしていく。

人事制度も同じであろう。制約の中で、熱意を持って、協力し合いながら、創意工夫をこらすことによって、新しい制度が各社で生まれてくる。そうした変化が、立法・行政・司法にも影響を与え、法律やその運用を変えていく。こういう流れを作り出していくことが大切なのではなかろうか。

法律が変わればやりやすくなることがたくさんあるのは事実である。けれども、文句ばかりを並べていても何も始まらない。**現行の法律の範囲内で、創意と工夫を凝らし、できることを実施していくということが重要であろう。**

お天道様が見ている

人事制度を設計するにあたって大切なのは、「お天道様が見ている」という感覚である。人事制度とか人事運営というのは、経営者や人事部が恣意的に決めることができるように感じるかもしれない。実際、そうした業務に携わる役員や社員の数は、全社員に比べれば極めて少数だから、秘密主義で何でもできるようにも感じる。

けれども、そうではない。ビルを設計するのは少数の人間かもしれないけれど、オープン後に多数の人がそのビルに出入りする。設計の仕方が悪ければ、こき下ろされることになる。人事制度も同様である。実際に適用を開始すれば、社員からすぐに評価される。現場の管理職からもさまざまな意見が出る。制度設計の段階では少数の人間しか知らなかったとしても、後日必ず白日のもとにさらされ、行ったことが正しかったかどうか、万人から裁きを受けることになる。

「お天道様」というのは「さまざまなステークホルダー」の別称で、「お天道様が見ている」というのは、あらゆる変更は「多様なステークホルダーにさらされるのだ」という感覚を常に持ち続けるということを意味する。

加えて重要なことは、**社員は重要なステークホルダーであるけれど、社員だけがステークホルダーではないということを理解することである。**会社は社員が日々顧客にサービスを提供することによって成り立っている。人事制度は社員の考え方や行動に大きな影響を及ぼすわけであるから、顧客もこの件に関する重要なステークホルダーである。したがって、制度は顧客へのサービスを改善する方向で変更する必要がある。また、会社は株主からの出資で成り立っている。株主は高い水準の業績を期待している。業績は社員の働きぶりによって大きく左右される。その意味で、人事制度を変更するにあたっては、株主もまたステークホルダーである。自分が社員であるからといって、社員のことだけを考えて制度変更を行ったのでは不十分で、「お天道様」の前で申し開きができない、ということになる。

すべてのステークホルダーの前で堂々と申し開きできるようにするためには、やはり人事制度の根幹であるおカネの流れと思想を徹底的に考え抜くことが必要だということになる。

〈注〉
本書は筆者自身の見解を述べることを目的としたもので、筆者の所属する会社または企業グループの運営・見解・戦略を記述・反映したものではありません。

目次

グローバリズムと共感の時代の人事制度――これからの時代に即したしなやかな人事のあり方を探る

第2章 金融商品を支えるビジネス……41

第3章 楽しく働くということ……83

第4章 現行制度の長所と課題 …… 117

第5章 職能資格制度の発展型とは …… 147

第6章 まったく新しい制度を考える

第7章 社員にとっての魅力 219

第8章 「グローバリズム」と「共感の時代」 251

装丁・ＤＴＰ・編集協力――リリーフ・システムズ

グローバリズムと共感の時代の人事制度

――これからの時代に即したしなやかな人事のあり方を探る

人の価値で賃金を変えますか、仕事の価値で賃金を変えますか。（略）賃金論とは思想闘争ですよ。

『賃金とは何か――戦後日本の人事・賃金制度史』楠田丘[1]

第1章

金融商品としての報酬

「カネについて口にするのははしたない」という教えを刷り込むことで、得をしている誰かがどこかにいる。

「お金がすべてじゃない」「幸せはお金なんかでは買えないんだ」って、何を根拠にして、そう言いきれるんだろう。

『この世でいちばん大事な「カネ」の話』西原理恵子[2]

1 人事制度の主流 ―職能資格制度―

人事について学ぼうとして、驚くことが1つある。それは、正解の多様性である。会計の勉強であれば会計原則、法律の勉強であれば法律そのものが、課題や問題に対応する際の根拠として存在する。根拠となる会計原則や法律の解釈に若干の違いが生じたとしても、それらが対応のよりどころになるという点は揺るがない。したがってそこに立ち戻れば、だいたい1つの正しい対応が決まる。その答えは、どの会社にとっても共通である。

人事の話はそうでもない。確かに、人事運営のよりどころとして労働基準法などの根拠法令は存在する。しかし実際の人事制度の中身や運用の仕方は、会社によってさまざまである。各社の事業内容、経営状況、職場環境が違っていて、そうした違いに応じて各社各様に人事制度ができ上がっているからである。細部に入り込むと「これがどの会社にとっても正しい対応です」というものが存在しない。

会計や法律を教える学部は多くの大学にあり、実学として重宝がられている。一方、人事のほうは、学問の世界でそこまでにはいたっていない。その理由の一つは、こうした「正解の多様性」という点にあるのではなかろうか。「これが正解です」というものを示せなければ、学校の先生も生徒に教えづらい。

実務担当者として人事を学び始めた最初のころ、私もこの多様性にとまどった。けれども、だんだん人事の世界にはまってくると、この正解の多様性が面白くなってやめられなくなる。人事制度の多様性には、2つの面白さがある。

1つには、自社の置かれている状況に応じて、担当者は自分たちで考えて正しい答えを作り出し、提案し、実施することができるという面白さである。自分たちで答えを創造するという作業は、決められた外部の原則やルールに従って物事を処理するよりも面白い。

もう1つは、各社の多様な人事運営の中に存在する共通項目を抽出する面白さである。抽出されたものが、日本企業の人事制度の本質だと言える。たとえば多様性の一例として、真紅のバラと白いユリの花はずいぶん違って見える。けれども両者は同じ「陸上植物」(3)として、多くの共通点を指摘することができる。たとえば、バラもユリも根を持ち、栄養を地下から吸い上げ、葉を持ち、光合成を行っている。同様に、各社の人事運営が多様であっても、その中に共通の特徴を探し出すことができる。これは複雑な数式を上手に単純化する面白さに通ずる。

本書のねらいは、各社にとって各様の解決策について述べることではない。多様な各社の人事制度・運営に共通項を見つけ出し、それに対して共通の解決策を提示することである。各社の運用の細かな差異には立ち入らない。たとえて言うと、バラとユリの違いを分析することではなく、「陸上植物」といった大きな切り口で共通点を取り出し、それについて議論を展開することを目的としている。

運用の細部の違いにとらわれず、多くの日本企業、特に大企業の人事制度の中で一般的に共通する特徴を1つだけ取り出してみよう。それは職能資格制度である。

職能資格制度では、「従事している仕事から離れ、職務遂行能力（『職能』と呼ばれている）を尺度にして従業員の『偉さ』を決め」「それによって決まる『偉さ』のランクが職能資格と呼ばれる」（『マネジメント・テキスト 人事管理入門 第2版』今野浩一郎、佐藤博樹）。

もう少し平たく言い直すと、これは次のようになる。

この制度では、全社員に社内での資格が与えられている。**資格は本人の能力（職務遂行能力＝職能）によって決まり、**その水準が高くなればなるほど高い資格が与えられる。**この制度を理解するためには、資格が本人の業績、貢献で決まるのではなく、能力で決まるということを押さえておくことが重要なポイントとなる。**

この職能資格制度は、戦後日本の経済環境が変遷する中で、労使双方の努力の賜物としてでき上がってきた。こうした努力の経緯は、この制度を日本に定着させた最大の功労者の一人である楠田丘氏の『賃金とは何か』（楠田丘著、石田光男監修・解題）を読めばよくわかる。また同書を読めば、この制度の裏付けとなっている思想がいかに深いものであるかもよくわかる。さまざまな関係者の努力に支えられ、その裏側に深い思想があるから、何十年も生き残ったわけである。

彼は別の書（『改訂5版 日本型成果主義の基盤 職能資格制度』）の冒頭で、この制度の意義を4つにまとめている。

①年功に代わる新しい処遇基準
②人材育成のラダー
③本人の過去の努力に報いる社内称号
④日本型成果主義の基盤

それぞれの項目に重要な意義があるが、その詳細な解説は彼の著作に委ねる。興味深いのは、「今日的な意味で」日本型成果主義もこの職能資格制度の基礎付けの上に成り立つと彼が考えている点である。成果主義というのは、何年も前に大きく取り上げられて、良い意味でも悪い意味でも大変話題になった(4)。この言葉は当時喧伝されたので、日本企業の人事制度の多くが、職能資格制度から成果主義にすっかり衣替えしてしまっているように思っている方もいるかもしれない。けれども、実態はそうではない。仮にある会社が成果主義を導入したと宣言しても、多くの場合、職能資格制度の枠組みを残したうえで、評価の仕方、賞与の決め方を変えたにすぎない。したがって、人事制度の基盤として職能資格制度は脈々と生き続けている。日本企業における職能資格制度というのは、深く根を張っていて、そう簡単にはなくならない。

職能資格制度を理解するために、1つ具体的な例を挙げてみよう(職能資格制度と職務等級制度の仕組みと違いをよく理解されている方は、ここから「第3節　38年間の学校生活」の手前まで読み飛ばしていただいてもけっこうです。もしよくご存知なければ、煩雑だと感じられるかもしれませんが、辛抱して読んでいただければと思います）。

大手スーパーのチェーンストアを考えてみよう。そのチェーンストアの大規模な支店に、食品売り場の責任者と支店長という2つの管理職の役割があると想定する。食品売り場は、支店全体の一部にすぎないので、食品売り場の責任者より支店長のほうが責任が重い。食品売り場の責任者は、仕入れ、商品の鮮度・衛生の管理、売れ筋商品の把握、何人かの正社員及びパート従業員の管理といった能力（これをここでは「職能水準①（課長クラス）」と呼ぶ）が必要になる。支店長になると、食品を含め、衣料品、子供用品など各売り場の責任者を統率し、支店に在籍する数十名の全正社員・パート従業員を管理し、その地域の商店街の人たちとの関係を円滑に保ち、警察や消防といった公的な機関とも折衝する能力（これを「職能水準②（支店長クラス）」と呼ぶ）が求められる。

職能資格制度においては、「職能水準①（課長クラス）」に対応する能力（職務遂行能力＝職能）が社内で定義されている。これは特定の支店にだけ適用されるものではなく、全支店に適用される。また食品売り場の責任者だけではなく、支店の衣料品売り場の責任者あるいは本社の購買課長といった役割にも、同じ水準の能力が求められるのであれば、そうした役割にも適用できるよう、ある程度一般化した形でその能力が定義されている。

ある社員がその能力要件を満たしていると会社が判断した場合、それに応じた職能資格（これをここでは「管理職資格①（課長クラス）」と呼ぶ）が与えられる。同様に「職能水準②」も定義されていて、それを満たしていると判断されると、これに対応する職能資格（これを「管理職資格②（支店長クラス）」と呼ぶ）が与えられる。

ここで職能資格制度を理解するうえで重要なポイントがもう1つある。ある社員が「管理職資格①」または「管理職資格②」を持っているという事実と、実際にその社員が食品売り場責任者または支店長という役割（職務）に任命されているかは、切り離されているという点である。こうした職能資格は、「一定の役割を果たす能力があるという証《あかし》として与えられる『資格』」にすぎない。こうした役割を果たす資格を持っていることと、実際にその役割が与えられるかは、別であるという考え方になっている。

したがって、「管理職資格②（支店長クラス）」を持っていても、実際には役割としてその下の「食品売り場の責任者」をやっていたり、あるいはそもそも部下を持たず、一販売員として働いていたりする場合もある。実際、日本企業の中でこうした光景は全然珍しくない。

これを国家資格と比較して考えてみると、こういうことになる。司法試験に合格し、一定の手続きを終了すると弁護士と司法書士の資格が与えられる。この場合、本人が実際に弁護士の役割で仕事をするか、司法書士の役割で仕事をするかは本人の意志しだいである。おそらくほぼ全員が、前者の道を選ぶであろう。

職能資格制度も、社内で「資格を与えられる」という意味では同じである。違うのは、会社の場合「管理職資格②」を取得しても、結果として支店長の役割を与えられるか、食品売り場の責任者の役割を与えられるかは、会社しだいということになっている。司法試験とは違って、本人の意志で役割を選ぶことはできない。

それから、職能資格制度を理解するうえでもう1つ重要な点は、社員の月例給与の水準は、この職能資格によって決まるという点である。[5] 職能資格が上がると月例給与は上がり、それが下がると月例給与も下がる。別の言い方をすると、役割（職務）が下がったとしても（例：支店長から食品売り場責任者へ）、職能資格が変わらなければ月例給与は下がらない。

再び司法試験を例に使うと、こういうことになる。弁護士と司法書士では業務の内容が違う。一般的には、前者のほうが高度な内容だと考えられている。職能資格制度の考え方では、給与は本人の資格で決まるので、司法試験という資格試験に合格していれば、毎日司法書士の業務だけを行っていても、弁護士の本来業務に専念している他の弁護士と同じ月例給与がもらえるということになる。少し変な気がするかもしれないが、それが職能資格制度の考え方である。

要するに、月例給与を決めるにあたって大切なのは、職能資格であって、日々の役割、業務の責任の重さ、本人の業績ではない、という制度設計になっている。日本の多くの会社の人事制度は、こうした職能資格制度の考え方を適用して成り立っている。

2 職能資格制度が果たしてきた役割

日本の戦後の歴史を振り返ると、職能資格制度は次の3つの大きな役割を果たしてきたと考えることができる。

1つ目の大きな役割は、この制度は理論的に「年功序列」の考え方を壊してきたということである。先ほど職能資格制度の4つの意義の1つとして挙げた「①年功に代わる新しい処遇基準」という役割である。

「その昔、日本的経営を表す『三種の神器』として、終身雇用、年功序列、企業別組合という三セット」（『名著で読み解く 日本人はどのように仕事をしてきたか』海老原嗣生、荻野進介）[6]がよく挙げられた。年功序列は、この三種の神器の1つである。

年功序列の考え方では、社員の年齢と勤続年数を重視して社内秩序が形成される。年長で勤続年数が長いほうが、社内の「偉さ」が上に来るので、与えられる役割・職責も重く、報酬も高いということになる。

一方の職能資格制度は、今見たように、それぞれの社員の能力を基準とした「資格」で社員の偉さが決まる。業界や職種によっても異なるが、学校を出て数年は、普通は誰でもその業界で働いた経験がなく、仕事に戸惑うことが多い。職場で経験を重ねるにつれ、仕事を処理する能力が上がっていく。こうした段階では、経験年数で能力に差がつく。したがって、資格自体が年齢に応じて上がるという結果となる。けれども、それはせいぜい最初の5年から10年で、その先の管理職のレベルでは、本人の努力や意欲によって管理能力に差がつくわけで、年齢や勤続年数で決まるわけではない。したがって、この制度を導入して、本人の能力にだけ基づいて各社員の職能資格を決めていれば、入社5年から10年以上を経た社員については、年功的な序列はなくなるはずである。

また職能資格制度においては、先ほども述べたように、社員の月例給与も職能資格に基づいて定められる。したがって偉さの序列だけではなく、報酬の基本的な水準も年功的に上がっていくということはない、ということになる。

2つ目の大きな役割は、アメリカで主流の職務給に基づく制度（「職務給制度」または「職務等級制度」、以下では後者の呼称を使用）の日本への上陸を阻んだという点である。

職務等級制度というのは、社員の能力によって給与を決めるのではなく、仕事上の役割（職務）によって決めるという考え方を基本としている。この制度は、会社の中にあるさまざまな職務それぞれに、給与水準を設定することによって成り立っている。たとえば、支店長であれば年間給与800万円、食品売り場責任者であれば600万円、食品売り場の販売員であれば400万円といった風に、役割・職務によって決めておく。食品売り場の責任者という役割につけば、それが誰であってももらう給与は同じである。それが25歳の社員であっても、55歳の社員であっても、また昨日中途採用で入社した社員であっても同じである。

図表1-1■賃金の決まり方

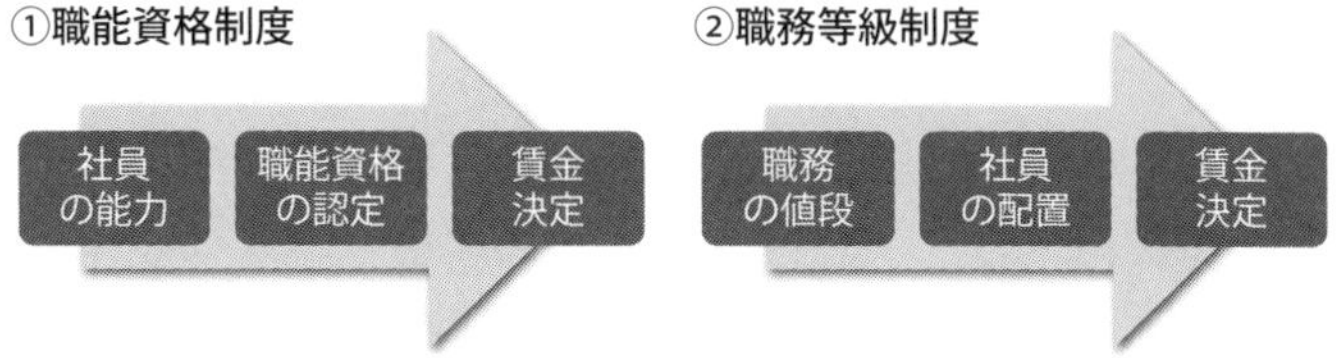

報酬の支払い方には、「労働力対価」で決める方法と「労働対価」で決める方法があると言われる。同じ意味合いで、「職務遂行能力」と「職務価値」の2つの決め方があると言われることもある。

言葉としてほとんど変わらないように感じるかもしれないが、それぞれ前者（労働力対価・職務遂行能力）が職能資格制度の考え方であり、後者（労働対価・職務価値）が職務等級制度の考え方である。前者では、社員の仕事をする能力に応じて職能資格が決まり、その職能資格に応じて報酬が決まる。後者では、社員一人ひとりの能力や資格は関係ない。まず、各役割・職務そのものの報酬水準を決める。そこに社員を配属すれば、その社員が誰であれ、同じ報酬水準が支払われる（図表1－1）。

これをもって日本では、次のように言うことが多い。**職能資格制度は社員一人ひとりの能力に着目して報酬を決めるから「人」を重視した制度であるのに対し、職務等級制度は、業務上の機能である職務の価値を重視したもので、「人」を十分に重視していない。**たとえば、「こうした仕掛けをもつ職能資格制度は、職務に力点を置く欧米型と異なり、『人間（従業員）の成長に軸を置く人間基準』を基本的な理念としている」（『マネジメント・テキスト 人事管理入門 第2版』今野浩一郎、佐藤博樹）と言う。

「労働力対価」（職務遂行能力）と「労働対価」（職務価値）というまぎらわしい言葉のうえの小さな違いは、実際の運用では大きな違いとなる。

たとえば、職能資格制度を前提にスーパーマーケットのケースを考えてみよう。「管理職資格②（支店長クラス）」の社員が、支店長から食品売り場の責任者に配置転換になったとしても、現在の資格（管理職資格②）は維持される（職能資格は、役割・業務の責任の重さ・業績で決まるのではなく、本人が身につけた能力で決まっていることを思い出してほしい）。職能資格が変わらなければ、それに基づいて決まる月例給与も変わらない。

一方、職務等級制度で同様のことが起きると、違う結果になる。月例給与は支店長という役割・職務に対応して決まっている。食品売り場の責任者になると、その役割・職務の重要さが支店長より小さいので、当然月例給与は下がることになる。

確かにこの例をこの社員の観点で考えると、職能資格制度のほうがありがたい。会社が自分のことに配慮して、自分の能力を大切にしてくれているように感じる。

3つ目の大きな役割は、社員の長期的な育成と雇用に貢献してきたという点である。

職能資格制度のほうが、職務等級制度より配置転換がやりやすい。

職務等級制度の場合は、役割・職務ごとに月例給与が決まっている。そうすると、会社がある社員をAという職務からBという職務に異動させようとした場合、その社員の月例給与が上がったり下がったりしてしまう。上がる場合は差し支えがないが、下がる場合は社員にとってありがたい話ではない。誰もそういう人事異動の対象になりたいとは思わない。

一方、職能資格制度の場合は、社員本人が持っている資格によって月例給与が決まっているので、配置転換によって月例給与が下がるという問題は生じない。したがって、こちらのほうがこうした人事異動を実施しやすい。そうすると、社員に新しい業務を経験させ、対応できる仕事の幅を広げるというような能力開発的な配置転換がやりやすい。またこうした人事異動を通じて、会社の中のさまざまな業務を経験した社員のほうが、社内の幅広い知見に基づいて判断を下せるようになる。これは、経営者育成としては優れた仕組みだと言える。

また職能資格制度では、社員が自己研鑽に努めて能力を高めれば、社内の資格を上げることができる。そうした努力が、自分の報酬及び社内のステータスのアップにつながるという道筋がよく見えているので、中長期的な観点で努力を積み重ねやすい。職務等級制度では、職務が変われば報酬も変わるので、今まで自分が積み上げた能力の大部分があっという間に無駄になってしまうかもしれない。楠田氏が言う、職能資格制度の持つ「②人材育成のラダー」としての機能、「③本人の過去の努力に報いる社内称号」という特徴が、うまく機能する側面である。

職能資格制度では、「『社員に対して雇用を保障し、そのために生涯を通じての能力開発を重視し、会社は開発された能力を活かすように配置し、その能力に基づいて格付けと処遇を決める』能力開発主義の考え方が強調されている」(『マネジメント・テキスト 人事管理入門 第2版』今野浩一郎、佐藤博樹)。この制度のこうした特徴が、日本企業の長期雇用を支えてきたと言える。

3 38年間の学校生活

職能資格制度のことを考えていると、ときどき私はこれを学校生活の延長にたとえたくなる。

話を簡単にするために、1つの例を考えてみる。ある学校では小学校から大学までの一貫教育を行っていて、小学校1年生からその学校に入った生徒だけを教育しているとする。そこでは、1学年の生徒の人数は、小学校から大学までほぼ同数である。また、中学、高校、大学に進学するためには一定の学力水準が求められ、その水準を上回らない限り進学できないとする。仮に上の学校に進学しなくても留年が可能である。留年が続くと年下の人たちがどんどん同級生になってきて、本人としては何となく居心地が悪いけれど、この学校では留年を理由に退学を求められることはない。高校から中学に差し戻されることもない。大多数の生徒は、ちゃんと勉強して、知識を身につけ、留年しないように一生懸命努力する。先生もそれをサポートしてくれる。ときどきクラス替えはある。

職能資格制度も、これと同じような仕組みだと言える。一定の能力を身につけないと、上の資格に上がることができない[7]。資格が上がらず、長年同一職能資格に留まっていると（留年していると）、下の人がどんどん同じ職能資格に上がってきて、やはり本人は何となく居心地が悪くなるかもしれない。けれども、別にそれを理由に解雇されるわけではない。職能資格が下がるわけでもない。普通の社員は、ちゃんと仕事を覚え、能力を身につけ、上位の職能資格に上がれるように努力する。上司もそれをサポートしてくれる。ときどきクラス替えのような人事異動で、働く部署が変わる。

前述の学校と職能資格制度の大きな違いは、学校は留年しなければ小学校から大学の16年で終わるが、会社は22歳から60歳までとすると38年間続く。後者のほうが長い。あと、この学校は小学校でも大学でも1学年あたりの人数が同数程度と想定したが、職能資格制度ではどの会社でも上位資格になればなるほど選抜が厳しくなり、人数が減るので、年齢が上がるほど留年する社員の数が増えていく。

こういう違いはあるにしても、職能資格制度は、学生として学校で長年学んでいるような側面がある。教育機関は、生徒の成長・学力開発に努めるし、いろいろと学生の面倒を見てくれるという安心感がある。その意味で、「人（生徒）」に配慮している。職能資格制度にも、同じような「人（社員）」への配慮が感じられる。

ここまで聞かれてどうであろうか。これは社員にとって望ましい仕組みではなかろうか。この制度が日本企業において今後も続けられていくことが、大多数の社員にとって幸せなことではなかろうか。日本では、学校教育が終わった後に会社という新しい学校に入り直すようなもので、そこでは社員の能力開発のための努力が日夜行われている。素晴らしい話である。

けれども、残念ながらそうはいかない。経済環境が変わり、人々の感じ方、考え方も変わっていく中、頑なにこの制度を守るだけでは、これからの変化に対応していくことができなくなっている。

置かれている環境によって程度の違いはあれ、それは会社に勤める多くの人たちがうすうす感じていることだと思う。

いくら人事制度が素晴らしくても、会社がつぶれてしまったらどうしようもない。

豪華客船に客員として搭乗しているとしよう。その船の客員向けの施設がすごく充実していて素晴らしいとしよう。でもいくら施設が充実していても、航行中にその船が沈没してしまってはたまらない。それと同じ理屈で、昨今の経済状況では、大手企業に勤めていても、会社の将来に確信が持てない。会社自体が、グローバルな経済環境の変化に乗り遅れていて、沈没してしまうような感覚にとらわれることが多いのではなかろうか。

会社の成長が止まると、社員数の増加も止まる。上位の職能資格の社員数も増えなくなるので、上位に上がることができず、留年している社員の比率が増えてきて、自分もその1人となってしまう。学校の例で考えると、18歳や20歳になっても、中学に留年しているようなケースがどんどん出てくる。

船が沈みそうになれば、他の船（他の会社）に乗り換えればいいという考え方もできる。社内での自分のキャリアの展望が見えなくなってきた場合も同様で、乗り換えればいい。けれども現行の人事制度のもとでは、後で説明するように給与はキャリアの後半に高くなっているので、途中で会社がつぶれたり、退職したりすると、この後半の高い処遇を取り損なってしまう。加えて、横を並んで走っている他の船（他の会社）も、船内（会社内）の状況は同じように見える。乗り換えてもあまり展望は変わらないように感じるので、転職することに魅力が感じられない。

こうなると、一見素晴らしく見えた職能資格制度を運営していても、社内には閉塞感がただようことになる。

4 本書のアプローチ

人事の専門家が人事制度を考える際に陥りがちなのは、視野の狭さである。人事制度だけを独立のものとして取り出し、その独立した枠組みの中で最適化を考えてしまう。それでは、人事制度の設計からビジネスの観点が抜けてしまう。ビジネスの観点が抜けてしまうと、でき上がった人事制度の仕組みが理論的には素晴らしくても、ビジネスが成り立つかどうかは別問題だということになる。けれどもビジネス自体が成り立たないと、どんなに良い人事制度も維持できない。

そのような誤ったアプローチを客船の建造にたとえると、それは客船を設計するにあたって、船の中の乗客向けの設備（内装）だけを考えるようなものである。本当は設計の前提として、船の航路と他の運行手段（飛行機・鉄道など）とを比較して、どうすればこの運行手段の魅力を高めることができるかということから考えなければならない。それがわからなければ、客船を100人乗りにするのか、1000人乗りするのか、といった船のサイズすら決まらない。それだけではない。船の強度、航行スピードなども考えなければならない。

こうしたことを考えてはじめて、船内の乗客向けの施設をどうすればいいかの設計に取りかかることができる。狙う客層によって、内装の豪華さは変わる。船の運航スピードやサイズも決まらないのに、甲板にどういうプールを設計して、乗客に喜んでもらおうかと考えても始まらない。船のサイズが想定したより小さければ、甲板にプールを作っただけで船は沈没しかねない。そもそもプールを作成するほどの資金がないかもしれない。

このように、いい客船を設計するためには、海運という運搬手段の特徴や優位性、船全体の強度・サイズを考えたうえで、何が最適な内装かを考えることが必要になる。製造費用と予想される収入の関係も考えなければならない。同様に、人事制度を設計するにあたっては、人事制度をそれだけで独立したものとして取り出して考えるのではなく、それが成り立つ前提――会社の競争力・財務、ビジネスとの関係など――も考慮したうえで、最適化を考える必要がある。

私は職能資格制度という仕組みと、それを支える思想を高く評価している。一方で、それが時代の流れに合わなくなってきているとも考えている。これを新しい仕組みに衣替えするためには、人事制度それだけを独立のものとして取り出し検討しても、良い答えは出ない。人事制度の前提条件に立ち返って、もう一度この制度を見直す必要がある。そのために、人事制度だけを独立したものと考えて、それだけを内側から眺めて検討するのではなく、ビジネス、財務といった人事制度外の観点にも立ち、それを外側から眺めて検討し、最適化を考えることが必要になる。これが本書のアプローチである。

5 新しい手法 ―労働と報酬のアンバンドリング―

このアプローチを取るために、意図的に1つの方法論を取る。それは労働と報酬を切り離すという手法である。金融の世界でよく用いられる英語の用語を使うと、「労働と賃金のアンバンドリング(unbundling)[8]」と名付けることができる。

日本の法律には次のような条文がある(太字は筆者)。

①民法:(雇用)第六百二十三条　雇用は、当事者の一方が相手方に対して**労働**に従事することを約し、相手方がこれに対してその**報酬**を与えることを約することによって、その効力を生ずる。

②労働基準法:第十一条　この法律で賃金とは、**賃金**、**給料**、**手当**、**賞与その他**名称の如何を問わず、**労働**の対償として使用者が労働者に支払うすべてのものをいう。

③労働契約法:(労働契約の成立)第六条　労働契約は、労働者が使用者に使用されて**労働**し、使用者がこれに対して**賃金**を支払うことについて、労働者及び使用者が合意することによって成立する

図表1-2■雇用の中身

それぞれ、雇用、賃金、労働契約を定義しているが、いずれの法律も労働と賃金（または報酬）を対として、前者を後者の対価であるという構造を取っている。たとえば、民法の雇用の定義を簡単に図式化すると図表1－2のようになる。

多くの人は、働くということと給与を受け取るということを何となく一体なものとして理解しているかもしれない。けれども、一体化したものとしてとらえていると、働くという行為と、その対価としておカネを得るという行為が渾然一体として、分析しづらい。これを分けることによって、会社全体のビジネスや財務との関係がよく見えるようになる。特に、こうして分けたうえでおカネの流れだけを追うと、そうした関係がよく見えるようになる。

雇用のうち報酬（おカネ）だけを取り出して考えるということは、それを「おカネの世界」――「金融の世界」――に取り出して考えるということである。金融の世界では、キャッシュフロー（おカネの流れ）はすべて金融商品として取り扱われる。このアプローチでは、社員が受け取る報酬もキャッシュフロー（おカネの流れ）と理解することになる。したがって、社員に対する報酬（キャッシュフロー）も金融商品として理解するということになる。

誤解を避けるために言い添えると、これは毎日私たちが会社に行って働く際にも、同じようにこの2つを分離して考えるべきであるという主張ではない。こういう風に報酬と労働を分け、前者を金融商品として取り扱うというのは、人事制度の仕組みをよく理解し、制度を外側から眺めるために採用する意図的な方法論である。理解や分析のための方法論が、私たちの日ごろの実感と異なるのは、よくある話である。

6 正社員とは

ここで検討の対象とする社員の種類を明確にしておこう。本書では、主に**正社員を取り扱う**。法的な議論をする場合には、正社員は一般に「期間の定めなき雇用契約を結んだ社員」と整理される。1年間や数か月間といった契約期間に定めのある社員——いわゆる契約社員やパート社員——とは区別されている。

労働法の基本的な解説書に書かれている通り、正社員には判例の積み重ねにより、「解雇権乱用の法理」「整理解雇の4原則」が確立している。

その法理とは、「使用者の解雇権の行使も、それが客観的に合理的な理由を欠き社会通念上相当として是認することができない場合には、権利の乱用として無効になる」というものである。無効とならないケースは限定的で、次のような4つに類別される。

①労働者の労務提供の不能や労働能力または適格性の欠如・喪失
②労働者の規律違反の行為
③経営上の必要に基づく解雇（整理解雇）
④ユニオン・ショップ協定に基づく組合の解雇要求⑼

①、②は、解雇は正社員側にそれぞれに記載されているような状況・行為があった場合にのみ許されるのであり、会社の判断や都合だけで実施することはできない、ということを意味する。また、仮にそのような状況・行為が正社員側にあったとしても、通常裁判所は、「解雇の事由が重大な程度に達しており、他に解雇回避の手段がなく、かつ労働者の側に寛如すべき事情がほとんどない場合にのみ解雇相当性を認めている」（『労働法　第十版』菅野和夫）。したがって、①、②を理由とした解雇のハードルは会社側にとって極めて高い。

③は、「経営上の必要に基づく解雇」とされているので、会社の都合だけで解雇が実施できるように見える。しかし実際には、これも「整理解雇法理」という厳しい制約条件が付されている。これも判例の積み重ねによるものであるが、会社は解雇にあたって次の4つの要件を満たすことが求められる。

（1）人員削減の必要性

（2）整理解雇の回避義務
（3）人選の妥当性、基準の公平性
（4）労働者への説明義務、労働組合との協議義務

（1）の人員削減の必要性の判断にあたっては、必ずしも会社が「倒産必須」の状況であることまでは求められてはいないが、「高度の経営上の困難から当該措置が要請される程度の状況」が必要とされている。

（2）では、会社は当人に対して配転、出向など他の手段によって解雇回避の努力をする信義則上の義務を負う。この要件によって、会社が自社のある部門の業績が低迷しているという理由で、その部門の人員を解雇しようと思っても、実質的には不可能だということになる。会社はそのような部門に働く正社員に対して、まず社内で配転などの対応を実施することが求められる。

したがって（1）（2）から言えることは、会社の一部の業績が悪化するだけでは整理解雇を実施することはできず、会社全体が「高度の経営上の困難から当該措置が要請される程度の状況」に陥ることがまず必要であることがわかる。そのうえで、（3）（4）に示されているような、人選の妥当性・基準の公平性、労働者への説明・労働組合との協議の義務を果たすことが求められる。会社にとって、解雇のハードルは非常に高い。

こうした法理と原則のため、会社は容易に社員を解雇できない。会社の収益状況の悪化に対応し

図表1-3■離職理由

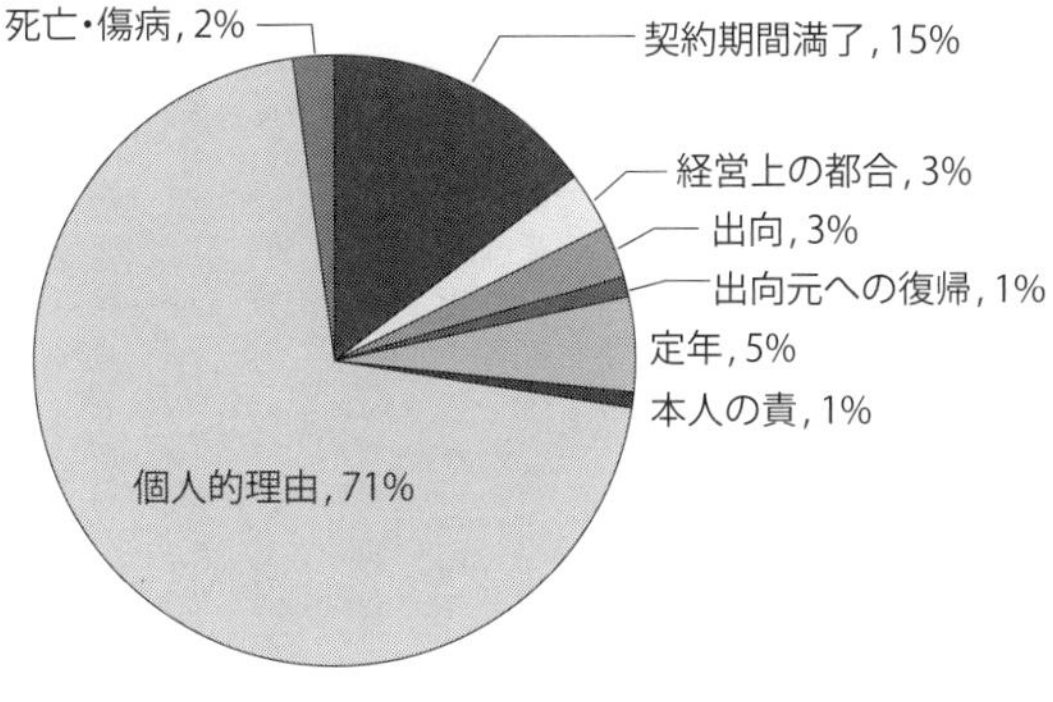

「2013年雇用動向調査」より筆者作成、大企業[10]、常用労働者[11]

て人件費を抑制するために社員を解雇しようと考えても、「整理解雇の4原則」に縛られる。それ以外の多くの場合も、「解雇権乱用の法理」に縛られてしまうので、簡単には実施できない。解雇が認められるほうが例外的で、それは社員が重大な就業規則違反行為を行ったり（懲戒解雇で対応）、病気で長く働けなくなり認められている休職期間が満了になったり、といった限定的な場合になる。

こうした法的環境が、日本の正社員の長期雇用を支えている。また、これが報酬を金融商品として考える際の重要なポイントとなる。

次に、長期雇用の実態を以下で確認してみよう。

まず、本当に会社の都合で解雇になる社員がいるのか、いないのか、という点を確認する。図表1－3は、社員の離職理由（企業規模1000人以上）を示している。対象となった年（2

013年）に約231万人の社員が離職している。そのうち71％は、個人的理由によるものである。経営上の都合という理由で離職した社員は、3％に留まっている。この3％には、実際に会社が倒産した場合も含まれているはずであるから、会社が存続している限り、離職理由に占める経営上の都合による退職というのは、極めて限定的だと考えることができる。

次に、本当に長期雇用になっているか、社員の勤続年数を確認してみよう。大企業の男性社員を例に取ると、**図表1－4**のような数字となる。

雇用の流動化が進み、転職活動が活発になっていると言われるが、実態としては、年齢とともにきれいに勤続年数が増えていく。35歳から39歳で勤続年数が12年弱、40歳から44歳で17年弱、45歳から49歳で21年なので、この年齢層だと、20代半ばぐらいから同じ会社に働いているというのが平均的な姿になっている。この意味では、日本の長期雇用は、これらの社員（大企業、常用雇用者、男性[12]）については十分に成り立っている。

次に正社員の月例給与水準を確認する。それは**図表1－5**となる。

長期雇用のもと、日本の大企業では、20歳代前半は月例給与20万円程度で始まり、50歳代の前半で50万円程度のピークに達するまで安定的に上昇している。

こうした長期雇用が本人の意向の有無を問わずに終わるのが、60歳の定年時であった。これが高年齢者雇用安定法によって修正され、再雇用や定年延長によって65歳までの雇用が普通になる時代が到来している。企業によっては、企業独自の年金制度で、本人が亡くなるまで適用される終身年

図表1-4 ■ 勤続年数

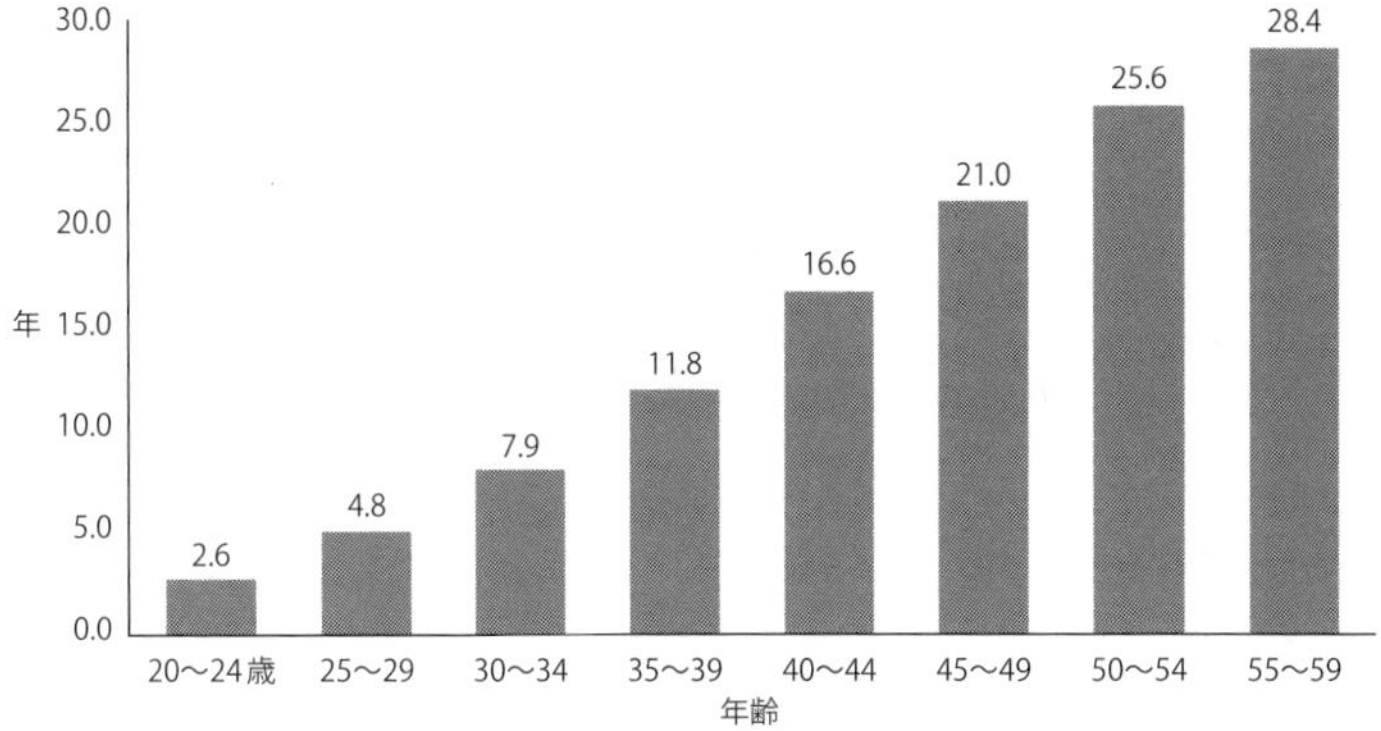

「平成26年賃金構造基本統計調査」より筆者作成、大企業、常用雇用者、男性

図表1-5 ■ 年齢別賃金

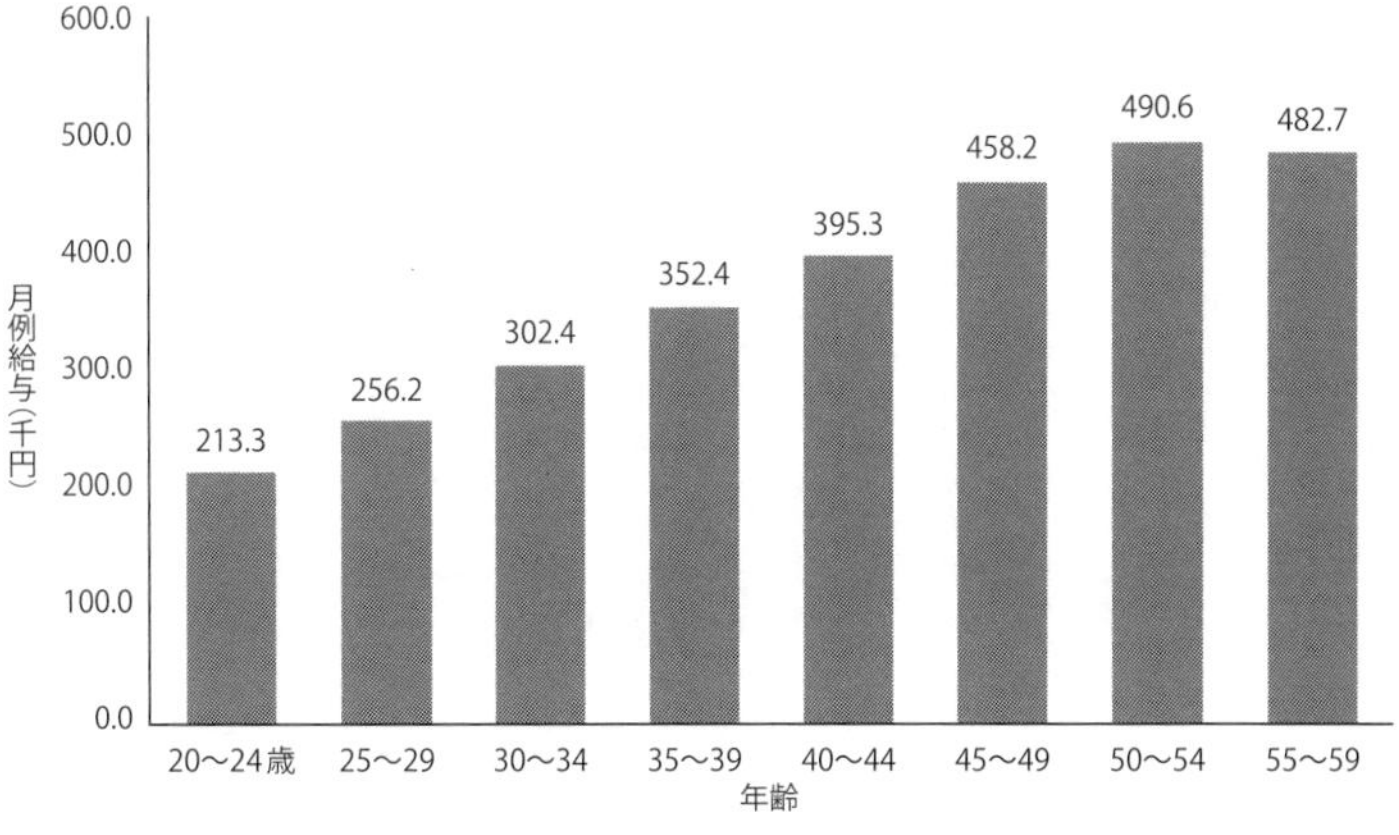

「平成26年賃金構造基本統計調査」より筆者作成、大企業、正社員・正職員

金を提供しているケースもある。この終身年金までつくと、この長期雇用が、本人の死去まで続く生涯の収入保障となる。(13)

7 金融商品としての賃金

さて、こうして実態を確認したうえで、正社員の報酬を金融商品として考えるとどうなるかを見てみよう。そのために、正社員に対する報酬が会社の主たる財務諸表(損益計算書・貸借対照表)にどのような影響を与えるかを考えてみよう。言うまでもなく、損益計算書は「1事業年度の経営成績」を表し、貸借対照表は「一定時点現在の財政状態」を表す(『財務会計 第4版』広瀬義州)。両者は図表1－6のような関係にある。

会社は事業を通じて収入を上げ、そこから収入を上げるためにかかった費用を差し引いて利益が残る。経営者は、この利益の水準を高めるため日夜努力している。そうした活動の一定期間の成果を示すのが損益計算書である。社員への報酬は人件費として、費用の1項目としてそこに登場する(図表1－7)。

損益計算書に登場する人件費については、売上、税引前利益、税引後利益、税引前・人件費控除前利益、付加価値(総人件費、租税公課、動産・不動産賃借料、営業利益の合計)などに対する比率を算出し、分析することが多い。そうして計算された指標は、経営判断の材料として使用される。

図表1-6■損益計算書と貸借対照表

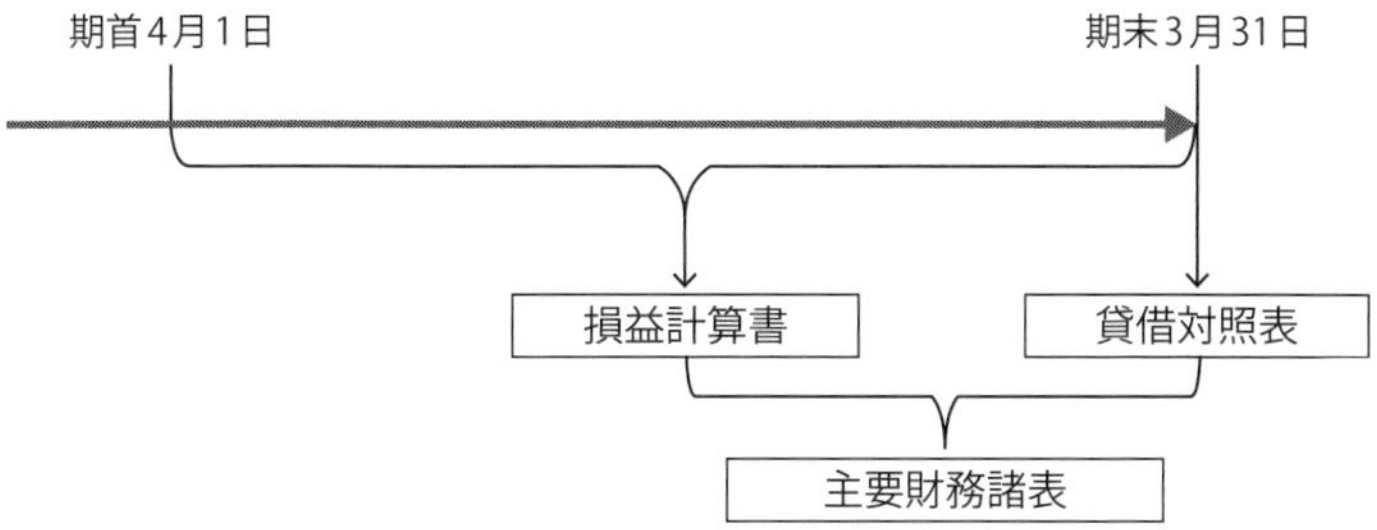

『財務会計 第4版』（広瀬義州）の図を筆者が若干修正

図表1-7■損益計算書と人件費

売上高
売上原価
販売費及び一般管理費
・人件費
・不動産関連費用
・減価償却費
・その他
営業利益
営業外収益
営業外費用
経常利益
特別利益
特別損失
税引前当期純損益
法人税等
当期純損益

一方、貸借対照表上、正社員に支払う報酬は登場しない。これでは十分な考え方とは言えない。**結論から言うと、正社員の月例給与は貸借対照表上の長期債務として認識すべきである。**(14)

前節で、会社は基本的に正社員を解雇できない状況にあることを確認した。これは、会社が一方的に正社員との労働契約を解除して月例給与の支払いを止めることはできない、ということを意味する。言い換えると、会社は正社員に対して月例給与支払い義務を負っているということである。原則解雇はできないことを前提にすると、会社が給与支払い義務から逃れることができるのは、正社員が本人の意志で退職を申し出るか、定年退職となるか、のいずれかしかない。金銭の支払い義務は、債務として認識するのが妥当なので、結局月例給与の支払いは、会社にとって長期の債務になっているということである。長期の債務は、正社員が入社してから定年退職するまでの「長期債務」として認識することになる。

具体的にモデルを作成して、このことを考えてみよう。その際、報酬には月例給与と賞与があるが、ここでは前者のほうだけを考える。賞与は会社の裁量で自由に金額を変えることができる。会社または本人の業績が悪い場合、仮に支給金額をゼロにしても法律上の問題は生じないので、会社にとっての長期債務とは考えない[15]。また単純化のため、退職金（退職時に一括で支払われる退職一時金及び年金として毎年支給される企業年金）及び60歳以降の再雇用については考慮しない。

標準モデルとして、図表1－8を使用する。

左側の「等級」は、職能資格制度上の社員の資格を表す。表の左右真ん中あたりに、年齢を示している。年齢57歳から59歳のシニア・アドバイザー（参与・顧問）以外は、『改訂5版 日本型成果主義の基盤 職能資格制度』（楠田丘）に掲載されているフレームを借用している。月例給与及び月例給与年換算の水準は、図表1－5のデータを参考に、筆者が想定した数字を入れている。

右端最下部の1億8192万円という数字は、ある社員が大学を卒業し、この会社を定年退職するまでに受け取る月例給与の総額を示している。正社員に対する月例給与の支払いを長期債務であ

図表1-8■職能資格標準モデル

等級		定義	年齢（歳）	在籍年数（年）	月例給与（万円）	月例給与年換算（万円）	当該等級在籍期間月例給与支払合計（万円）
シニア・アドバイザー	参与・顧問	助言業務	57-59	3	46	552	1656
管理・専門職能	M-3級	統率・開発業務	53-56	4	55	660	2640
	M-2級	上級管理・企画業務	46-52	7	50	600	4200
	M-1級	管理・企画業務	40-45	6	44	528	3168
中間・指導職能	S-3級	企画・監督業務	34-39	6	37	444	2664
	S-2級	判断指導業務	29-33	5	31	372	1860
	S-1級	判断業務	25-28	4	26	312	1248
一般職能	J級	判断定型業務	22-24	3	21	252	756
			合計	38		合計	1億8192

ると考える場合、この金額（1億8192万円）はこの会社にとっての債務金額であるということになる。

仮にこの会社には、22歳から59歳までの社員が各年齢に1名ずついるとしよう。その社員一人ひとりに対する会社の債務金額を計算すると、その会社が全社員に対して負う債務金額が計算できる。これを図表1－9に例示してみよう。

この表の下から2行目は、会社に入社したばかりの22歳の社員を示している。この社員に対する債務金額は、前掲の図表1－8で示したように1億8192万円となる。その1歳上（23歳）に、入社して1年が経過した社員がいる。同様の計算をすると、その社員に対する債務は1億7940万円となる。こうした計算を各年齢に1名ずついるすべての社員に対して行い、合計すると、その金額は40億3692万円となる。その右側にある32億2400万円というのは、将来のキャッシュフローを2%で割り引いて合計している。将来のキャッシュフロー

図表1-9 ■ 社員に対する長期債務金額

（単位：万円）

年齢	社員数	月例給 年換算	債務金額 （割引率：ゼロ）	債務金額 （割引率：2%）
59	1	552	552	541
58	1	552	1104	1072
57	1	552	1656	1592
56	1	660	2316	2202
55	1	660	2976	2799
54	1	660	3636	3385
53	1	660	4296	3960
52	1	600	4896	4472
51	1	600	5496	4974
50	1	600	6096	5466
49	1	600	6696	5949
48	1	600	7296	6422
47	1	600	7896	6886
46	1	600	8496	7341
45	1	528	9024	7733
44	1	528	9552	8118
43	1	528	10080	8495
42	1	528	10608	8864
41	1	528	11136	9227
40	1	528	11664	9582
39	1	444	12108	9875
38	1	444	12552	10162
37	1	444	12996	10444
36	1	444	13440	10720
35	1	444	13884	10990
34	1	444	14328	11256
33	1	372	14700	11474
32	1	372	15072	11687
31	1	372	15444	11897
30	1	372	15816	12102
29	1	372	16188	12304
28	1	312	16500	12469
27	1	312	16812	12631
26	1	312	17124	12791
25	1	312	17436	12947
24	1	252	17688	13070
23	1	252	17940	13191
22	1	252	18192	13310
合計	38	1億8192	**40億3692**	**32億2400**

は一定の割引率で割り引くのが金融の世界では当たり前の考え方なので、ここではこちらの数字をこの会社の長期債務とみなす。

この32億２４００万円という金額は、年間の月例給与として支払っている費用1億８１９２万円の約17倍である（図表１－10）。

これが長期債務――人的負債――として貸借対照表に乗っかることになる。これにより、従来の貸借対照表の項目は図表１－11のように修正される。

職能資格制度をベースとする標準的な日本企業の人事制度を考えるにあたっては、この観点を持つことが非常に重要になる。

図表1-10■
損益計算書上の人件費と貸借対照表上の人的債務

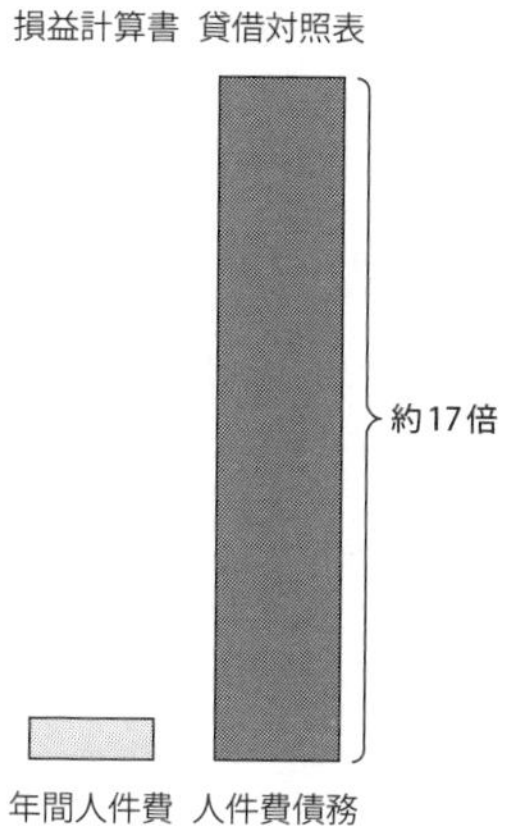

損益計算書上、人件費を分析する場合、先ほども述べたように、一般に売上、付加価値、税引前利益、税引後利益などに対する比率を見る。こうした分析に基づいて、仮に人件費が大きすぎるという結論に達しても、会社として取れる方法は限られている。人件費のうち、賞与は簡単に減額することができる。けれども、会社の都合で社員を解雇できない。また、安易な月例給与の減額は、不利益変更

図表1-11■貸借対照表の修正

① 従来の貸借対照表

資産	負債・資本
流動資産	**流動負債**
固定資産	**固定負債**
・有形固定資産	・社債
・無形固定資産	・長期借入金
・投資等	・他
・他	**自己資本**

② 人的負債計上後の貸借対照表

資産	負債・資本
流動資産	**流動負債**
固定資産	**固定負債**
・有形固定資産	・社債
・無形固定資産	・長期借入金
・人的資産	***・人的負債***
・投資等	・他
・他	**自己資本**

として法的に争いの対象となる。したがって、正社員の人件費、特に月例給与を圧縮することは非常に困難である。

一方、アメリカのように解雇が比較的容易な法制の国であれば、そうはならない。費用としての人件費が高すぎれば、社員数を減らして調整するということも可能である。[16] そういう国では、経営者が人件費のことを財務の観点で考えるにあたって、損益計算書だけを見ていればいい。けれども日本は法制が違うので、同じように考えることはできない。正社員の月例給与は長期にわたる支払い義務（債務）となっている。したがって、このように貸借対照表上の負債としても認識しておくことが必要になる。

日本の正社員の人事制度をおカネの流れの観点で見るには、損益計算書だけでとらえるのではなく、貸借対照表でもとらえたほうが理解しやすい。いわばこの両方の観点から、立体的に把握することが望ましい。

8 素晴らしき正社員

今正社員への報酬を金融商品と考え、会社の観点で眺めてみた。それは損益計算書上、人件費であり、またそのうち月例給与は貸借対照表上、長期債務として考える必要がある。

これ（月例給与）を逆に正社員本人の観点で考えてみよう。**会社にとっての費用は、正社員にとっては収入になっている。**月例給与は毎月受け取ることができる確実な収入であると言える。また、月例給与は会社にとって長期債務であったから、これは正社員にとっては長期債権となる。**報酬を金融商品とみなすと、正社員は会社に対して長期債権を保有しているということになる。**

これは、正社員にとってなかなか素晴らしい仕組みだと言える。38年間、キャッシュフローが保証されているようなものである。キャッシュフローが保証される代わりに、先ほど「第3節　38年間の学校生活」に書いたような閉塞感もあるかもしれない。けれども経済的な不透明感が増す今日この頃の環境下、願ってもない安心感だと言える。家族とともに安定した暮らしを実現することができる。

また、日本では経済上の問題としてデフレが取り上げられてきたが、これだとそれも歓迎ということになる。デフレになると、社員はかえって豊かになっていく可能性が高い。賃金は、一般に強い下方硬直性が見られる。月例給与の引き下げは、法律上、不利益変更の論点が出るし、社員のモラルが下がるので、簡単には実施できないからである。物価が下がる中、月例給与が下がらなければ、実質的に購買力が上がり、収入が増えたのと同じ効果を享受することができる。会社に対して持つ長期債権の価値も、同様の理屈で実質的に増える。

こう考えると、社員にとってこれほど素晴らしい仕組みはない。

ただしそれには、会社がちゃんと利益を出して運営し続けていくことができれば、という前提がつく。会社が破綻すれば、社員を雇用し続けることができなくなるので、収入はなくなる。長期債権もその時点でなくなってしまう。確保したはずの生活の安定は、あっという間に消え去ってしまう。先ほど挙げた客船の例を使うと、いくら船の内装が立派でも、船が沈んでしまったら元も子もない、ということである。

以上、社員への報酬を金融商品として見ると、どう見えるかということについて述べた。次章では、こうした金融商品としてとらえた報酬が、ビジネスとどういう関係にあるかを解説する。

【第1章＊注】

（1）1923年熊本県生まれ。九州帝国大学理学部数学科卒業後、労働省（現・厚生労働省）入省。統計業務指導官、経済企画庁経済研究所主任研究官などを歴任。1970年に退官し、その後、日本生産性本部主任研究員。1981年に日本賃金研究センター代表幹事。1994年に日本生産性本部（現・社会経済生産性本部）雇用システム研究センター所長（同書「著者紹介」より）。日本の職能資格制度の「生みの親」と評されることが多い。

（2）1964年高知県生まれ。武蔵野美術大学卒。1997年『ぼくんち』で文藝春秋漫画賞を受賞。2004年『毎日かあさん カニ母編』で文化庁メディア芸術祭マンガ部門優秀賞を、2005年『上京ものがたり』『毎日かあさん』で手塚治虫文化賞短編賞を受賞。（Amazon.co.jp、著者紹介より）

（3）緑藻類から進化して、陸上に生育するようになった植物の総称。コケ植物・シダ植物・種子植物をいう。（『広辞苑』）

（4）例として、『わかりやすい人事が会社を変える ―「成果主義」導入・成功の法則』（柳下公一）、『虚妄の成果主義―日本型年功制復活のススメ』（高橋伸夫）、『内側から見た富士通「成果主義」の崩壊』（城繁幸）などを参照。

（5）これは一般化した説明で、会社によっては役割など別の理由で給与を決めているケースもある。ここでは単純化のため、そうした違いは考慮しない。

（6）わざわざ「理論的に」と断るのは理由がある。この制度自体は「年功序列」を前提としていないが、日本企業の平均賃金水準（図表1-5）を見ると、きれいに年功的なカーブを描く。この点については後述する。

（7）実際、楠田丘氏は、職能資格制度の昇格原則は卒業方式だと言う。「職能資格等級における昇格の原則は、〝現在在級している資格等級の職能要件、つまり要求される知識、技能、業績、経験などを十分に満たし終わった場合、上位の等級に上がる〟というものである。いわば、オーバーフロー方式または卒業方式である」。（『改訂5版 日本型成果主義の基盤 職能資格制度』）

（8）⑴コンピューターの販売においてハードウェアとソフトウェアを別売すること　⑵複合企業を買収してその周辺事業部門や非採算部門を売りさばくこと（『リーダーズ英和辞典』）。ここでは1つに束ねられているものを、再度本来の2つのものに分離するという意味で使用している。

（9）④は労働組合が経営側とユニオン・ショップ協定（労働組合が使用者に対して労働組合に入っていない労働者を解雇することなどを約束させる協定）を結んでいることによって成り立つものである。労働組合の問題がからむので、会社独自の判断だけで成り立つものではないため、①から③とは位置付けが異なる。また、昨今では④の適用はほとんど見当たらないので、ここでは特に触れない。

（10）調査対象事業所と同一企業（会社）に属するすべての事業所に雇用されている常用労働者数が1000人以上の企業。

（11）次の各号のいずれかに該当する労働者をいう。①期間を定めずに雇われている労働者、②1か月を超える期間を定めて雇われている労働者、③日々または1か月以内の期間を定めて雇われている労働者のうち、前2か月に18日以上雇用された労働者

（12）ここでは「大企業」「男性」を典型例として取り上げているが、それ以外の範疇でも概して同様のことが観察できる。

（13）人によっては、終身雇用という表現は誇張だと言うが、こうした制度を考えると、決して誇張ではない。確かに死ぬまで雇用していないが、死ぬまで会社から金銭の支給を受けている。

（14）この考え方については筆者前著『日本企業のグローバル人事戦略』「〈付論〉人的資産・負債の管理会計上の取り扱いとその影響について」、及び前々著『大企業サラリーマン　生き方の研究』「第1章　会社から見たサラリーマンの価値」に詳述している。

（15）給与の場合は、支給金額を会社の都合で大幅に減らすと不利益変更、人事権乱用といった法的論点が生じる。

（16）それはモラルの低下等の悪影響を及ぼすが、ここでは考慮しない。

第2章

金融商品を支えるビジネス

そもそも、いくら「あの頃」に戻りたいと願ったところで、もう「あの頃」は訪れない。戦後の経済成長は、日本を民主主義陣営にとどめておこうとするアメリカの対日政策、豊富な若年労働力を活用できる人口ボーナス、敗戦によって経済後進国になったため他国のマネをすれば良かったことなど、いくつものラッキーが重なって可能になったことだ

『絶望の国の幸福な若者たち』古市憲寿[1]

1 「社員の幸福と安寧」

第1章に日本的経営の特徴として「三種の神器（終身雇用、年功序列、企業別組合）」を挙げた。比較的よく知られているように、これを言い出したのは日本人ではなく、アメリカ人のジェームス・アベグレン(2)という人物である。これは、彼が日本企業を調査し、1958年にまとめた『日本の経営』という本に登場する。

彼は2005年にインタビューを受けて次のように言っている。「日本企業の人材マネジメントを考えるにあたって大切なのは、『アメリカの企業が純粋な利潤追求組織であるのに対して、日本の企業は社会組織である』という事実をよく認識することです。日本における企業の存在理由は、社員の幸福と安寧を実現することです」。（『名著で読み解く日本人はどのように仕事をしてきたか』海老原嗣生、荻野進介）

もしこれが本当で、会社が「社員の幸福と安寧の実現」を目指しているのであれば、社員にとってこれほど素晴らしい話はない。けれども、こうした素晴らしい話はまったく本当らしく聞こえない。多くの社員は、会社が「社員の幸福と安寧を実現する」ためだけに存在しているものではないということに、嫌というほど気づいている。日本企業の多くは、とっくの昔にこれを第1優先順位とする余裕を失っている。

昔は状況が違った。1945年に第二次世界大戦が終わり、多くの都市が焼け野原となり、日本人の多くが生計を立てる手段を失った。その後20〜30年は国全体が貧しく、1人あたりの国民所得も低かった。そういう環境では、多くの人にとって、生活必需品を購入し、子供を養い、生活を維持していくことが最優先課題となる。一言で言うと、生計を維持することが一番大切であった。その中で多くの人が会社という組織に集い、会社の事業活動に従事することによって収入を得、家族を養い、生活してきた。そうしなければ食いはぐれてしまうし、それ以外の選択肢もあまりなかった。

こういう環境を前提にすれば、アベグレン氏の言うように、会社が「社員の幸福と安寧」を実現するための組織として成り立っていた、という主張も理解できる。そうした時代には、会社は経済的に豊かとは言えない多くの社員がお互いの生計を支え合う互助組織で、経営もそうした社員を支えることによって成り立っていた、と見ることができる。

また、当時の環境を前提にすれば、年功序列的な賃金構造も理解できる。「賃金を決めるのは生計費、生産性、労働市場、労使関係、この四つしかありません」(『賃金とは何か』楠田丘)と言う。このような環境においては、多くの人はまず生活が成り立つ収入を得ることを最優先するので、賃金はこの4要素のうち、主に「生計費」で決まるのはもっともな話である。

生計費は、若くて独身のころはそれほどかからない。結婚して家族ができると、生計費は独身のころより膨らむ。やがて子供が生まれ、育ってくると、教育費などの出費もかさみ、50歳代ぐらいになるまで、それはどんどん大きくなっていく。年功序列的賃金体系においては、勤続年数とともに給与が上がっていくので、こうしたニーズをうまく満たしてくれる。年功に配慮する給与モデルは、社員側のこうした都合を考慮してでき上がっているように見える。

生計費の問題は、本人と家族の生活がかかっているので、文字通り社員にとって死活問題になる。したがって、この水準が十分でなければ、社員は経営に対して真剣に改善を申し入れることになる。賃金を決める4要素のうち、「労使関係」はこうした局面で機能する。会社が社員にとって生計を支える互助的な組織であれば、社員が結束して労働組合を作り、経営に要求を突き付けるという活動も理解しやすい。戦後の一時期に組合活動が勃興したのは、マルクス主義・共産主義が比較的広く受け入れられていたという思想的な背景もあるが、社員側のこうした背に腹は代えられない事情もあったのであろう。

こうした事情も、社会が豊かになってくれば変わる。多くの人が今日、明日にも食べていけなくなるという恐怖から解放されるようになる。社員の欲求も、何とか生計を維持したいという最低限のものから、豊かさの配分にあずかりたいという、もう少しレベルの高いものに変わる。それに応じて賃金水準の議論は、生計の観点から、会社の利益をどれだけ社員に分配するかという観点に変わっていく。利益水準は会社全体、あるいは社員1人あたりの生産性によって大きく左右される。この流れの中で、賃金を決める4つの要素のうち、「生産性」が大きな役割を占めるようになる。

図表2－1は、会社の収入と費用の関係を図式化している。収入（左側）と費用（右側）の差額

図表2-1 ■ 人件費控除前・税引前利益

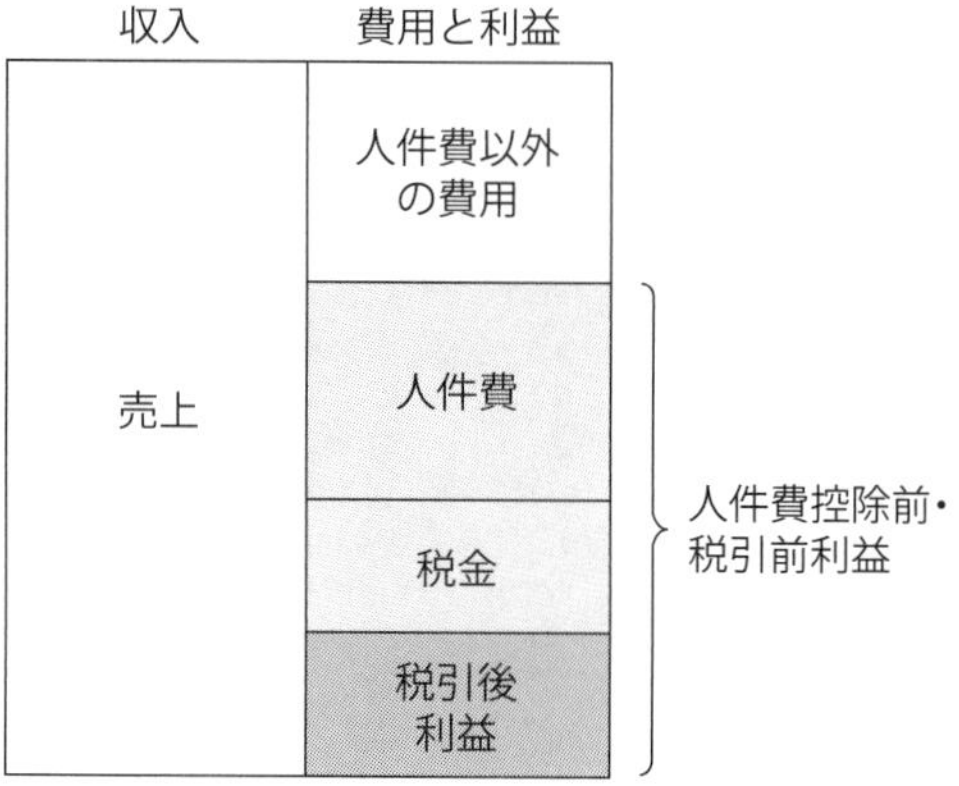

が利益となる。右側の項目のうち人件費は社員、税金は国、税引後利益は株主の取り分ということになる。企業の生産性が高まり、売上と利益が拡大してくると、社員としては、この図中の「人件費控除前・税引前利益」に占める人件費の比率をなるべく上げて、給与や賞与を増やしたいと考えるようになってくる。こうなると、株主と社員がどのように利益を分配するか、ということが重要な課題となる。これがこうした時代に起こったことであろう。

こうした状況は、１９８０年代のように景気の良い状態が続くと加速する。こうした歴史を、給与水準も参考にしながら確認してみよう。図表２－２は、「賃金構造基本統計調査」にデータが記載されている１９７６年以降の所定内給与[3]の推移である。

正確にはインフレ率を割り引く必要はあるが、

図表2-2■ 所定内給与の推移

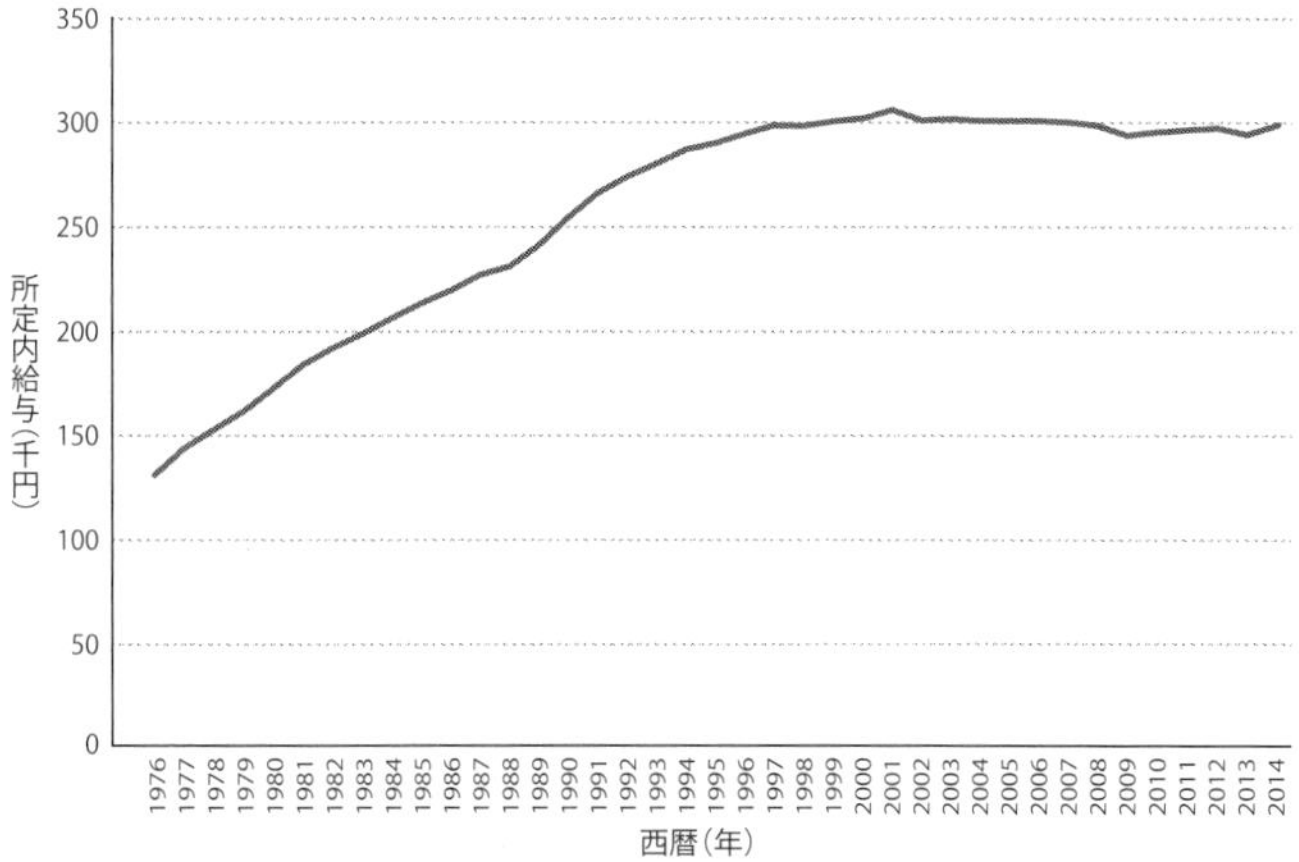

「平成26年賃金構造基本統計調査」より筆者作成、男女計

ご覧の通り1976年から1990年代半ばまで、給与水準がきれいに上昇を続けたことが確認できる。1976年と言えば、戦後30年程度である。この時期か、この前後のどこかの時点で、報酬水準を決定するにあたり、生計費・労使関係に加え生産性――儲かった利益を社員と株主でどう分け合うか――が重視されるようになったのであろう。

これに加え、労働市場の流動化が進むと、報酬の多寡によって人材が容易に他社に移るようになる。そうなると、自社の都合だけで社員の報酬を決めることはできず、労働市場の報酬水準を参考にしながら、それを決定することになる。「労働市場」が報酬決定にあたり重要な役割を演ずるようになる。

けれども、これは本格化しなかった。「図表1－4 勤続年数」で確認したように、正社員が1つの会社に長期間勤務するという状況は、2010年代に入った現在でもあまり変わっていない。正社員の労働市場における流動性は限定的であり、したがって「労働市場」が報酬に与える影響は、それほど大きなものにはならなかった、と考えることができる。

そうならなかった理由は2つある。

1つは生産性をベースに報酬を決めるようになっても、結局古くからの年功的な人事制度を改めることができなかったからである（このことは、第3節でもう少し詳しく述べる）。給与が年功的に上昇していくのであれば、社員にとってはなるべく同じ会社に留まって、キャリアの後半に給与が上がるのを待ったほうが有利だということになる。

いま1つは、前章に述べた労働法制である。正社員は、会社の都合で解雇するのが極めて困難である。したがって、社員のほうが会社に留まったほうが有利だと判断すれば、会社としてはその意向を尊重するしかない。社員にとって1つの会社に長く勤務するほうが有利な仕組みとなっていて、会社がそうした状況を解消できないのであれば、転職は活発化しない。結果として、労働市場の流動性もなかなか高まらない。

一方、1990年ごろにいわゆる「バブル」は終わった。それ以降、企業業績は概して低迷を続けている。将来の見込みも明るくならない。20年以上続いた長期の株式市場低迷が、そのことを一番よく示している。その中で、図表2-2にもあるように、1990年代後半からは給与の水準も上がらなくなった。もうそういう状態が20年近く続いている。しかも多くの人たちが、こうして給与が横ばいの間は良いほうで、これから下がり始めるのではないか、という危惧をいだいている。これが多くの会社の社員、ひいては社会全体の閉塞感につながっているように見える。

政策やマクロ経済の観点ではなく、個々の企業レベルで考えると、こういう状況になってしまったのは、結局各社の企業業績が低迷しているからである。多くの日本企業がグローバルな競争の中で優位性を失い、業績を伸ばすことができなくなっているために、こうした閉塞感にさいなまれている。

企業業績が低迷するようになったのは、理由があるはずである。それは結局、多くの企業のこの間の経営戦略がベストなものでなかったからだ、と言わざるをえない。過去におけるそれが妥当なものであったなら、今の状況はもう少し望ましいものであるに違いない。また仮に現時点の状況が芳しくなくても、現時点の経営戦略にもっと自信があれば、将来はもう少し明るく見えるに違いない。

経営戦略は、全体の事業の方向性を決める事業戦略と、財務・人事・マーケティングなどの機能別戦略に分かれる。**私の考えでは、こうして企業業績が低迷するにいたった主因は、人事戦略の失敗にある。**多くの会社に見られる硬直的な人事制度が、柔軟な事業戦略の変更を妨げ、その結果として事業の競争力を失い、経営戦略の失敗につながっている。

図表2-3■ビジネスの中身

2 ビジネスを分解する

ここで、人事戦略と経営戦略・事業戦略を結び付けて考察する方法を考えてみよう。業種の違いにかかわらず、各社の事業の中身を分析し、それを人事制度と結び付けて考えるために、1つの方法論を採用する。それは第1章で「雇用」を「労働」と「賃金」の2つに分解したのと同様の方法である。

経営戦略も事業戦略も、ビジネスの上に成り立っている。雇用を2つの要素に分けることができるのと同じように、ビジネスも2つに分けることができる。それは、「サービス」を提供することと「利益」を得ることである（図表2－3）。

ビジネスが商行為である以上、それは顧客にサービスを提供し、サービスの対価として収入を受け取り、その活動のために要した費用を引いた利益を得ることによって成り立っている。

ボランティアであれば、収入や利益は求めないので、サービスを提供するだけになる。ビジネスの場合はそうではなく、対価を受け取る。

図表2-4■ビジネスと雇用、おカネと活動

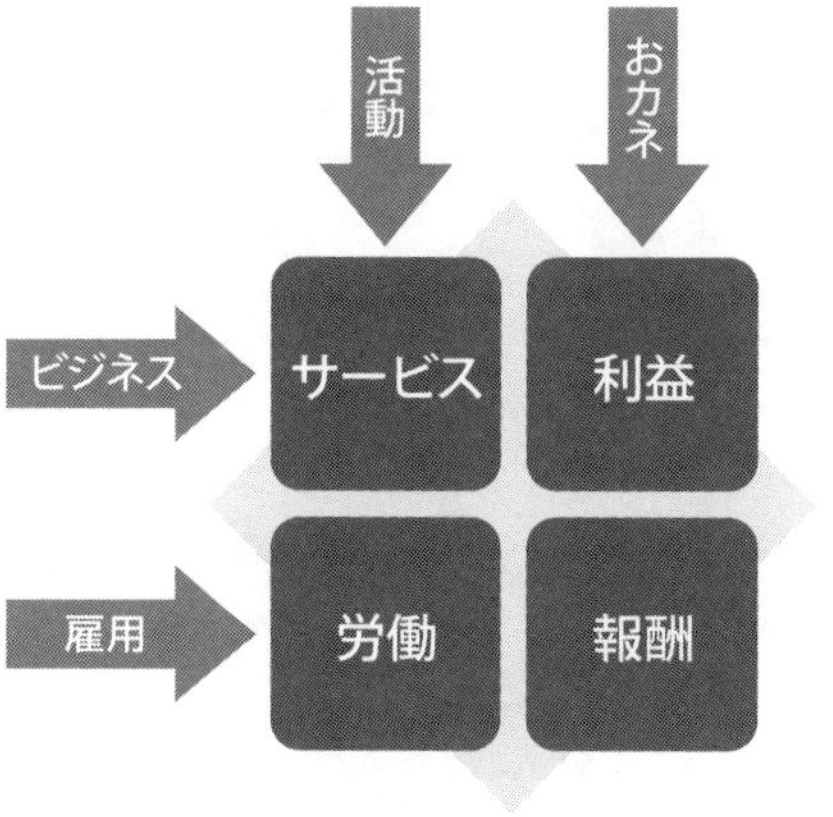

何のサービスも提供せず、相手からおカネを受け取るのは、施しを受けることであり、それはビジネスとは呼ばない。また、相手の合意を得ずに黙っておカネをいただく行為は窃盗と呼ぶ。これもビジネスではなく、それは犯罪と呼ばれる。したがって、図表2－3の2つの要素はビジネスにとって不可欠である。

こうしてビジネスを2つの要素に分解するのは、第1章で紹介した労働と報酬のアンバンドリングに対応している。雇用における報酬と、ビジネスにおける利益は、両者とも「おカネ」そのものであるという点で共通項目である。雇用における労働と、ビジネスにおけるサービスの提供は、相手に向かって働きかける「活動」であるという点で共通項目である。その関係を図表2－4に示す。

このように整理すると、ビジネスと雇用を共通項目ごとに議論できるようになる。すなわち、ビ

図表2-5■ビジネスにおけるおカネの流れ

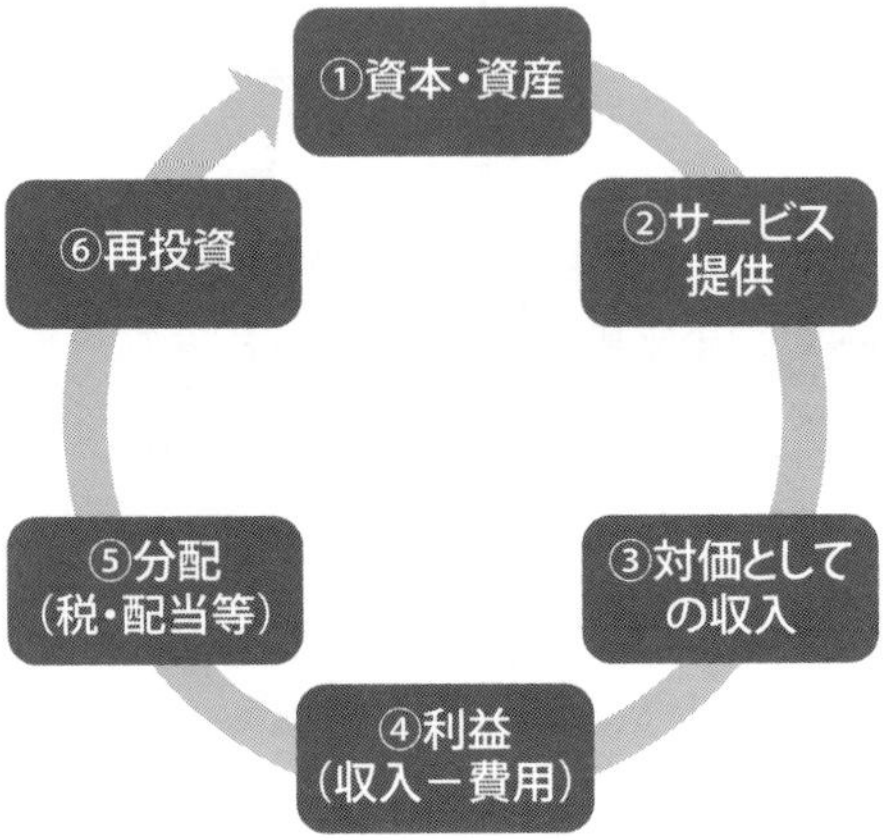

ジネスと雇用を完全に切り離して考えるのではなく、おカネと活動のそれぞれについては、共通のものとしてその状況を考察できるようになる。

この章では、おカネの観点からビジネスと雇用の関係を考えてみる。言い換えると、報酬と利益の関係（図表2－4の右側）を見てみる。

ビジネスをおカネの流れから見ると、それは図表2－5のような循環図で示すことができる。

ビジネスを開始するには、必ず資本が必要になる。こうした資本の大部分は、出資を募り株主資本として集めた資金か、銀行からおカネを借りて調達した資金からなる。こうした資本を使って、事業運営に必要な原材料や工場、オフィスなどを資産としてそろえることになる。これが、この図の出発点「①資本・資産」として示されている。会社はこうした資産を使って、顧客にサービスを提供する（「②サービス提供」）。次にサービスの提供によって、その対価として収入を得る（「③対価としての収入」）。収入はすべて利益になるわけではなく、そこからサービス提供のために要した費用を引くことが必要になる（「④利益（収入－費用）」）。人件費もこうした費用の一部である。こうして得た利益の一部は、社外に払い出すことになる（「⑤分配（税・配当等））。一部は税金として国などに払い出し、一部は配当金として株主に払い出すことになる。こうした社外への払い出しの後に残った資金は、内部留保として温存される場合もあるが、基本的にはビジネスへの再投資のために活用される（「⑥再投資」）。こうした流れは、この図でも明らかなように循環過程であり、「⑥再投資」は「①資本・資産」として活用される。ビジネスの中では、このようにおカネは循環する。

社員にとってのおカネ（「報酬」）は、この図表の中で「①資本・資産」と「④利益（収入－費用）」に結び付いている。前章の考え方を採用し、報酬を会社にとっての長期債務だと考えると、それは①の資産の一部であるということになる。また報酬は人件費として認識されるわけであるから、④の費用の一部である。これを財務諸表の観点で図式化すると図表２－６のようになる。

左側が損益計算書の構造を示している。費用の一部として人件費は計上されている。収入より費用が小さければ利益が出る。税金や配当を支払った後の利益は、右側の貸借対照表の株主資本に加えられ、次の期以降の投資の原資として利用される。

また前章で解説したように、正社員に対する給与の支払いは会社にとって長期債務なので、貸借

図表2-6■損益計算書と貸借対照表の関係

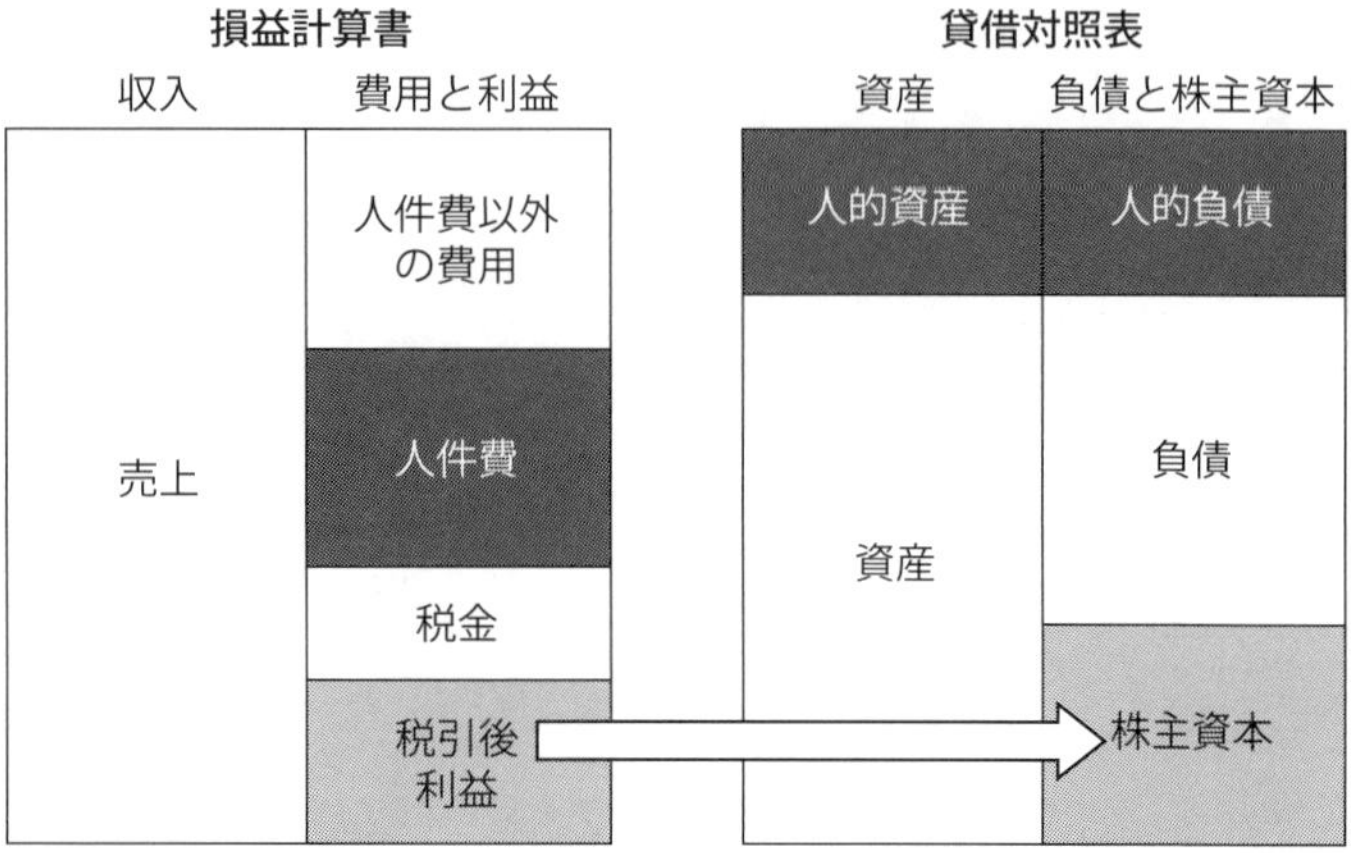

対照表上は人的負債（及び人的資産）として認識されている。

こうしてビジネスにおけるおカネの流れの中だけで社員の報酬を考えると、それは損益計算書上の費用と貸借対照表上の負債だということになる。ビジネスの観点で人事戦略を考える場合には、必ずこの点を押さえておく必要がある。

必ず押さえておく必要があると言っても、報酬が人件費で費用の一部を構成することぐらいは、誰でもわかっている。月例給与は固定費で、賞与は変動費で、こうした費用を収入の範囲内でまかないえるかどうかということが、重要なポイントとなる。そういう算段はどの会社でもやっている。

一方で、ほとんどの会社は報酬を長期債務として認識していない。**報酬を長期債務として認識するということは、人的負債も含めたうえで、**

その会社のレバレッジの限界――株主資本に対して何倍まで負債で資金調達するか――を検討するということである。ここに言うレバレッジは、レバレッジ比率（負債÷株主資本×１００［％］）あるいは自己資本比率（株主資本÷総資産×１００［％］）といった数字で表される。

資金という経営のリソースは無限にあるわけではない。出資してもらった株主資本を元手に借入を起こして会社を運営していくしかない。この際レバレッジを上げすぎると、財務的な健全性が失われ、不況や突発的な損失に対する抵抗力が弱くなる。レバレッジを必要以上に小さくすると、十分なスケールのビジネスを築くことができない。会社を経営するにあたって、レバレッジをどの程度に設定するかというのは、最も重要な判断の一つである。

実際、人的負債が企業の貸借対照表に与える影響は大きい。前著『日本企業のグローバル人事戦略』の「〈付論〉人的資産・負債の管理会計上の取り扱いとその影響について」においても紹介したが、これをトヨタやキヤノンのような日本を代表する優良企業に当てはめると、図表２－７のようになる。(4)

第1章のモデルケースでは、人的負債は年間の月例給与の約17倍となった。これが何倍になるかは、各社の給与テーブルの設計、年齢別・職能資格別人員構成、昇格運用などによってかなり異なるものになる。ここではそうした差異を考慮せず、単純にそれを15倍、20倍、30倍とした場合、両社の人的負債がいくらになるかを計算している。また単純化のために、第1章で考慮した割引率は勘案していない。

図表2-7 ■ トヨタ、キヤノンの人的資産・人的負債

			トヨタ	キヤノン
従業員数等	①	従業員数	70,037	26,409
	②	推定年間給与（万円）	629	577
貸借対照表	③	総資産（百万円）	15,128,623	2,315,680
	④	自己資本（百万円）	10,184,271	1,447,322
人的資産 人的負債	⑤	15倍（①×②×15）（百万円）	6,605,349	2,287,089
	⑥	20倍（①×②×20）（百万円）	8,807,132	3,049,452
	⑦	30倍（①×②×30）（百万円）	13,210,699	4,574,179
自己資本比率	⑧	修正前の自己資本比率	67.3%	62.5%
	⑨	15倍（⑤）の場合	46.9%	31.4%
	⑩	20倍（⑥）の場合	42.5%	27.0%
	⑪	30倍（⑦）の場合	35.9%	21.0%

【注】
1）両社の有価証券報告書より筆者が作成・推定。
2）トヨタは2015年3月期、キヤノンは2014年12月期の提出会社（単体）の数字を使用。
3）従業員数は就業人員数であり、パートタイマー等正社員以外を含む。
4）②の「推定年間給与」は、有価証券報告書の「平均年間給与（賞与及び基準外賃金を含む）」に「12か月/16か月」をかけたものを使用（賞与及び基準外賃金を月例給与の4か月分と推定）。
5）人的負債の算出（⑤～⑦）にあたっては、両社の年次別構成、人事施策等は考慮せず、推定年間給与に人員数をかけたもの（①×②）を15倍、20倍、30倍している。
6）小数点以下の数字を表記していないため、表中の数字を乗除しても、表中の算出結果と合致しない箇所がある。

図表2-8■トヨタ(単体)の貸借対照表(概念図)

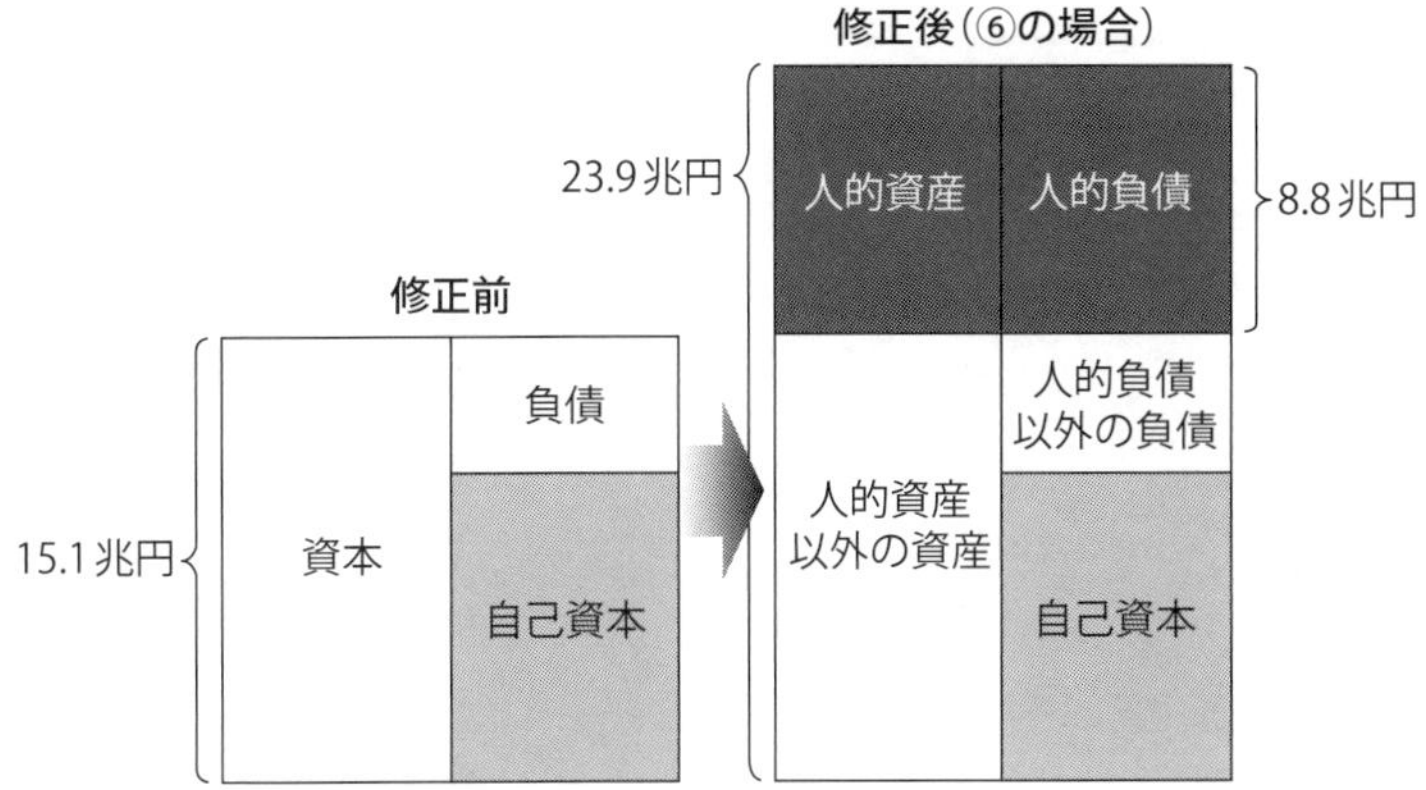

仮にこれが20倍であると仮定して、両社の人的負債の自己資本比率を算出すると、それを考慮する前に比べ、トヨタで67・3%から42・5%に、キヤノンで62・5%から27・0%に下落する。これは大変大きな違いである。

トヨタの貸借対照表は、修正前と修正後で図表2－8のように変化する。

残念ながら、多くの日本企業は、財務上非常に大きなインパクトをもたらす人的負債という長期債務を考慮せずに、経営戦略、事業戦略、人事戦略を組み立てている。トヨタやキヤノンのように収益力の高い会社は別であろうが、自社の財務レバレッジを正確に理解せずに会社運営を続けていれば、いつか経営は行き詰まってしまう可能性が高い。この事実を直視し、対応することが必要になる。

3 年功と年齢別人員構成ピラミッド

人的負債の話を財務レバレッジとからめて述べたので、極めて財務的な話になってしまった。ここでもう一度人事的観点に戻り、人的負債と職能資格制度の関係を解説してみよう。

そのためにまず指摘が必要なのは、職能資格制度が理想とする制度運営と現実の運営にはギャップがあるということである。

職能資格制度においては、職能資格は本人の能力（職務遂行能力）によって決まる。それは年齢によって決まるものではない。社員の給与は職能資格と連動して上がる。したがって、この原理に従えば、職能資格も給与も年齢とは関係がないはずである。もちろん、学校を出て社会人になって何年かは、社会人として経験を積むことによって能力が向上するという相関関係が成り立つであろう。けれども、それは入社後何年かの話であって、その時期を過ぎれば、基本能力の向上は本人の努力と実力しだい、ということになる。

実際にはそうはなっていない。「図表1－5　年齢別賃金」を思い出してほしい。大企業では、50～54歳まで年齢が上がるにつれ、きれいに賃金が上昇している。もし社員の能力の伸長がこの年齢までなだらかに続き、それが各社員の職能資格に反映され、給与もそれにつれて上昇しているのであればそれでいい。職能資格制度が制度趣旨に従ってきっちりと運営された結果、こういう現象が起こっていると言うことができる。でも、これは本当らしく聞こえない。職能資格制度を導入したと言っても、実態は元々年功色の強い過去の運用に引きずられてきたということであろう。

過去に年功で昇格し、高い給与を得ている社員の処遇を、本人の能力を理由に引き下げるのは困難である。毎年の能力査定自体も、なかなか厳格にできない。先輩・後輩の関係に配慮して、どうしても年功的な序列になってしまう。能力に基づき職能資格を決定し、それに基づき月例給与を決める職能資格制度が主流であると言っても、結局日本企業全体で見ると、現場での運用は少し違っている。図表1－5に見るように、実際にデータを取ると「月例給与は年功で決まっている」と言っても何らおかしくない姿になっている。

これは多くの企業が、「[年齢・勤続・学歴]＋査定という決定要素のうちの査定部分を職務遂行[能力]という新たな概念構成を通じて、整序・強化し、[年齢・勤続・学歴]をその分だけ薄めることによってその年功的性格の修正に腐心したが、[能力]という決定要素自体に[年齢・勤続・学歴]が過分に織り込まれる傾向をどうしても排除できなかった」(『人事制度の日米比較』石田光男、樋口純平)からであろう。

これが実態であるとすると、人的負債を考えるにあたっても、年齢が上がると給与も上がるという現象を前提とせざるをえない。

次に指摘が必要なのは、年齢別の人員構成である。

図表2-9■年齢別人員構成

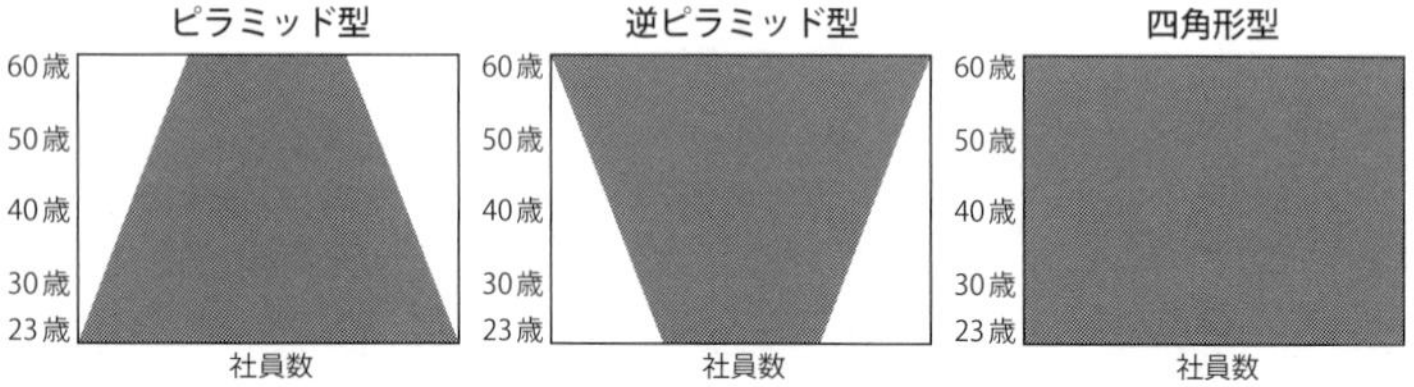

これは会社によって違う。歴史が浅く成長力のある会社では、若年次の社員数がシニアな社員数に比べて多い。歴史が長く成熟した会社では、それが逆になっているケースが多い。前者は年齢構成別人員がピラミッド型の台形となり、後者はそれが逆ピラミッド型の台形となる。これがもし全年齢で同一人数ということであれば、ピラミッド型にはならずに、四角形型となる（図表2－9）

各社の年齢別人員構成というのは、公開会社の開示資料を使ってもわからない。したがって、各社の内情は知ることはできない。けれども、多くの会社は逆ピラミッド型になっているし、今後そうなっていく企業が増えていくであろう。そうならないのは、成長分野で急速に売り上げを伸ばすような新しい企業であろう。

そう考えるのは、日本の人口構成自体がそのように変化していくからである。図表2－10は、2010年の人口構成と、2030年の予想人口構成である。よく言われるように、景気や為替の予想はよくはずれるが、人口構成の予想はほとんどはずれない。少なくとも現時点で生きている人たちは、年数がたてば、確実にその年数だけ年を取る。出生率や年齢別の死亡率は急激に変化しないので、比較的正確に予想

図表2-10■年齢別人口構成

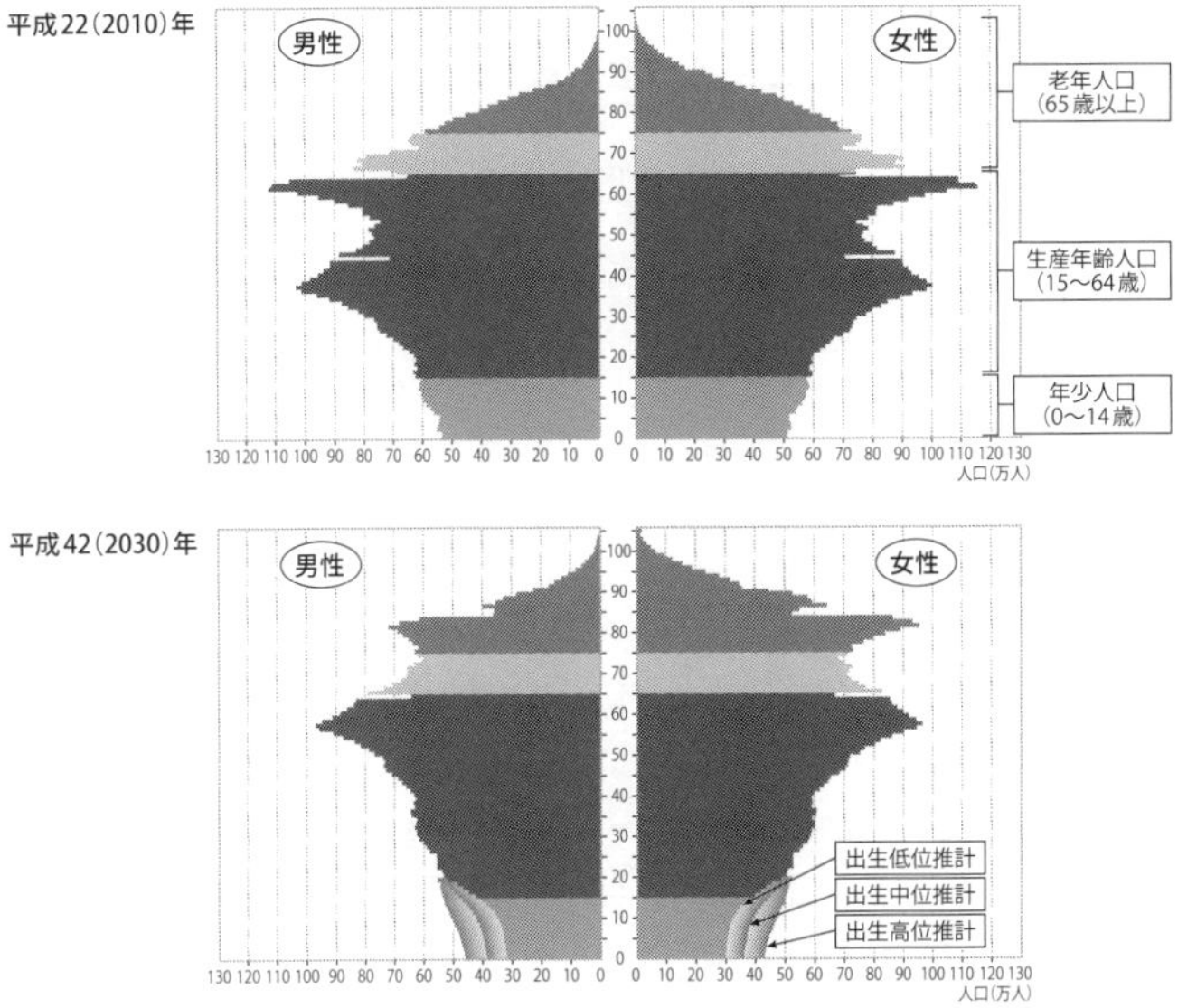

国立社会保障・人口問題研究所の「日本の将来推計人口(平成24年1月推計)」の中位推計による

することができる。

２０１０年の数値でも、かなり逆ピラミッドになっている。２０３０年になると、60歳ぐらいを労働人口の上限として考えると、ちょうどきれいな逆ピラミッドになる。会社の構成員の年齢が、基本的に日本の年齢別人口構成を反映したものになると想定すると、**各社の人員構成もこれと同じく逆ピラミッドになっていくことを想定しておいて誤りはあるまい。**

こう述べると、すぐに憂鬱な気分になるかもしれない。「日本企業の賃金構造が今でも年功的な運用になっていて、年齢別人員構成が逆ピラミッド型になっていくのであれば、人件費は自然と上昇していく。今でも状況が厳しいのだから、今後もっと厳しくなる」と言いたいのでしょうと。

確かにそれは事実であるが、この現象を人的負債の観点で見ると少し違って見える。そのことを確認するために簡単なモデルで考えてみよう。そのモデルでは、ある会社に正社員が110名勤務[5]していることを想定する。その会社では、典型的な年功運用を実施していて、入社して1年たつごとに給与は上がっていく（年間550万円の給与で入社し、年間1000万円で退職）。学校を卒業して定年の60歳まで38年間働くとすると計算が煩雑になるので、ここでは入社して10年で全員退職になるということにしている。

これを前提として、3つのケースを作っている。ケース1が四角形型、ケース2がピラミッド型、ケース3が逆ピラミッド型に相当している。ケース1では、10年の全年次に同じ社員数（各年次11名）がいる。ケース2では、年次が上になるほど社員数が少なくなっている。ケース3では、年次が上になるほど社員数が多くなっている。

この3つのケースを年間の人件費と人的負債の観点で一覧にすると、図表2-11のようになる。「年間月例給与人件費」は、四角形型であれば8億5250万円、ピラミッド型であれば7億7000万円、逆ピラミッド型であれば9億3500万円で、同じ社員数で会社を運営していても、当然平均年齢が高い逆ピラミッド型が一番高くなり、ピラミッド型が低くなる。

一方、「人的負債」を見ると、ピラミッド型と逆ピラミッド型で大小が逆転している。表の一番

図表2-11 ■ 年齢構成が人件費と人的負債に与える影響

ケース1：各年次同じ人数（四角形型）

	1人あたり年間月例給与（万円）	社員数（人）	年間月例給与人件費（百万円）	人的負債（百万円）	人的負債（百万円）割引率：2％
1年目	550	11	60.5	852.5	757.7
2年目	600	11	66.0	792.0	712.4
3年目	650	11	71.5	726.0	660.6
4年目	700	11	77.0	654.5	602.3
5年目	750	11	82.5	577.5	537.4
6年目	800	11	88.0	495.0	465.6
7年目	850	11	93.5	407.0	386.9
8年目	900	11	99.0	313.5	301.2
9年目	950	11	104.5	214.5	208.2
10年目	1000	11	110.0	110.0	107.8
		110	852.5	5142.5	4740.0

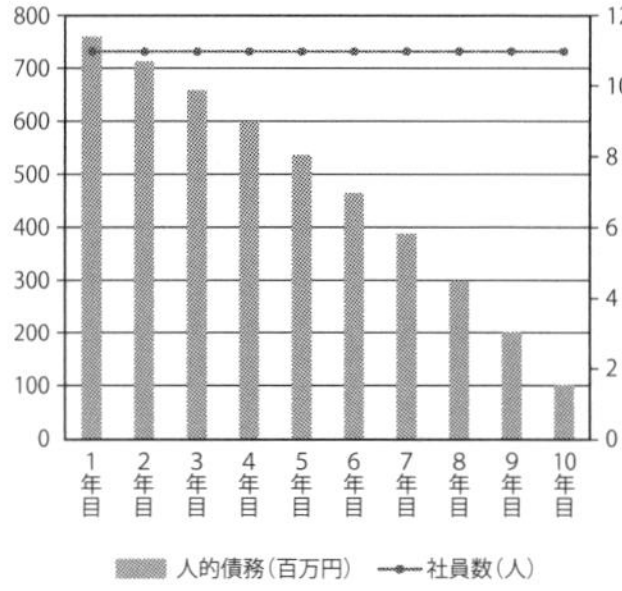

ケース2：ピラミッド型

	1人あたり年間月例給与（万円）	社員数（人）	年間月例給与人件費（百万円）	人的負債（百万円）	人的負債（百万円）割引率：2％
1年目	550	20	110.0	1550.0	1377.6
2年目	600	18	108.0	1296.0	1165.7
3年目	650	16	104.0	1056.0	960.9
4年目	700	14	98.0	833.0	766.6
5年目	750	12	90.0	630.0	586.2
6年目	800	10	80.0	450.0	423.3
7年目	850	8	68.0	296.0	281.4
8年目	900	6	54.0	171.0	164.3
9年目	950	4	38.0	78.0	75.7
10年目	1000	2	20.0	20.0	19.6
	7750	110	770.0	6380.0	5821.2

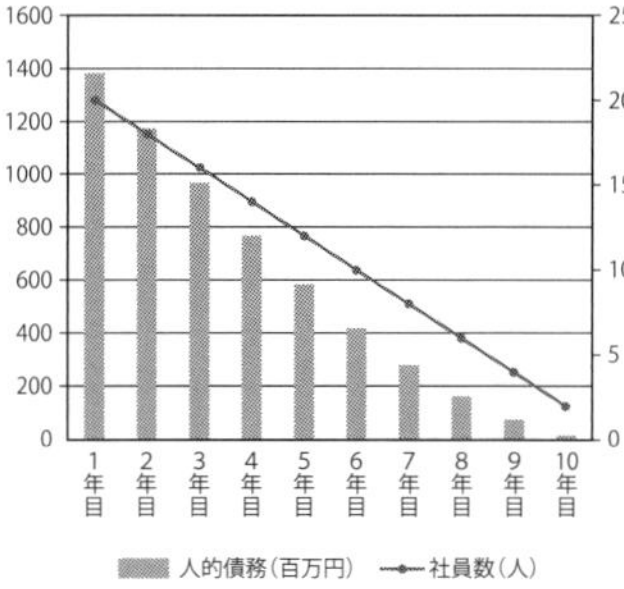

ケース3：逆ピラミッド型

	1人あたり年間月例給与（万円）	社員数（人）	年間月例給与人件費（百万円）	人的負債（百万円）	人的負債（百万円）割引率：2％
1年目	550	2	11.0	155.0	137.8
2年目	600	4	24.0	288.0	259.0
3年目	650	6	39.0	396.0	360.3
4年目	700	8	56.0	476.0	438.0
5年目	750	10	75.0	525.0	488.5
6年目	800	12	96.0	540.0	507.9
7年目	850	14	119.0	518.0	492.4
8年目	900	16	144.0	456.0	438.0
9年目	950	18	171.0	351.0	340.7
10年目	1000	20	200.0	200.0	196.1
		110	935.0	3905.0	3658.8

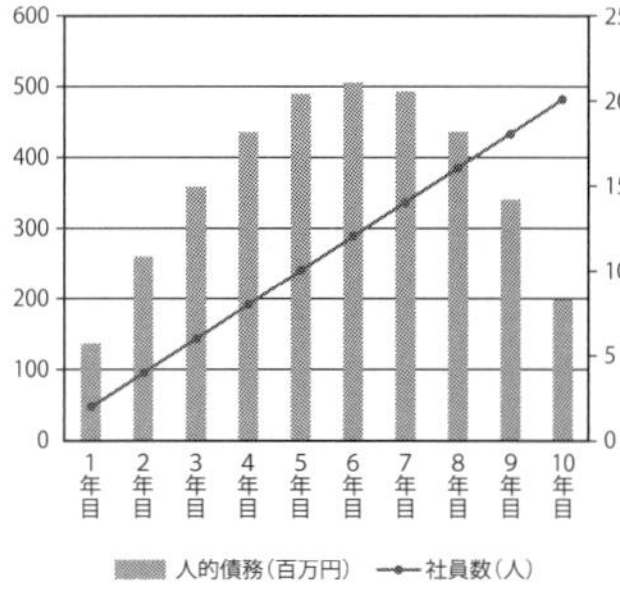

図表2-12■年間人件費と人的負債の関係

	年間月例給与人件費（百万円）	人的負債（百万円）割引率：2%
ケース1：四角形型	852.5	4740.0
ケース2：ピラミッド型	770.0	5821.2
ケース3：逆ピラミッド型	935.0	3658.8

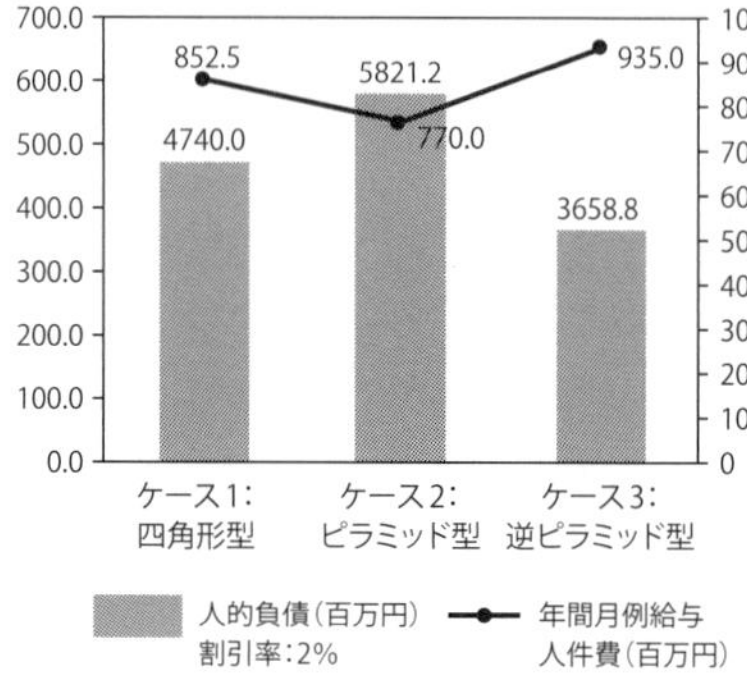

右側にある２％割引後の人的負債は、ピラミッド型の場合58億２１２０万円、逆ピラミッド型で36億５８８０万円となっている。考えてみれば当然で、年次が上の社員ほど年間の給与水準は高くなるが、将来の在籍年数が短くなるので、債務金額は小さくなる。

これを簡単な表と図にまとめると図表２－12のようになる。

これから次のことが言える。**年功的な給与運営では、人員構成が逆ピラミッド型化していると、そうでない場合に比べて年間の人件費は上がる。一方、人的負債の観点では、そうでない場合に比べて小さくなる。**

こうした観点は、今の日本の長期雇用・職能資格制度を生かしたうえで人事制度を改善しようとする場合、考慮すべき1つのポイントとなる。それについては、第5章で再び触れる。ここでは、人的負債という考え方を導入することにより、今までとは異なる切り口で分析が可能になることを指摘するに留める。

4 会社と社員の関係

会社経営の観点で人的負債についてかなり詳しく説明したが、この節ではそれが一人ひとりの社員とどう結び付いているかを説明する。またそのことを通じて、ここまで解説しなかった人的資産の性格を明らかにしたい。

第1章で、正社員の月例給与支払い義務は、会社にとって長期債務であることを説明した。これは逆に言うと、正社員にとって月例給与が長期債権であることを示している。長期債権があるので、そこから毎月ちゃんと社員の口座におカネが払い込まれる。これを社員の立場で貸借対照表として整理すると、図表2－13のようになる。

会社の場合は、賃金の支払いが義務なので、貸借対照表の右側（債務）に計上されるが、社員にとってそれは支払いを受け取る権利——債権——なので左側（資産）に計上される。長期債権を持ち、長い期間にわたっておカネを受け取ることができる以上、何かその見返りを求められる。この見返りが会社に労働を提供することである。これが長期債権と同じ金額として、貸借対照表の右側に記載される。**「雇用」を分解すると「労働」と「報酬」になると言ったが、**

図表2-13■社員にとっての貸借対照表

〈資産〉	〈債務〉
長期債権	労働

図表2-14■会社と社員の貸借対照表

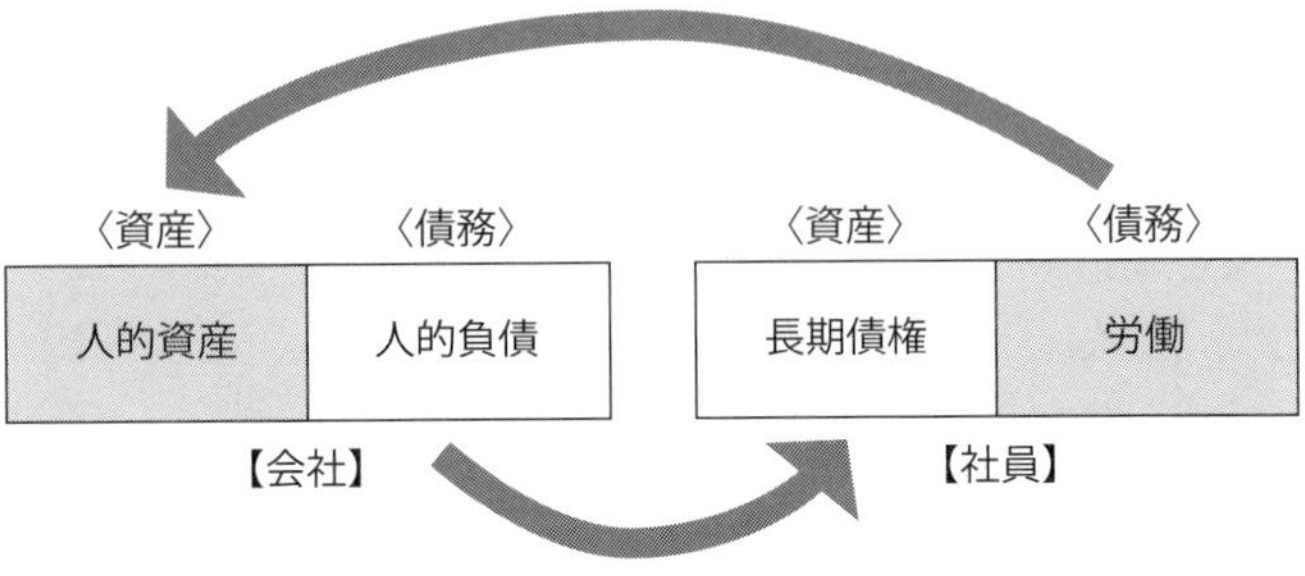

図表2－13においては、前者がその「労働」であり、後者は「長期債権」に対応している。

社員の貸借対照表上の「長期債権」と「労働」は、会社の「人的負債」と「人的資産」にそれぞれ対応している。これを図にすると図表2－14のようになる。

会社が特定の社員に対して負う長期債務は、その社員にとって長期債権である。したがって、会社が正社員全員に対して負う人的負債と、正社員一人ひとりが会社に対して持つ長期債権を合算した金額は等しくなる。その対応関係を図の下側の矢印が示している。右側の社員の貸借対照表を1人分であるとすると、左側に記載した会社の貸借対照表も1人分に対応する。これをすべての正社員について算出し合算すると、会社全体の貸借対照表となる。

貸借対照表に現れる会社の「人的資産」も、社員の「労働」も、それだけでは抽象的な概念であり、金額を決めることができない。それを前者は「人的負債」、後者は「長期債権」と同一金額として、ある意味形式上、貸借対照表にのせているだけである。「人的資産」または「労働」の金銭価値を「人的負債」または「長期債権」とは異なる独自の基準で計算すると、貸借対照表上、左右で対応する項目（「人的資産」と「人的負債」「労働」と「長期債権」）は同じ金額にはならない。そうすると、貸借対照表の右側と左側が等価ではなくなり、バランスしなくなる。左右がバランスしないと、それは英語で言うところのバランスシート（貸借対照表）にならなくなってしまう。

けれども、ここで「貸借対照表の左右はバランスさせねばならない」という制約をいったん取りはずして、もう少し深く考えてみたい。

図表2－13の左側に示した社員1人あたりの長期債権の金額は、第1章で紹介した方法で計算することができる。「図表1－9　社員に対する長期債務金額」で想定したケースでは、大学を卒業して入社したばかりの社員で1億3310万円であった。これだけの月例給与が、38年をかけて1人の社員に対して支払われる。

図表2－13の右側にある「労働」も、貸借対照表上これと同じ金額（1億3310万円）としている。これは社員が「労働」で生み出す価値は1億3310万円で、「長期債権」とちょうど同じ金額だということを想定している。言い換えると、この社員が労働で会社のために生み出す金銭的価値（収入）は、現在価値にすると1億3310万円の値打ちがある、ということを意味している。

けれども、実際にこの社員が労働で生み出す価値は、「長期債権」の金額と同一になるとは限らない。仮に、労働で生み出した価値を社員ごとにモニターすることができるとすると[6]、この社員が会社で働く38年間に生み出す価値は、それよりすごく大きいかもしれない。その社員が大きなイノベーションを実現したり、社会的に重要な意義のある職務発明をして膨大な利益をもたらしたりすれば、もらった報酬よりずっと大きな利益を会社にもたらすことになる。

他方で、それは長期債権の額より小さいかもしれない。体調をくずして長期間満足に働けなかったり、あるいは会社には来るけれどほとんど何の貢献もせずに日々を過ごし続けたりすれば[7]、そういう結果になる。

キャリアの始めから終わりまでに会社で生み出した金銭価値と月例給与の差は、各社員の貢献・業績に報いることを主な目的とした賞与で、ある程度社員に還元される。けれども、全部カバーするほど会社が賞与を払ってくれるわけではない。全部カバーしていると、会社に利益は残らないからである。また、それはその社員が月例給与を上回る大きな貢献をした場合で、下回る場合は調整できない。したがって、こうしたミスマッチは残る。

こう考えると、社員の貸借対照表（図表2－13）にのせている「労働」という項目は、「長期債権」と同じ金額であると仮定しているが、やはり本当の金銭的価値は違っている、ということになる。

一方、社員の「労働」の金銭価値がどのような金額であろうとも、それは会社の「人的資産」と対応関係にあり、等価であると考えることができる。そう考えると、貸借対照表上の人的資産も、実は人的負債とは等価ではないということになる。

少しややこしくなってしまったが、この部分を修正して簡単な図に示そう。

図表2-15■プラスαの貢献①

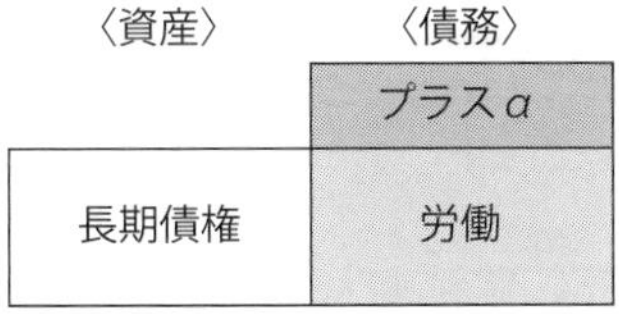

図表2-16■プラスαの貢献②

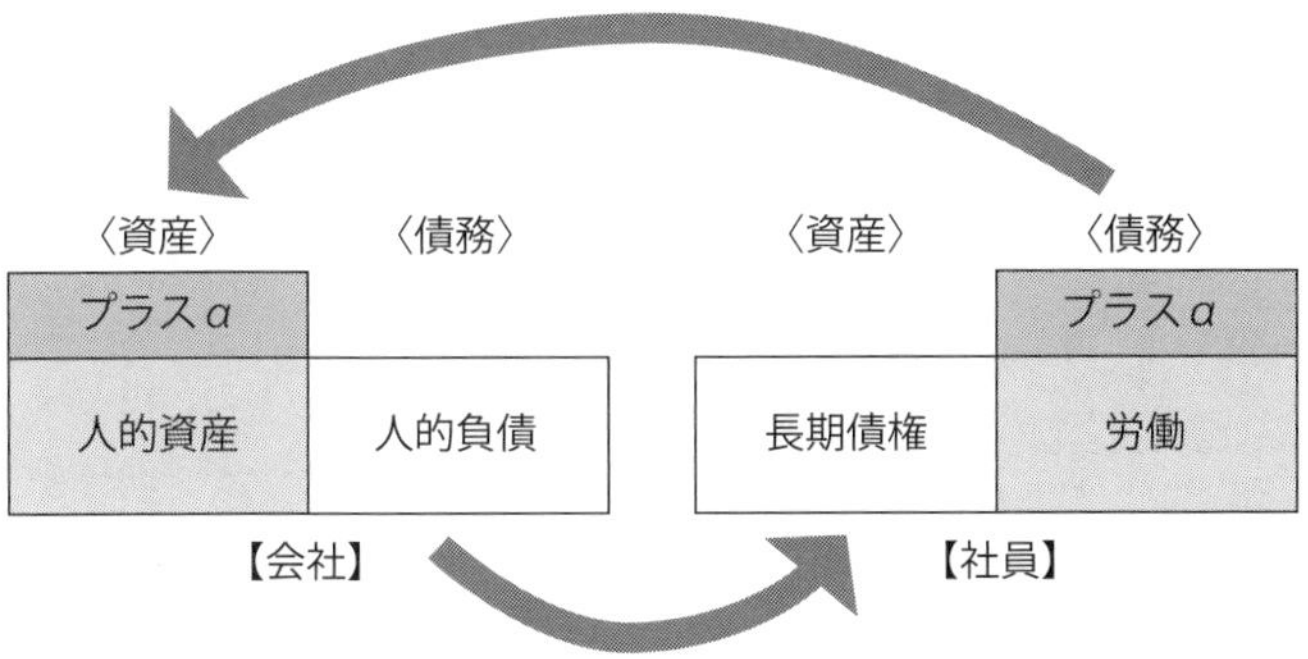

まず、社員が自分の持つ長期債権より大きな金銭的な貢献を会社にする場合は図表２－15となる。図にプラスαとして示された部分が、長期債権を上回る貢献を示している。これは、社員が会社のために生み出す収入の現在価値が、受け取る給与の現在価値を上回るということを意味する。それは、会社にとっては、人的資産の現在価値が人的負債の現在価値を上回っているということを意味する。この関係を図に示すと図表２－16のようになる。

逆に社員の貢献が長期債権の金額を下回る場合もある。これは、社員が会社のために生み出す収入の現在価値が、受け取る給与を下回るということを意味する。それは、会社にとっては、人

図表2-17■貢献がマイナスの場合

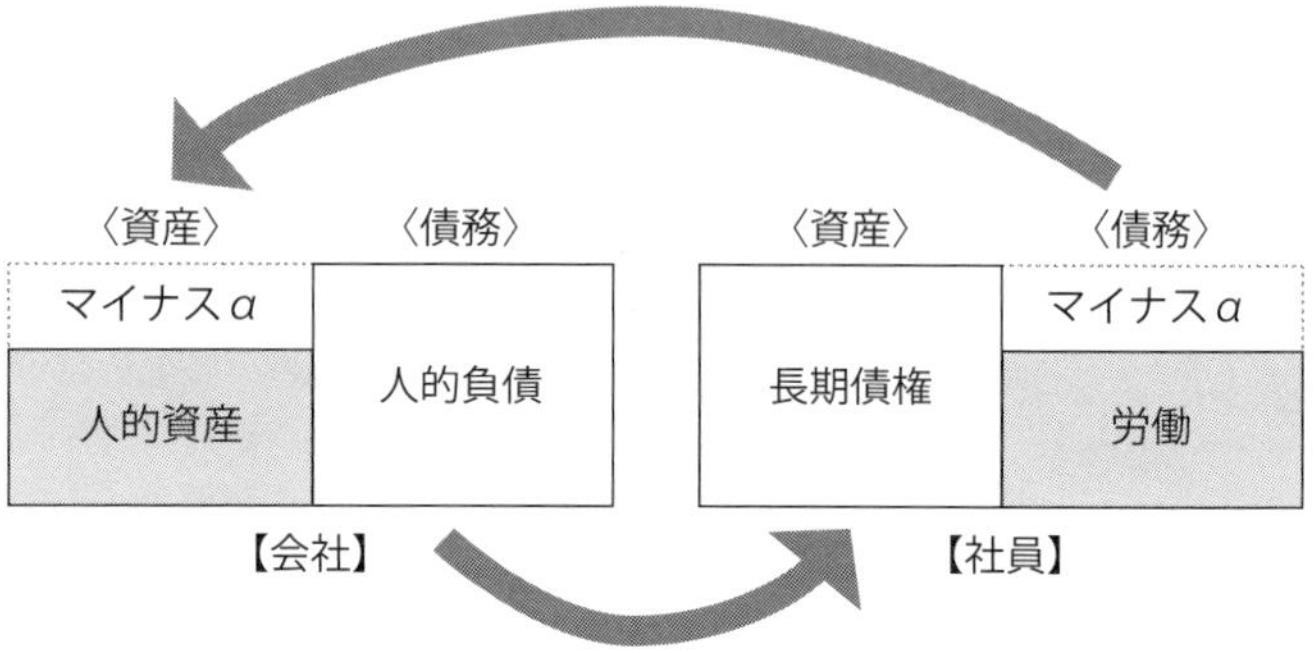

的資産の現在価値が人的負債の現在価値を下回るということを意味する。この関係を図に示すと図表2－17のようになる。

貸借対照表を活用して会社と社員の関係を見ると、両社に以上のような関係が成り立っていることがわかる。

5 人事制度と株主

ここまでのことを前提にすると、長期雇用を前提とした日本の人事制度が、株主とどのような関係にあるのかも整理できる。株主は、経営戦略を考えるにあたって非常に重要なステークホルダーであり、この存在を無視することはできない。

図表2－16、図表2－17に見た人的負債と人的資産のギャップは、月例給与の現在価値（人的負債）と、社員が会社に生み出すおカネの現在価値（人的資産）のギャップである。このギャップは、株主価値――すなわちその会社の株式時価総額――に反映される。

現在価値で比較して人的資産のほうが人的負債より大きけ

図表2-18■株主価値と人的資産・負債の関係

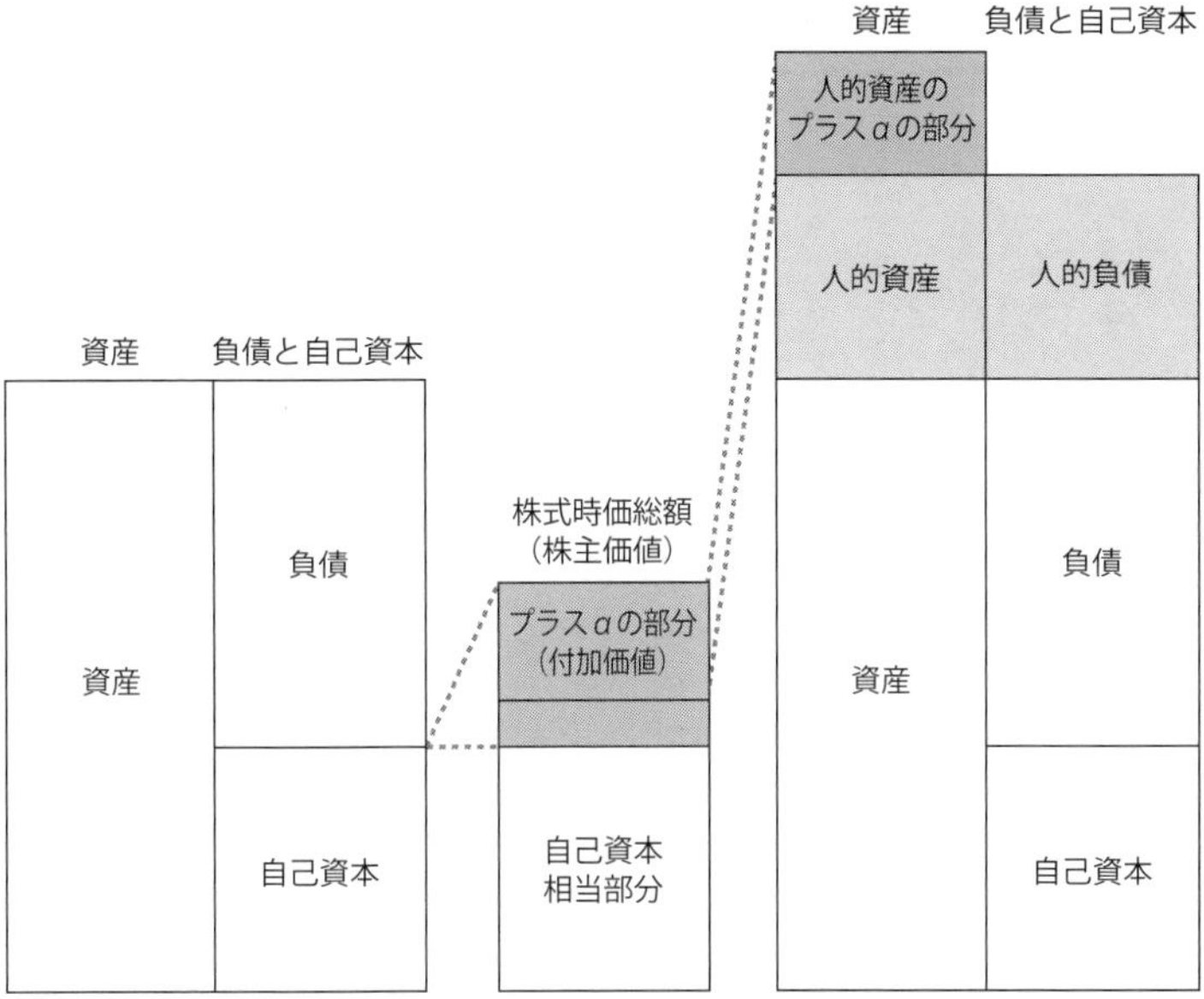

れば、それはその会社の社員が株主にとってプラスの価値を生み出しているということになる。それが小さければ、マイナスの価値を生み出しているということになる。これを図に示すと図表2-18のようになる。

図の左側に、人的資産・負債の考え方を取り入れていない貸借対照表を記載している。私たちが普段目にする貸借対照表である。図の真ん中に、その会社の株式時価総額を示している。この場合、その金額は貸借対照表上の株主資本の金額を上回っている。なぜなら、この会社に投資している株主は、この会社が事業運営を継続していくことにより、自己資本を上回る価値を生み出すと評価しているからである。

株式時価総額（株主価値）は、会社が将来生み出す税引利益のリスク調整後の現在価値である。この総額が貸借対照表上の自己資本を上回っている部分を「付加価値」だと考えることができる。株主にとっての付加価値の大部分は、人的負債を上回る価値を社員が人的資産として生み出すからだと考えることができる。このことを、この図の右側の貸借対照表（人的資産・負債を修正した貸借対照表）と真ん中の株式時価総額の関係で示している。

真ん中の株主価値の「プラスαの部分」をすべて「人的資産のプラスα部分」に対応させていないのは、中には社員以外が生み出す付加価値（プラスα）もあるからである。たとえば、その会社が優良な賃貸用のオフィスビルを所有しているとすると、その会社の付加価値はそうした物的資産から生み出される。こういう場合は、それがすべて「人的資産のプラスα」から生み出されていると言うことができない。

けれども、プラスαの大部分は、あくまで人的資産から生み出されていると考えることができる。なぜなら会社は、そこに働いている社員がいてはじめて活動できるからである。製造、販売、サービスの提供等の企業活動が、社員なしに行われることはない。例に挙げたオフィスビルにしても、結局社員が管理・運営している。どうすればテナントに対して優れた付加価値を提供できるのかを考えるのも社員である。株主に対する付加価値の大部分は、やはり社員の活動によって生み出されているのである。

図2－17のように、マイナスαが生じ、人的資産が人的負債より小さくなっていると、株主にとってはマイナスの付加価値が生み出されているということになる。株式時価総額は、自己資本の金額より小さくなってしまう。こうなると株主にとっては、会社を運営し続けることが、株主価値の破壊につながっているということになる。それでは、事業をそのまま続けていくことは困難になる。

株式時価総額と自己資本の比率は、株価純資産倍率（ＰＢＲ）という数字で表される。アベノミクスで株式市場が急騰しているとはいえ、「東京証券取引所第1部の上場銘柄のうち、株価純資産倍率（ＰＢＲ）が1倍に満たないのは44％、８１６銘柄もある」（日本経済新聞電子版「株価8連騰でも44％がＰＢＲ1倍割れ」２０１５年5月27日）。この比率が1倍以下の企業については、「人的資産が人的負債より小さい」と投資家によって判断されているということになる。これは「会社を運営し続けると、株主価値が毀損される」ということを意味する。そのような状況は持続可能ではない。日本企業の人事戦略を考えるにあたっては、こうした現状も考慮する必要がある。

6 社員と会社の貸借対照表の関係

ここで社員の貸借対照表の構成について補足しておく。社員の貸借対照表については、会社の貸借対照表（人的資産・負債）との関連で、図表2－13で「長期債権」と「労働」のみで構成されるとした。けれども、それがすべてではない。これに加えて、社員は普通、金融資産、車、住宅ローンなどを持っている。

図表2－19を例にとると、この社員は貯金などの「金融資産」と、借り入れをせずに購入した車などの「物的資産」を1000万円持っている。これを会社の貸借対照表にならい自己資本と呼んでいる。加えて、この社員は4000万円の住宅ローンを組み、家を購入しているということを想定している。普通の人は、自分の貸借対照表がどのようになっているかを考えるとき、この図を思い浮かべるであろう。

加えて、今までの説明にあるように、正社員の場合は会社に対して長期債権を持っている。したがって、普通思い浮かべる図表2－19よりはるかに大きな貸借対照表をかかえていることになる。それを図にすると、図表2－20のようになる。

イメージしているのは中堅の社員で、この場合は会社に対して1億円の長期債権を持っていることを想定している。ここでは、長期債権の金額と労働の金銭価値を同額と想定している（前述したように、労働の価値を別途算出すると、長期債権の額と同じにならなくなるが、この図では両者の金額が同一であるということを想定している。その点は次の図で修正する）。社員の一人ひとりは、本人が明確に認識しているかどうかは別にして、こういう貸借対照表を持ちながら暮らしている。

こうした社員側の貸借対照表は会社の貸借対照表と対応しているので、一覧の図とすると図表2－21のようになる。

この図の右上端にあるのが、社員の貸借対照表である。正社員一人ひとりはこうした貸借対照表

図表2-19 ■ 社員の貸借対照表①

	資産	債務・資本
4000万円	家	住宅ローン
1000万円	物的資産	自己資本
	金融資産	

図表2-20 ■ 社員の貸借対照表②

	資産	債務・資本
①1億円	長期債権	労働
②4000万円	家	住宅ローン
③1000万円	物的資産	自己資本
	金融資産	
	資産計	債務・資産計

をかかえている。社員一人ひとりの貸借対照表上の長期債権と労働をそれぞれ合算すると、それは会社の貸借対照表の人的負債と人的資産の金額と等しくなる。この関係は、右側にある会社の貸借対照表の点線で丸くかこった部分と、そこからの吹き出し部分（社員の貸借対照表）で示されている。この図では、社員の労働及び会社の人的資産がプラスαを生み出していると想定しているので、その部分も書き入れている。

雇用を分解すると「労働」と「報酬」になり、ビジネスを分解すると「サービス」と「利益」になると述べた（図表2－4）。また、このうち「報酬」と「利益」がおカネそのものであるとも述べた。社員のおカネと会社のおカネがどう結び付くかを貸借対照表の関係で表すと、結局この図表2－21となる。

社員の長期債権（報酬）は、会社の長期負債と一対の関係で結び付いている。株主価値は会社の「利益」の現在価値そのものであり、それは人的資産が生み出すプラスα、すなわち社員の労働が生み出すプラスαによって支えられている。

前章で、正社員が受け取る報酬（賃金）は一種の金融商品であると述べた。この金融商品は社員におカネを支給し続けるので、何らかの原資が必要になる。それは会社の人的負債である。人的負債は会社の貸借対照表の一部を構成し、他の負債同様、会社が行う事業から生まれる収入から返済される。

人事制度を見直すということは、結局会社と社員にとってのおカネの流れを見直すということで

図表2-21■会社と社員の貸借対照表の関係

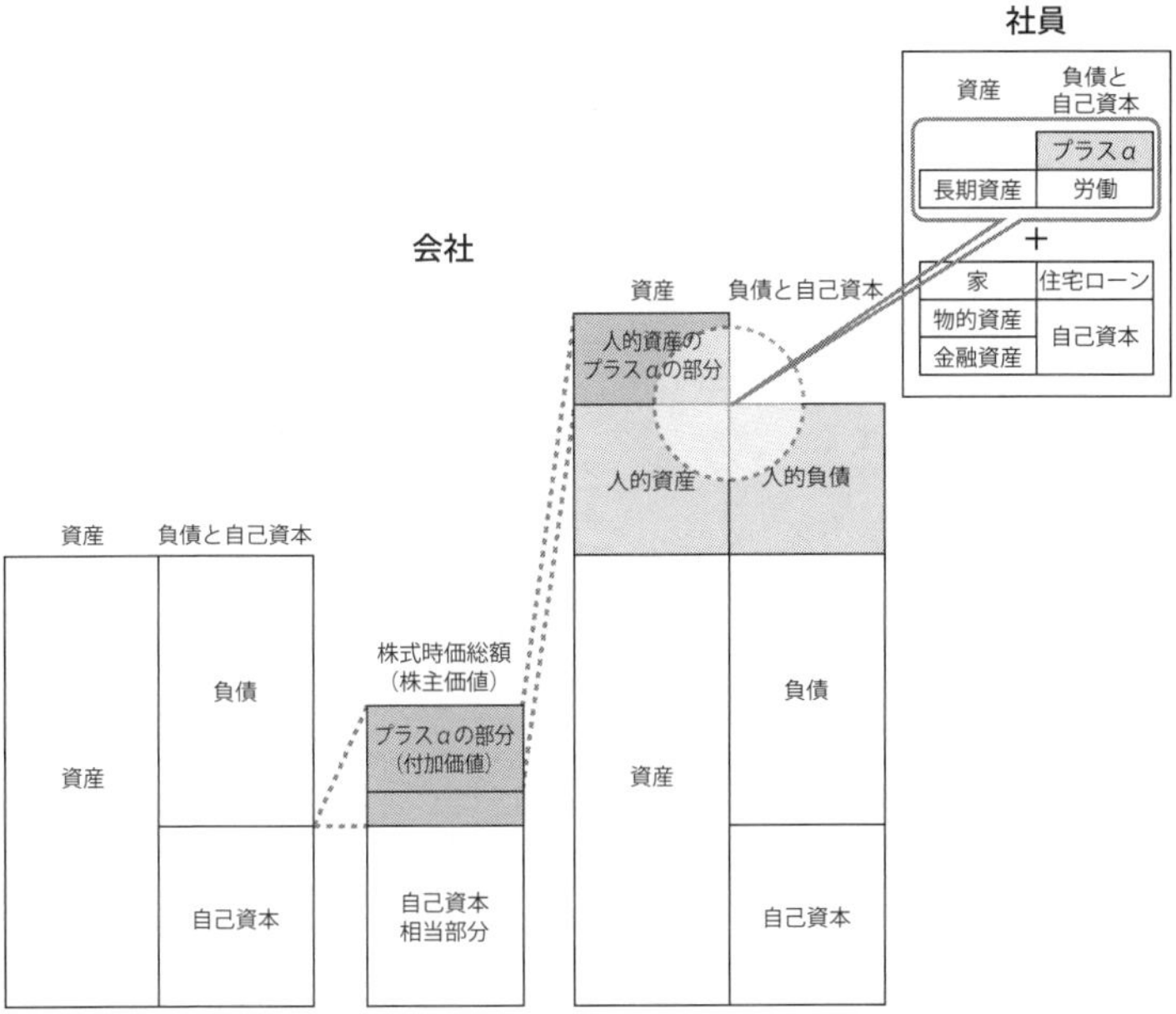

もある。おカネの流れを変えるということは、もちろん会社のその年の損益計算書と社員の年収に影響を与える。これは最もわかりやすい話である。このわかりやすい話も重要であるが、それはどちらかと言うと短期的な影響である。**長期的により重要なことは、こうした変更は会社と社員の貸借対照表の両方に影響を与えるということである。そのことは会社の財務上の安定性と社員の生活の安定に長期にわたり影響を与える。**

たとえば人的負債を圧縮すれば、会社のレバレッジを下げることができる。それは会社の財務の安定にとっては望ましい。一方で、そうすれば社員の長期債権は減ってしまう。これは社員の生活設計上、長期にわたってマイナスの影響を及ぼす。たとえば極端な話、仮に1人の正社員を解雇すると、その分会社は長期債務を減らすことができる。けれどもそうすると、社員のほうはすべての長期債権を失ってしまう。図表2－20の例だとその金額は1億円となるわけで、それは本人にとっては天と地の違いとなる。

また人的負債を圧縮し、社員の長期債権を削減することは、前述のように、一見会社にとって都合がいいように見える。しかし、そのことが社員のモチベーションに悪影響を与える。社員がやる気を失って、労働の手を抜き始めれば、一時的にレバレッジが下がり貸借対照表上の見かけはよくなるが、結果的には人的資産の縮減、つまり株主価値の毀損につながってしまう。極端な場合には、会社はビジネスを維持することができなくなってしまう。社員の提供する「労働」の現在価値（会社にとっては「人的資産」）が、社員の持つ「長期債権」（会社にとっては「人的負債」）の現在価値を上回るときにのみ、その会社のビジネスは株主にとっても付加価値を生み始める、ということを忘れてはいけない。

図表2－21は、こうした社員とビジネスの関係をよく表している。したがって、人事制度の検討にあたっては、必ずこの図を考慮する必要がある。また、この図を理解することが、人事戦略と経営戦略・事業戦略のつながりを理解するうえで重要なポイントとなる。

7 おカネの「水道哲学」

一般的な人事制度の解説書を読んでいても、この章のように徹底的におカネの話をするものはあまり見かけない。いかにおカネ（給与と賞与）と関係のないところで、社員が会社との一体感とやる気を持って働ける仕組みを作ることができるか、ということを中心に解説していることが多いように思う。財務諸表は、財務部門の専管だということであろうか。

けれども、それだけでは決して良い制度はできない。社会はおカネが循環することによって成り立っているし、会社はそれを損益計算書・貸借対照表などに表記して、株主・債権者などの外部のステークホルダーに公開している。おカネはまた社員一人ひとりにとっても大切なものである。こうしたことを無視して、人事制度を語ることはできない。漫画家の西原理恵子氏が「『お金がすべてじゃない』『幸せはお金なんかでは買えないんだ』って、何を根拠にして、そう言いきれるんだろう」「『カネについて口にするのははしたない』という教えを刷り込むことで、得をしている誰かがどこかにいる」（『この世でいちばん大事な「カネ」の話』）と指摘するのは、現実的で非常に良いポイントをついている。人事制度設計にあたっても、この観点を無視すべきではない。

パナソニックの創業者である松下幸之助氏は、1932年に次のように述べたと言われている。「産業人の使命は貧乏の克服である。そのためには、物資の生産に次ぐ生産をもって、富を増大しなければならない。水道の水は価（あたい）あるものであるが、通行人がこれを飲んでもとがめられない。それは量が多く、価格が余りにも安いからである。産業人の使命も、水道の水のごとく、物資を無尽蔵たらしめ、無代に等しい価格で提供することにある。それによって、人生に幸福をもたらし、この世に楽土を建設することができるのである。松下電器の真使命もまたその点にある」

これは、あたかも水道から水を提供するかのごとく、企業が豊富かつ安価に製品を提供することによって、社会は改善していくという考え方である。確かに家電製品の価格は昭和初期のころとは違って手ごろになり、多くの家庭にこうした商品が満ち溢れている。こういう時代になったのは、やはりパナソニックをはじめとした世界中の多くのメーカーが、テクノロジー、製造プロセス、材料などに改良を加え続けた結果であろう。

同じようなことがおカネについても実現可能ではなかろうか。社会の中の制度や仕組み（人事制度もその一つである）を改善していくことにより、無駄な苦労をせずとも、あたかも水道の蛇口をひねるような感覚で、多くの人が簡単におカネにアクセスできるようになるのではないか。いわば、おカネの「水道哲学」のようなものを考えることはできないだろうか。私は金融業に長く従事したせいか、人事制度のことを考えていても、こういう観点で物事を考えてしまう。

もっとも「無駄な苦労をせずとも、あたかも水道の蛇口をひねるような感覚で」と言ったところで、まったく働かなくてもおカネがもらえるほどこの世の中は甘くないことぐらいは私もわかっている。けれども、私たちが働いて報酬を得るという仕組み（人事制度）を分析し、改善を加えていけば、少なくとも今までよりも楽しい気持ちで働き、会社の業績も上がり、結果として社員もより深い満足感を持って報酬を得ることができるようになるのではなかろうか。そのためには、既存の人事制度の中でおカネがどのような関係にあるのかをこうして分析することが、どうしても必要なのである。

【第2章＊注】

（1）東京大学大学院総合文化研究科博士課程在籍。慶應義塾大学SFC研究所訪問研究員（上席）。専攻は社会学。（Amazon.co.jp「著者紹介」より）

（2）1926年生まれ。シカゴ大学で心理学博士号を取得後、ハーバード大学にて研究。シカゴ大学専任講師などを経て、1966年ボストン・コンサルティング・グループ東京支社を設立。同社の東京代表、パリ代表を経て、1982年より日本在住。上智大学主任教授となる。1997年に日本国籍を取得。著者に『カイシャ』（共著）、『新・日本の経営』などがある。2007年5月逝去。（『名著で読み解く日本人はどのように仕事をしてきたか』海老原嗣生、荻野進介）

（3）決まって支給する現金給与額のうち、超過労働給与額（時間外勤務手当等）を差し引いた額。

（4）日本の労働法が適用となる日本法人を検討の対象とするため、連結決算ではなく、単体決算に基づき試算している。

（5）100名でなく110名としているのは、そのほうがモデルを作成するうえで計算が容易だからである。

（6）こうした仮定は非現実的に感じるかもしれないが、たとえば営業マンで、その人の成績が売上や手数料で測定できる場合は容易に実現することができる。

（7）会社に来てほとんど貢献しなくても、正社員であればまず解雇にはならない。

第3章

楽しく働くということ

過去数世紀、経済合理主義が非常に成功したので、私たちは人間のいかなる努力も、その「最終的な成果[1]」は貨幣（ドルとセント）で計測することが当然のことだと考えるようになった。しかし人生を経済的観点からだけで考えることはきわめて非合理的である。本当の最終的な成果は経験の質と複雑さにある。

『フロー体験 喜びの現象学』M・チクセントミハイ[2]、筆者訳

1 収入・利益を支えるサービスと共感

前章までは、財務会計も活用しながら、日本企業の人事制度を主にキャッシュフロー（おカネ）の観点で分析した。しかしながら人事制度の設計は、おカネの観点だけを考慮すればそれで十分というほど単純ではない。おカネ以外にも、社員のやりがい、会社と一般社会との関係、時代の要請といった幅広い観点の検討も必要になる。

そのためこの章では、「そもそも私たちが『働く』ということはどういうことか」「社会におけるおカネの役割・位置づけはどういうものか」などを考察する。哲学等も引用しながら、おカネ・社会・労働等に対する筆者独自の考え方を示しているので、人事制度の本としては読みにくいと感じる部分があるかもしれないが、ご辛抱いただきたい。この章で述べる「共感」のコンセプトは、職能資格制度が前提とする「能力（職務遂行能力）」重視への批判として後の章につながっていく。

さて、おカネは社会の中を循環している。その中で会社は収入・利益を上げ、社員は会社から報酬を受け取っている。

会社が収入と利益を上げることができるのは、会社が事業を行っているからである。事業を行うことによって収入・利益を上げることができるのは、会社が顧客に対してサービスを提供するからである。これを簡単な図に示すと図表3－1のようになる。

図表3-1■サービスの提供

会社が何もしないのに、顧客がおカネを払ってくれることはない。したがって、会社は何らかのサービスを顧客に提供する。提供するものは、自動車やパソコンのように製品や商品の場合もあるし、弁護士のアドバイスのように物ではなく純粋なサービスの場合もある。ここでは、製品や商品の販売を含めて、企業が顧客に提供するものを「サービス」と呼ぶ。

顧客は、サービスに共感したときにのみ取引をして、対価を支払い、それが収入となる。顧客から共感が得られない場合、その会社のサービスは選択されない。選択されなければ、収入は上がらない。こうした顧客による選択はけっこう厳しい。対価としておカネを払うわけだから、当然と言えば当然である。

ある意味、顧客は冷たい。声を大にして、自社の製品購入を勧めても、必要がなければ、あるいは良いと思わなければ、見向きもしてくれない。会社の業績が悪くなって、倒産の危機に瀕し、社員が路頭に迷うかもしれないからといって、そのために誰かがその会社の製品をどんどん買って支援してくれるわけではない。そういうときは、どちらかと言うとその会社の信用力もサービスの魅力も失われていて、ますます相手にされないことのほうが多い。時代の流れについていくことができず、結局破綻してしまった企業の名前など、ほとんどの人はあっという間に忘れてしまう。

世の中には会社は星の数ほどある。自社と同じサービスを提供する同業他社も多数存在する。それは国内企業の場合もあるし、外国企業の場合もある。自社のサービスに何らかの優位性がなければ、顧客に選んでもらうことはできない。そのために、企業はサービスの内容を改善するよう日夜はげんでいる。それは、性能、品質、ブランドイメージ、接客マナーなどさまざまな点を改善する努力となって現れる。**こうして生み出したサービスに顧客が共感したときにはじめて、そのサービスが選ばれることになる。**同じ価格でも、他社のサービスのほうが質が高く、顧客がそちらのサービスに共感を覚えれば、顧客はあっさりそちらのほうを選ぶ。顧客が各社のサービスを比較した際に、自社のものを「いいな」と思ってもらえることが大切で、そう思ってもらえたときにはじめて選択してもらうことができ、収入が生まれる。**この「いいな」の感覚を、ここでは「共感」と呼んでいる。**

会社の顧客へのサービス提供は、社員の活動があってはじめて可能になる。「図表2－4　ビジネスと雇用、おカネと活動」の図式を使うと、会社は「サービス」を提供するが、それは社員の「労働」の提供によって成り立っている。こうした「活動（サービス・労働）」自体は、おカネの循環そのものとは別物である。この章では、こうした活動とおカネの関係を解説する。

2 共感のゲーム

ここで、1つの簡単なモデルを考える。それは次のようなゲームで、**これを本書では「共感のゲーム」と呼ぶ**（図表3－2）。

この図は、前著の『日本企業のグローバル人事戦略』でも使った。そのときは、多国籍の人材が1つの企業に集い、意思決定をする際のモデルとして記載した。丸テーブルを囲んでいるのはさまざまな国籍・性別・年齢の社員である。そこに誰かが提案を投げ入れ、そこで皆が対等の立場で議論して、意見を集約するというのが、そのモデルであった。

会社が顧客にサービスを提供するという活動も、ある主体が多数の人に働きかけるという構造において、これと同様である。黒色の人物像が会社だとして、その他の人は顧客であるとする。会社はサービス（図表の中の「X」）を複数の顧客（丸テーブルを囲む他の人たち）に提供する。その結果、提供したサービスに実際に共感が得られるかどうかが判明する。共感が得られれば、ビジネスは成立する。いくら自社のサービスが良いと思っていても、それが一人よがりのもので、顧客からの共感がなければ、それは成立しない。

その場（丸テーブル）には、他の会社も同じようなサービス（図では示していないが、たとえば「Y」）を提供してくる。自社のサービス（X）に共感を得られず、他社のサービス（Y）が支持さ

図表3-2■共感のゲーム①

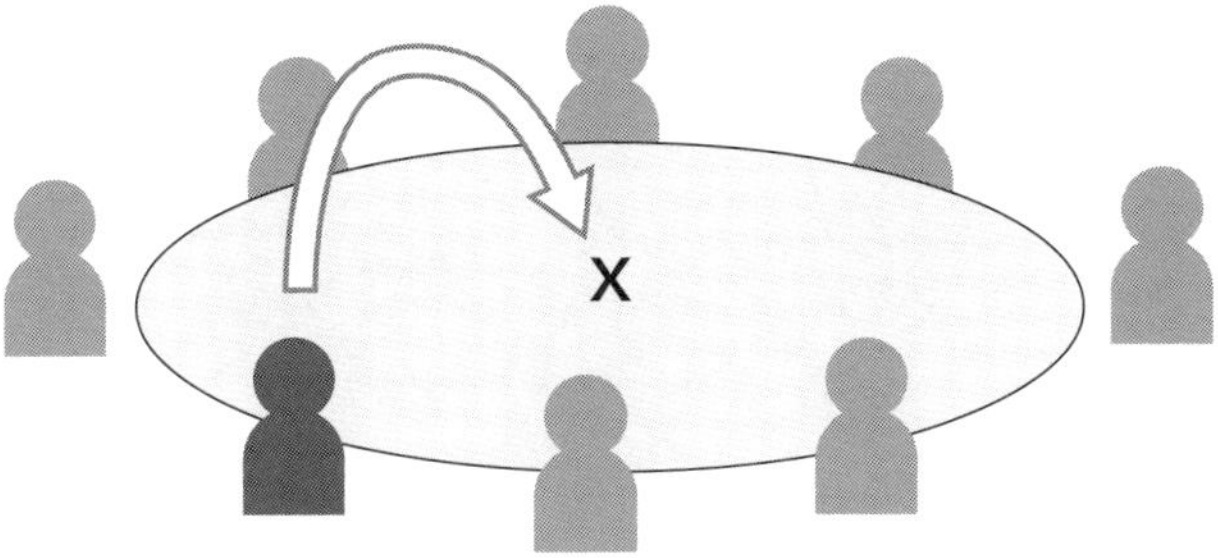

れた場合には、ビジネスは自社とは成立せず、他社だけと成立する。

単純なモデルであるが、これはビジネスのいたるところに現れる。会社内でも同じような構図が現れる。たとえば、部で20名集まって会議するときも同じである。社内では会議の事前準備のしきたりがあったりするので、会議の前に部長など重要な参加者の意向を確認していたかとか、そもそも提案内容が十分に論理的・合理的であるかとか、議論の前提となる必要条件を満たしている必要がある。けれども構図は一緒で、誰かが提案し、その内容に共感が得られればそれは採用されるし、そうでなければ採用されない。

会社によるサービスの提供にしろ、部内の議論にしろ、普通私たちは、自分の提供したサービス、提案などがまわりの人から評価され、共感されると誰でもうれしく思う。それは、おカネをもらえるかどうかということとは別問題である。

これを単純な図にすると、図表3－3のようなものになる。

提供したサービスが顧客に大いに受けて、「これは素晴らし

図表3-3■共感のゲーム②

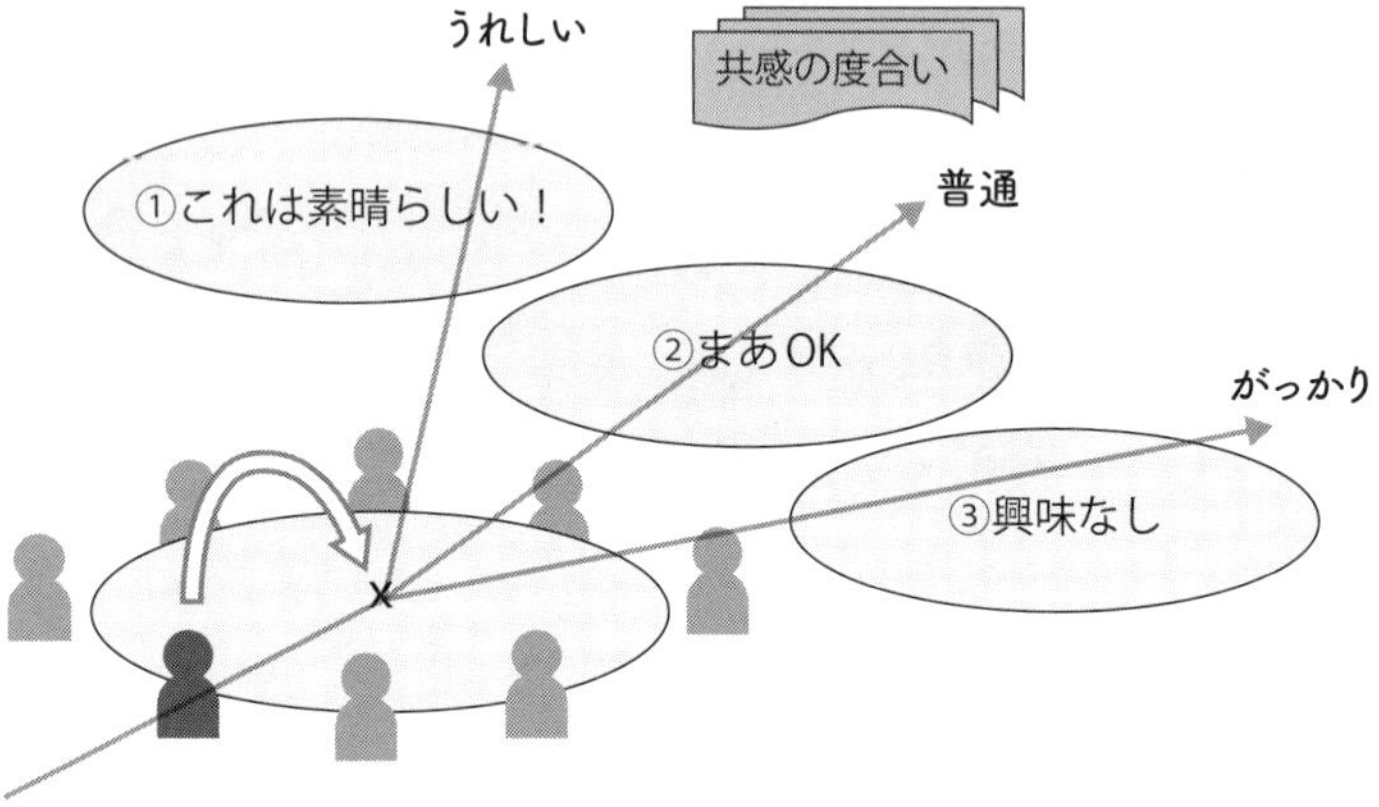

い」「すごく、いいいな」と思われるケースが①で、この場合、これに携わった人にとっては非常にうれしい。きっと、iPadやGoogleの検索機能の開発に携わった人たちの多くは、この感覚を味わったであろう。そこまでいかなくても、それなりに受け入れられるのが②のケースである。まったく受け入れられず、興味すら持ってもらえないのが、③のケースである。この場合は、これに携わった人はがっかりすることになる。

サービスを提供する人は、丸テーブルを囲む他の人たちの共感の度合いに応じて一喜一憂する。それは、何らかのゲームの結果に一喜一憂する姿と共通である。この共通性をもって、これを「共感のゲーム」と呼んでいる。

ただし、「ゲーム」といっても必ずしも勝ち負けを競うものではなく、ここではもう少し広い意味を指す。それは、L・ウィトゲンシュタインが言語を一種のゲームと呼ぶのと同じような広い範囲を指す。永井均氏は彼の言う「ゲーム」を次のように解説する。「『ゲーム』といえば勝負のことだと思う人が（特に日本には）多いようだが、これは誤りである（『哲学探究』六六節）[3]。だから、このゲームの背後には勝利への意志などは存在しない。『ゲーム』はドイツ語では『シュピール（Spiel）』だが、シュピールとは遊戯であり、『プレイ』と英訳されてもよい言葉である」（『ウィトゲンシュタイン入門』永井均）。これと同様で、**それ自体が遊び（遊戯）に近い語感としてのゲームである**。

私はこうした共感のゲームが、社会においてある程度普遍的な構造だと考えている。社会は、私たちがお互いに共感を与える活動をすることによって成り立っている。こうしたとらえ方は、近代哲学の祖G・W・F・ヘーゲルの言う[4]「事そのもの」という考え方と通じている。「事そのもの」は、彼の主著『精神の現象学』の重要なキーワードの一つである。難解な彼の文章をそのまま引用して恐縮であるが、彼は次のように言う。

「意識の経験するものは、事そのものが本質的な実在であり、そうしてこの実在の存在は個別的な個体の、またすべて個体の行為することであり、またこの本質的な実在の行為することも直ちに他の人々に対するものであり、言いかえると、事であり、しかも事であるのは、ただすべての人々の、またおのおのの人の行為することとしてであるということ、（要するに）事そのものがすべての人々の実在であり精神的な本質であり実在であるということである」。（『精神の現象学』ヘーゲル、金子武蔵訳）

これだけでは呪文のようなもので、何を言っているか意味不明に思われるかもしれない。彼が言わんとする趣旨をわかりやすく言い直すと、次のようなものとなる。

「人間の意識にとって本質的な存在とは『事そのもの』である。『事そのもの』とは、すべての個々人が行動すること、及びそうした行動は他の人々に対する働きかけであるということを意味する。『事そのもの』は、すべての個々人が行動するという事実として成り立っている。これこそが本当に存在するもの（実在）であり、私たちの精神の本質である」

いかにも当時のドイツの哲学者らしく、「事そのもの」というどのようにでも解釈できる言葉を彼流の定義で使おうとしているから、これでもわかりづらいかもしれない。長谷川宏氏は、これを「価値あること」または「社会的価値」と意訳しているが、そのほうがわかりやすいであろう。

要するにヘーゲルは、次の2つのことを言っている。

①本当に大切なこと（「意識にとっての本質的な存在」「精神の本質」）は、「食べ物」「おカネ」「財産」とかではなく、他者との関係性の中で行われる行動である。

②こうした行動はすべての個々人が行うから、行動の関係性はネットワークになっている。

私が丸テーブルの図で示そうとすることは、ここに言う「行動」を「サービスの提供」に置き換えればぴったりくる。サービスは他者への働きかけであり、私たちはお互いにサービスを提供するというネットワークの中で生きている。そうした活動を行っていることが、自分は何か大切なものを生み出しているのだ、という充実感をもたらす。これが共感のゲームの原理である。

人事の本として、こうして哲学まで登場させると脱線しすぎであろうか。私はそうは思わない。人事制度を設計するということは、職場のルールを決めるということである。それによって、多くの人の働き方が変わる。また、それは会社の将来にも大きな影響を与える。会社は、顧客、株主、銀行など、多様な利害関係者とつながっている。したがって会社の行く末は、社員以外の人たちにも大きな影響を与える。人事制度設計の大きな影響を考えると、当然過去の学問上の研究成果や実例を踏まえる必要がある。したがって、経済学、法律学、経営学などの成果を前提とすることも重要になる。加えて、私たち人間や社会の本質を見抜く学問——哲学——にまで立ち返って、制度のあり方を考えることが必要であろう。哲学のない人事制度など、5年か10年もすればすっ飛んでしまう。

ちなみに、ヘーゲルは『精神の現象学』の後に『法哲学講義』等で法や国家に関する哲学を発展させ、市民社会[5]の原理を築いたと言われている。19世紀に書かれた著作の数々は、もちろん今の時代に合わないところも見受けられる。けれども、たとえば『法哲学講義』を読むと、そこには現代の資本主義社会の基本的な設計図——原理——が記載されている、と言って過言ではない。彼が打ち出した哲学の原理には、２００年近くたっても捨てがたき魅力があり、今でも十分に有効である。

3 レイバー・ワーク・プレイ

さて、「働く」ということに関して、伊藤元重氏（東京大学教授）が面白い区分を述べている。「随分昔に聞いた話だが、『働く』という言葉には、3つの異なったタイプがある。『レイバー』『ワーク』そして『プレイ』だ。肉体を使った労働がレイバー、工場や事務所での仕事はワークである。プレイとは遊ぶという意味のように思われるかもしれないが、指揮者や歌手、スポーツ選手はプレーヤーと呼ばれても遊んでいるわけでない」。（日本経済新聞2012年3月8日「経済教室」）

これは、働くということを、肉体労働（レイバー）と工場労働者・ホワイトカラーの仕事（ワーク）と芸術家やアスリートの活動（プレイ）の3つに分けるということである。この中では、最後のプレイヤーというのが、一番楽しそうで、充実感があるように思える。

彼がこれをどこで誰から聞いたのかはわからない。インターネットで検索すると、近いものとして詩人のW・H・オーデン(6)の言葉が出てくる。

「労働（レイバー）と遊び（プレイ）の間に仕事（ワーク）がある。自分がやれば報酬を支払ってくれる業務（ジョブ）に興味を覚え取り組めば、その人は働く人（ワーカー）である。この場合、社会の観点では必要な労働（レイバー）が、その人の観点では自発的な遊び（プレイ）になるということである。業務が労働（レイバー）に分類されるか、仕事（ワーク）に分類されるかは、業務の中身によるのではなく、その個人が取り組むときの感じ方による。したがって違いは、たとえば肉体的業務（マニュアル・ジョブ）か知的業務（メンタル・ジョブ）かという種類によっては決まらない。庭師や靴屋が働く人（ワーカー）で、銀行の窓口係が労働者（レイバラー）ということもある」。（筆者訳）

微妙に伊藤元重氏の用語使いと違っている。オーデンでは、業務内容にかかわらず（肉体的業務か知的業務かにかかわらず）、本人がやる気を持って取り組めば、いやいややるレイバーではなくワークであり、その人にとっては楽しいプレイとなりうる、という感じである。

語感は人によって違う(7)ので、ここではこの3つを次のように定義してみる。

①レイバー（労働）：おカネのためにいやいや働く
②ワーク（仕事）：嫌なこともたくさんあるけれど、それはそれで割り切り、そこそこ楽しみながら働く
③プレイ（真剣な遊び）：ただ楽しくて夢中になって働く

これを簡単なイメージ図にすると図表3－4のようになる。

レイバーでは活動の目的は100％おカネのためであり、プレイではそれが100％楽しみのためとなっている。ワークはその中間である。

図表3-4■レイバー・ワーク・プレイ

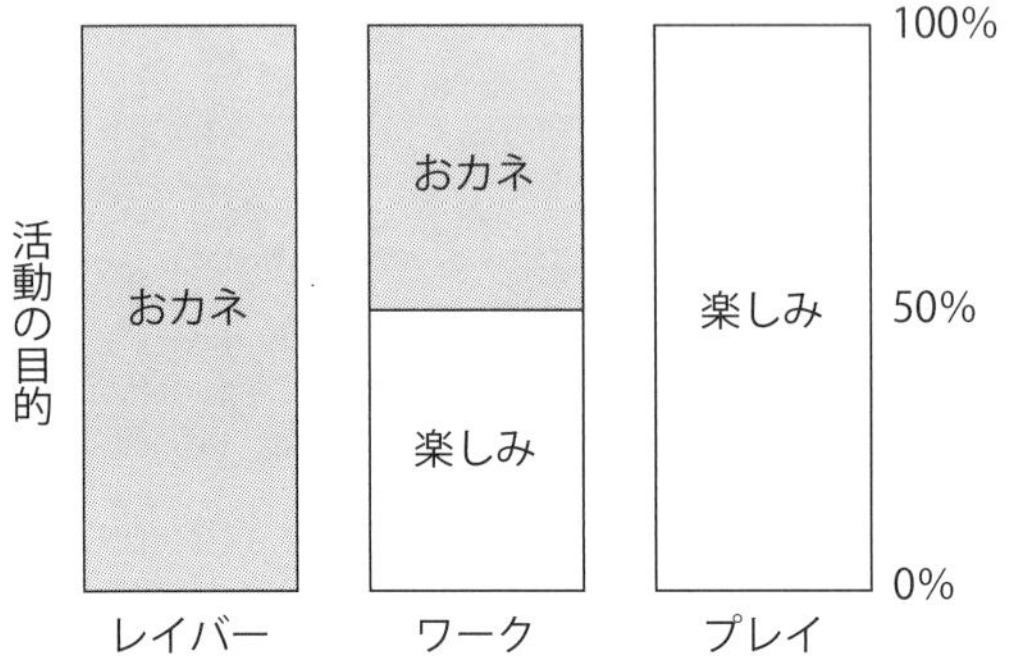

第2章の「図表2－14 会社と社員の貸借対照表」に社員の貸借対照表を示し、そこでは「労働」を「長期債権」と同額の価値を持つ資産として表した。それは仕事をおカネだけでの観点で示したもので、その図はまさに会社での業務をレイバー（労働）と見る考え方だと言える。

一方で、おカネとは関係なく純粋に人に共感を与えるために活動するというのは、このプレイに属する。これは楽しい世界である。子供のころの遊びに近い。球技でも、鬼ごっこでも、トランプでも、川遊びでも、テレビゲームでも、すごろくでも、子供のころ夢中になってやったさまざまな遊びには、おカネは関係しない。それでも、時間を損したなどということは一切思わず、楽しみながら遊びに没頭する。そこには目的を達成するための真剣さもある。前述の③「真剣な遊び」とは、こういう精神状態で働くことである。

ミハイ・チクセントミハイ氏は、人間がどういうときに強い喜び・恍惚感を持つかを研究し、そうした状態を「最適経験」と呼んでいる。仕事がプレイとなり、楽しみながら没頭している状態は、この最適経験にあたる。それは次のような状態である。「最適経験とは、目標を志向し、ルールがあり、自分が適切に振舞っているかどうかについての明確な手掛かりを与えてくれる行為システムの中で、現在立ち向かっている挑戦に自分の能力が適合している時に生じる感覚である」。(『フロー体験 喜びの現象学』今村浩明訳)

こうした状態のときには、おカネのことなど気にならない。実際彼は、「幸福や生活の満足度についての研究は、一般に富と幸福の間には弱い相関があることを示している」と言う。社員が会社で働いていて一番幸せを感じるのは、自分の仕事を通じてこういう感覚を味わっているときであろう。

引き続き彼の研究を紹介すると、こうした喜びを感じるときには次の8つがともなうと言う。「第一に、通常その経験は、達成できる見通しのある課題と取り組んでいる時に生じる。第二に、自分のしていることに集中できていなければならない。第三、および第四として、その集中ができるのは一般に、行われている作業に明瞭な目標があり、直接的なフィードバックがあるからである。第五に、意識から日々の生活の気苦労や欲求不満を取り除く、深いけれども無理ない没入状態で行為している。第六に、楽しい経験は自分の行為を統制しているという感覚をともなう。第七に、自己についての意識は消失するが、これに反してフロー体験の後では自己感覚はより強く現れる。最後に、時間の経緯の感覚が変わる。数時間は数分のうちに過ぎ、数分は数時間に伸びるように感じることがある」。(同書)

プレイ（真剣な遊び）の感覚もまさにこういうもので、こうした感覚を味わっているときが、働くことを通じて強い喜びを感じている状態である。そのためには、「職業それ自体がゲーム―変化に富み、適切で柔軟な挑戦、明確な目標、そして直接的なフィードバックを備えた―に近ければ近いほど」望ましく、それによって働くことが「働く者の発達の程度とは無関係に、より楽しいものになる」（同書）。したがって、こうしたゲームの感覚をいかに仕事の中に取り入れるかが重要になる。

4 共感の時代

働くということは、社会の中で重要な役割を担っている。多くの人たちが、人生の多くの時間を働くことに費やしている。そうであれば、働くということは、なるべく最適状態に近いことが望ましい。そのためには、仕事は今述べた「ゲーム」の感覚に近いほうがいい。そしてそのゲームは、なるべく余計なことを考えずに没頭できるものであることが望ましい。

一方、すでに述べたように、会社が事業を展開するためには、自分たちの提供するサービスに顧客からの共感を得る必要がある。したがって事業に貢献する社員も、顧客により良いサービスを提供し、共感を得ることが仕事だということになる。

そう考えると、そもそも社会自体が「共感のゲーム」で成り立っていると考えることが望ましい。

そのほうが、人事制度をはじめとしたいろいろな社会の仕組みをうまく組み立てることができる。こう考えるということは、「社会は『競争のゲーム』で成り立っている」という資本主義社会の常識的な見方を否定するということでもある。

これは金融危機、世界的に見られるソーシャル・ビジネスへの強い関心、日本の若い世代の考え方、環境問題などを観察していて、自然と出てくる感覚である。延々と競争し合って、経済的な発展だけを追求しても到達できる夢の国は存在しない。**私たちは、20世紀の産業社会が前提としていた「競争の時代」ではなく、「共感の時代（共感を理念とする時代）」を生きていくのであろう。**

「共感の時代」という言葉は、生物学者のフランス・ドゥ・ヴァール(8)の著書『共感の時代へ―動物行動学が教えてくれること』（柴田裕之訳）から借用している。同書は、次の1行で始まる。「今時、強欲は流行らない。世は共感の時代を迎えたのだ」

哺乳類（特に霊長類）の社会的知能を長年研究した彼は、その成果として次のように言う。「他者が困っている場面に出くわした個体が、その場で損得を秤にかけて援助をするかどうかを決めるという考えは、ひょっとしたら、もう捨てる時期が来ているのかもしれない。おそらく損得の計算は自然淘汰がすべてを済ませてくれたのだ。自然淘汰は長い歴史の中で行動の結果を検討した後、霊長類に共感する能力を授け、彼らが適切な状況下では他者を助けることを確実にした」。（同書）

この意見が生物学という学問の世界でコンセンサスであるかどうかを、私は知らない。けれども、チンパンジーなどの霊長類についてもこうしたことが指摘できるとすれば、動物の中で一番高い知性を持ち、倫理性・道徳性を発展させてきた人間については、ますますもって同様のことが言えるのではなかろうか。「ひょっと」しなくても、私たち人間の社会においては、「損得の計算」ではなく、共感を私たちの価値の基軸に据える時期に来ているのではなかろうか。

実際、すべてを功利主義的に「損得」で論じても、私のまわりの人たちの心には届かず、説得的ではないように感じることが多くなっているように感じる。それは必ずしも日本人だけではなく、私が仕事で日ごろ接する機会が多い金融業界で働く欧米人にも同様の傾向が見られるように思う。

少し古い話であるが、2003年にSMAPが「世界に一つだけの花」という曲を歌い、記録的に流行した。ウィキペディアによると、「アルバムからシングルカットされた曲では歴代最高の売上で、「ジャニーズ事務所所属アーティストのCD売上歴代1位」だそうである。流行歌は世相を映すし、時代の流れをとらえないと大ヒットしない。その意味で、21世紀になって爆発的に売れたこの曲は、最近の私たちの多くが心の中で思っていることをうまくメロディーと詩で表しているのであろう。少しオーバーに言えば、私たちが暮らす現代の「時代精神[9]」を反映している。

歌詞は多くの人が知っての通りで、この曲は一番になるために競争することはそれほど大事ではない、それより私たち一人ひとりの持つ個性を大切にしよう、と歌う。さまざまな花が「きれいだ」と思うのは、やはりそうした花への共感であろう。競い合うことに重点を置くのではなく、花によせる心と同じように、それぞれの人が大切にしている個性への共感を大事にしよう、という思いがこの曲には込められているように思う。

図表3-5■企業を取り囲む競争要因

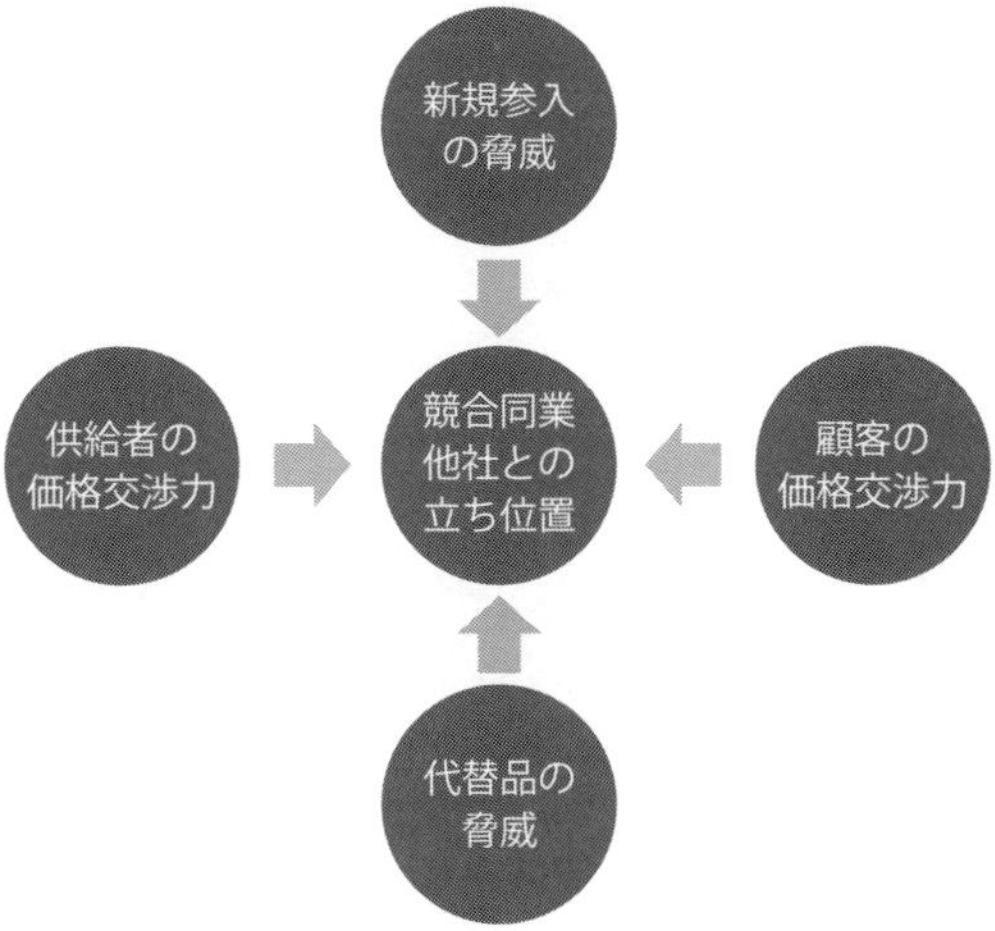

マイケル・ポーター『競争戦略論』より筆者訳

「共感の時代」とはこの感覚である。

一方で、資本主義社会にはまったく異なる意見が存在する。その意見では、競争が重視され、競争こそが技術革新、サービスの改善、価格低下をもたらすとされている。そのような見解は、アメリカなどのアカデミーの世界でも支持されている。たとえば『競争戦略論』の筆者として有名なマイケル・ポーター氏は、ハーバード大学の教授である。その本には、どのようにすれば企業が他社との競合において有利な立場に立つことができるか、ということが解説されている。それは図にすると図表3－5のようになる。

「5Forces」という名前で有名なこの図は、企業がどういう競争要因に取り囲まれているかということを示している。図にあるように、企業は4つの脅威や交渉力に取り

図表3-6■競争図式

囲まれ、競合他社との敵対関係（図の真ん中）にさらされている。一時も油断することは許されない。まことにストレスに満ち、心休まることなき、厳しい競争の世界である。

こうして競争することを原理とすると、中長期的に目指す道筋は図表3－6のようなものになる。

競争するためには、競争相手をやり込める武器が必要になる。ビジネスの世界では、たとえば他社との「差別化」がそれに当たる。こうした武器を持って敵に対し、競争状態から抜け出すために、敵をやり込めることが必要になる。やり込めて殲滅してしまえば、後は顧客を独占できるから、それで自分たちは安泰だということになる。この流れを図表3－6は示している。

これは、軍隊が敵国と戦争する場合と同じ図式になっている。軍隊は武器を持って敵と対峙する。戦争では、相手国の軍事力あるいは国力を殲滅することが目的である。軍隊はこの目的を達成するために、効率的な組織を編制している。軍隊の効率的な組織とは、昔からパターンが決まっていて、厳格なヒエラルキーに基づく、厳しい上意下達の組織である。自分の命を賭して、戦争の前線に立とうと思う人はあまりいないから、当然強制力で組織に従事する人を抑え込むような仕組みとなっている。

会社もこの図式を前提に企業戦略を組むのであれば、その組織形態・人事制度も軍隊と似通ったものになる。そういう組織では上下のヒエラルキーが厳しく、有無を言わせぬ命令系統が社員を支配する。そういう組織に所属することは楽しい話ではなく、社員は結局おカネのためだけにいやいや働くことになる。多くの人は、そんな組織・人事を望んではいない。

この図式（図表3－6）は中長期的に多くの人を幸福にはしない。なぜ幸福にしないかということを理由づけるために、複雑な理論は必要としない。極めて単純な理屈で、相手を殲滅するという目的は道徳的ではないからである。道徳的ではないことをしながら、心休まる幸せを手に入れることはできない。それは、私たちが子供のころから学んでいる基本的な知識である。

この図式を戦略的な目的にすると、私たちはすべての敵を殲滅するまで、武器を持って戦い続けることになる。ビジネス上の競争では、競争相手となる企業は数多く存在する。目の前の敵を倒しても、またどこかから他の人たちが新しい企業を立ち上げて、競争を挑んでくる。したがって、どこまでいっても終わりはない。戦いが終わらない社会は、全体としてうまく成り立たない。

社会にとって必要なのは競争図式ではなく、「共感をベースにした社会」あるいは「共感を目的とした資本主義」であろう。その萌芽はある。

たとえば、カルロス・ゴーン氏（ルノー取締役会長兼ＣＥＯ、日産自動車社長兼ＣＥＯ）は、経営者の資質に「共感」という言葉を使い、次のように述べる。

「21世紀の経営者のあるべき姿を一言でまとめると、それは『共感能力（empathy）』です。人と心を通わせ、言語、出身地、性別、年齢を問わず、相手の意見を理解し、尊重する。そういう能力を指します」。（「21世紀の経営者に必要な『共感能力』、The Global Imperative」＝カルロス・ゴーン氏の「経営者ブログ」２０１２年8月6日、日本経済新聞電子版）

この発言自体は、経営者にとって必要な資質について述べているもので、必ずしも社会のすべての人を対象としたものではない。また、共感の対象も多様な人材に関するもので、ダイバーシティの推進という比較的限定された分野について語っている。そういう限定はあるものの、彼は経営者に求められる第1の資質として「戦いに勝つ能力——事業に対する貪欲さや競争する能力」を挙げてはいない。そうではなくて、それは「共感能力」であると言う。ゴーン氏のように数々のビジネスの修羅場をくぐりぬけた経営者が一番に挙げるキーワードがこれである、ということは興味深い。経営者が資本主義社会のリーダーであり、リーダーに求められる資質が「共感能力」であるとするならば、やがてこうした考え方は社会の中でもっと広く共有されるようになるのであろう。

実際、日本のようにある程度豊かになって、個々人の自由が十分に確保されている国々では、「競争だ」「おカネだ」と言っても、皆目の色を変えて頑張らなくなっている。たとえば古市憲寿氏は、日本の若者の一般的な状況を次のように描写する。「幸せな若者の正体は『コンサマトリー』という用語で説明することもできる。コンサマトリーというのは自己充足的という意味で、『今、ここ』の身近な幸せを大切にする感性のことだと思ってくれればいい」（『絶望の国の幸せな若者たち』）。また、次のように言う人もいる。「『自分の気持ちを大切にする』というのは、現代の若者を語る時

の重要なキーワードです」。(『評価経済社会 ぼくらは世界の変わり目に立ち会っている』岡田斗司夫[10])

こうした感性は、競争やおカネを積極的に求めはしない。それを目標にしたとたん、皆それは「レイバー」だと感じ始め、いやいや仕事をするようになる。それでは生産性が上がらないし、ましてや創造性は発揮されない。やはり「プレイ(真剣な遊び)」だと思って仕事ができるようにするためには、「共感」を「競争」の上位概念に置くという発想が必要になる。**それは、競争して自社のサービスを顧客に売るのではなく、いかにして顧客の共感を得るかということを純粋に楽しむという考え方である。**

5 共感のゲームとマネーゲーム

「共感の時代」と言っても、あまりピンとこないだろうか。そういうつかまえづらいふわっとしたものより、もっとしっかりとして頼りになるものが必要であると思うかもしれない。今の自分の仕事が、「毎日おカネのためにいやいややっている」状態になっていれば、なおさらピンとこないかもしれない。

「共感なんてまどろっこしいことを言っていないで、いくらおカネを稼いだかで競争したほうがいい。そのほうが、結果が金額で表れて、白黒がはっきりするからわかりやすい。それにおカネさえあれば、老後の心配もなく、気楽にやっていける」という考え方もできる。**これは競争の結果を金額の大小で決めるおカネのゲーム――マネーゲーム――を優先する考え方である。**

実際、おカネの力は強力なので、このマネーゲームが社会全体を包み込んでいるように感じることもある。1990年代に日本で延々と続いた金融機関の不良債権処理の問題、2008年に起こった金融危機での大騒ぎを見て、そう感じる人も多いかもしれない。それは、「おカネ以外のゲームは、マネーゲームの邪魔にならないように、隅のほうで小さくなっているのではないか」という感覚である。

そもそもこのパワーのあるおカネとは何であろうか。はっきりさせるために、3名の著作からおカネの定義を引用してみよう。いずれも「おカネ」ではなく「貨幣」という言い方になっているが、同じことである。

①**「貨幣とは、すべての商品の抽象的価値を現実のものたらしめる交換手段である」**（『法哲学講義』G・W・F・ヘーゲル、長谷川宏訳）

またヘーゲルからの引用となるが、彼一流の表現である。おカネは、私たちが使用するさまざまな商品が持っている抽象的な価値を具体化させて、交換させる道具となっていると言う。こうとらえると、おカネはあらゆる商品の中で特権的な立場を占めているということになる。

② 「貨幣とは『価値の乗り物』です」（『貨幣進化論』岩村充[11]）

日本銀行出身の岩村氏のこの本は、おカネの誕生・歴史・将来をわかりやすく解説してくれる秀逸な著作である。彼は、おカネは「価値の乗り物」だという表現を使う。経済学では、おカネに「A．交換の媒介手段」「B．価値尺度」「C．価値保蔵の手段」の3つの効用があると言う。おカネは価値の尺度であり（B）、それを保蔵し（C）、交換する際の媒介手段（A）として使われているわけであるから、それが「価値の乗り物」と言うのももっともである。

しかし、経済学や金融の世界を一歩出ると、価値という言葉は、もっと広く深い意味で使用されている。人間が大切にしているものは、何でも「価値あるもの」と呼ばれる。何を大切にしているかということを表現するためには、「価値観」という言葉を使う。大切にしていることは人それぞれで、それは健康であったり、家族であったり、仲間との関係であったり、音楽であったり、宗教であったり、と対象は商品やおカネであるとは限らない。

「価値」という言葉のこうした一般的用法を前提に「貨幣は『価値の乗り物』です」という説明を眺めると、あたかも私たちが持つ広い意味での価値・価値観のすべて（健康も、家族も、仲間との関係等も）がおカネという乗り物にのせられてしまっているような印象を受ける。こう感じ始めると、おカネが世の中のすべての価値の主軸となり、マネーゲームが世界を席巻しているのも当然のように思えてくる。

③「貨幣とは、言語や法と同様に、純粋に『共同体』的な存在である」（『貨幣論』岩井克人[12]）

これもまた大変秀逸な著作からの引用であるが、岩井氏はおカネをこのように位置づける。おカネが、言語や法と同じように「共同体」的存在であれば、それは社会の隅々まで行きわたっていて、共同体に所属している人は、誰一人としてそれを無視することができない存在となる。逆にそれを無視するということは、共同体から排除されるということを意味する。

こうした定義を読んでいると、やはりおカネの影響力は強力で、それが私たちの社会を包み込んでいるといってもおかしくないように感じられる。それは「結局社会では、マネーゲームが一番優先されているのだ」という感覚に通じる。

そう感じる一方で、多くの人は「マネーゲームは金融機関や大手企業や特殊で高い技能を持つ専門家（たとえば弁護士や医者）が中心に行っているもので、私たちはそのゲームのルールもよくわからないし、そこにうまく参加することができない」と感じている。２００９年にアメリカで起こった「Occupy Wall Street」という抗議活動と、そこで使われた「We are the 99%」というスローガンはそうした感覚をうまく表現している。このような感じ方は、「社会の中心となっているゲームから、自分たちは疎外されている」と感じることから生じる。おカネが「抽象的価値を現実のものたらしめる交換手段」であり、「価値の乗り物」であり、言語や法と同じ「共同体的存在」であれば、そのゲームから排除されたときに感じる疎外感は大きい。

図表3-7■共感のゲームとマネーゲーム

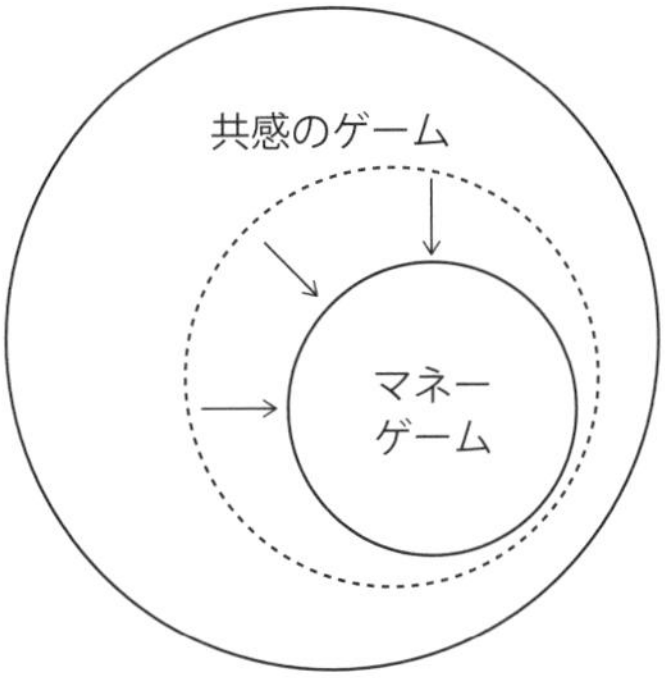

私は、おカネの重要性自体を否定するつもりはない。ただ、私たちの生きている時代を「共感の時代」ととらえることで、マネーゲームの重要性を相対化し、それが社会で一番重要なものであるという感覚を変えていくことも大切であると考えている。

その具体的な方法は、私たちが次のように考えることである。

①共感のゲームは、マネーゲームを包み込んでいる。
②共感のゲームでは、共感の度合いを示す尺度が多数存在するが、おカネはそうした尺度の一つにすぎない。

簡単な図を示すと図表3－7のようになる。

この図は、共感のゲームがマネーゲームを包み込んでいることを示している。社会の中で行われている一番包括的で大きなゲームは共感のゲームであって、それはマネーゲームではない、ということである。マネーゲームは共感のゲームの一種にすぎない。

外側の円で示された共感のゲームの中では、誰かの働きかけに共感を覚えた場合、何らかの方法でそれが相手に伝えられる。その方法はさまざまである。それは感謝や賞賛の言葉であったり、敬意を示すことであったり、次に相手が困っているときに手を差し伸べることであったりする。広い意味では、たとえばネット上で相手に共感を示すために、「いいね」のボタンをクリックすることなども、これに含まれる。

一方、共感のゲームの一部にすぎないマネーゲームでは、共感を示す方法がおカネだけに限定されている。誰かからサービスを提供されて共感を覚えると、対価としておカネを支払うことが求められる。共感を示す方法が、感謝・賞賛・敬意・手助けといった多様なものではなく、ただ一つおカネだけがその方法として認められている。つまり、金額が共感の度合いを示す唯一の尺度になっている。

図の中に矢印でおカネのゲームが縮小しているように示しているのは、日本を含む先進国では、おカネのゲームが共感のゲームの中に占める重要性の比率がだんだん低下してきている、ということを示している。単なるおカネ持ちではなく、社会の課題の解決に取り組んだソーシャルアントレプレナーや目覚ましい活躍をしたアスリートやミュージシャンのほうに、人々の好感や尊敬といった共感がシフトしつつある時代の流れを示している。たとえば、イチローは年俸が高いからではなく、純粋に野球選手としての実力・実績がすごいから、多くの人の尊敬を集めているのである。

この構図の良いところは、おカネのゲームが共感のゲームの下位に位置づけられているため、おカネのゲームの勝者を共感のゲームで再評価することが可能だという点である。いくらおカネだけを稼いでも、おカネ以外の尺度で共感できない行為であれば、もっと大きなゲーム——共感のゲーム——の中では高く評価されない。マネーゲームでの最高の勝者が、そこではまったく尊敬されなかったり、無視されたりする。広義の共感のゲームの中では、その人はいわば敗者となる。こうした再評価の仕組みが存在すれば、社会の「価値観（私たちが大切にしていること）」は徐々に変化していく。

「価値観」は、通常言語で表現される。ウィトゲンシュタインが言うように、言語はそれ自体がゲームのような構造を持っていて、それは私たちのやり取りだけで成り立っている。したがって、言語で表現されるさまざまな異なる価値観のうち、どれに「なるほどね、それはいいね」と多くの人たちが感じるか（共感するか）は、時代とともに変化していく。「そういうおカネの稼ぎ方は尊敬できないよね」と多くの人たちが感じ、実際にそう表現し始めると、それが社会の一般的な価値観に変わっていく。「共感のゲーム」という枠組みで社会をとらえることは、こうした価値観の変化を積極的に認めるということでもある。

もちろんおカネは大切である。どんなに時代が変わっても、生活のためには誰にとってもおカネが必要で、そのためになるべく効率的におカネが行きわたるよう社会の仕組みを整えることは、前章末でも述べたように大切なことである。一方で、社会の仕組みを考えるにあたっては、おカネを最重要視する考え方から、徐々にシフトしつつあるこうした時代の流れを考慮することも、大変重要である。

6 人事制度とのつながり

社会全体についての大きな話になってしまったが、ここまでの話を人事制度との関連で具体的に考えるとどうなるであろうか。

一つはっきりと理解しておかなければならないことは、会社の運営とは極めて現実的な話であり、理想論だけではやっていけないということである。時代が「共感の時代」に移りつつあるとしても、やはりおカネのことを考えなければ、会社の事業は成立しない。事業が成り立たなければ、会社も人事制度も存続することができない。したがって人事制度の設計にあたっては、クールにおカネのこと（「マネーゲーム」）を考慮する必要がある。

もう一つはっきりと理解しておかなければならないことは、制度に理念がなければ社員の心をつかむことはできないということである。制度の理念が存在せず、働くということがすべておカネに還元されるだけであれば、社員は常に「おカネのためにいやいや働く」ことになる。これでは社員のモチベーションは上がらない。モチベーションが上がらなければ、生産性も上がらないし、創造性も発揮されない。それは社員にとってはもちろんのこと、会社の関係者すべて（経営者・顧客・

株主等）にとって好ましい状況ではない。やはり「共感のゲーム」をベースに、社員が「最適経験」を持てるような環境を確保することが大切である。それはおカネとは関係なく、社員が仕事自体に楽しみを見出せるような職場環境作りに腐心するということである。

そもそも人事制度の前提となる雇用もビジネスも、すでに図表2－4等で説明したように、おカネ（報酬と利益）とおカネ以外の活動（労働とサービスの提供）の組み合わさったものである。この章で説明したフレームを使うと、人事制度とはマネーゲームと共感のゲームが組み合わさったものだと言える。

結局人事制度の設計においては、この2つをどう組み合わせ、どのように制度に反映するかが腕の見せどころになる。そう考えるとき、私たちは次の2点に留意することが求められる。

1つには、この2つのゲームをまったく別々のものとして取り扱うことはできないという点である。なぜなら社員も会社も、この2つのゲームに同時に参加しているからである。したがって、ある会社の人事制度には、この2つが共存することになる。この2つのゲームをまったく別々のものとして取り扱うと、それらは1つの制度上に共存することはできず、1つの会社にマネーゲーム用と共感のゲーム用の2つの人事制度を作るということになってしまう。それは不可能な話である。

2つには、かといってこの2つのゲームを統合して、まったく同一の1つのゲームとして取り扱うことはできない、という点である。なぜなら、マネーゲームは共感のゲームに包含されていると言っても、やはり両者は異なる特徴を持つゲームだからである。また現状では、社会の中でマネーゲームの力は極めて強力である。そのことを考慮すると、マネーゲームだけは別途取り出して、特別な注意を払って制度設計を検討する必要がある。そうしなければ、良い制度を作ることはできない。

したがって、この2つのゲームを異なるものとして別々に検討しながら、その一方で1つの制度上にうまく組み合わせることが必要になる。もう一度ヘーゲルの用語を使うと、人事制度設計にあたっては、この2つをアウフヘーベン(13)（止揚）することが求められる。もちろん、これはそれほど簡単な話ではない。

マネーゲームの中身（おカネ）については、すでに第1章と第2章で詳しく説明した。共感のゲーム（及びそれがマネーゲームとどういう関係にあるか）については、この章で説明した。次章からは、これまでに説明したことを基礎に、人事制度の設計について具体的に解説する。

【第3章＊注】

（1）原文は「the bottom line」。英語で bottom line とは、元々損益計算書の「最終行」を意味し、その年度の会社の損益はそこに表記される。転じて「最終結果」「結論」などの意味で、日常的に使用されている。会計用語がこうした日常の用法に転移すること自体に、経済的な考え方がいかに私たちの日常的な考え方に影響を与えているかが表れている。

(2) 1934年、ハンガリー外交官を父としてイタリアに生まれる。1956年アメリカに渡り、1970年よりシカゴ大学心理学科教授、教育学科教授。現在アメリカで最も注目される心理学者であり、社会学、文化人類学、哲学等広い守備範囲を持つ。(同書「著者紹介」より)

(3) 如何なるゲームにも勝敗或いは競争があるのであろうか? 一人トランプのペイシェンスについて、考えよ。この場合には、勝敗も競争もない。ボールゲームに於いては、一般には勝敗や競争があるが:しかし、子供がボールを壁にぶつけて跳ね返ってきたそれを受け取る遊びをしているときには、勝敗も競争もなくなっている。(『哲学探究』六六節、黒崎宏訳・解説)

(4) ドイツ古典哲学の最大の代表者。イェナ、ハイデルベルクなどで教えた後、晩年はベルリン大学教授。(『岩波哲学小辞典』)

(5) 特権や身分的支配・隷属関係を廃し、自由・平等な個人によって構成される近代社会。啓蒙思想から生まれた概念。(『広辞苑』)

(6) イギリスの詩人。1946年、アメリカに帰化。オックスフォード大学詩学教授(1956〜61年)。(『ブリタニカ国際大百科事典』)

(7) 他に有名な区分としてハンナ・アーレントの「労働」「仕事」「活動」があるが、ここでは割愛する。

(8) 動物行動学者。霊長類の社会的知能研究で世界の第一人者として知られる。現在、ヤーキーズ国立霊長類研究センターのリヴィング・リンクス・センター所長、エモリー大学心理学部教授。(略) 2007年には「タイム」誌の「世界で最も影響のある百人」の一人に選ばれている。(同書「著者紹介」より)

(9) ヘーゲルが使う用語で、「それぞれの時代に支配的な精神の一般的傾向」。(『岩波哲学小辞典』)

(10) FREEex代表。1958年大阪府生まれ。1985年、アニメ・ゲーム制作会社ガイナックスを設立。1992年退社。大阪芸術大学客員教授。(同書「著者紹介」より)

(11) 1950年、東京都生まれ。東京大学経済学部卒業。日本銀行を経て、1998年より早稲田大学大学院アジア太平洋研究科教授。2007年、研究科統合により早稲田大学大学院商学研究科（ビジネススクール）教授。（同書「著者紹介」より）

(12) 1942年、東京生まれ。1969年東京大学経済学部卒業。マサチューセッツ工科大学経済学部博士号取得ののち、カリフォルニア大学バークレイ、イエール大学経済学部、同大学コウルズ経済研究所勤務を経て、1989年より東京大学経済学部教授（同書「著者紹介」より）。現在は同大学名誉教授等。

(13) 止揚。揚棄。ヘーゲル哲学（弁証法）の用語。弁証法的発展では、事象は低い段階の否定を通じて高い段階へ進むが、高い段階のうちに低い段階の実質が保存されること。矛盾する諸契機の統合的発展。（『広辞苑』）

第4章

現行制度の長所と課題

「年齢、学歴、性」を基準とした伝統的年功賃金から、「職務遂行能力」を基準とした能力主義的賃金へというのが、多くの企業の戦後賃金史であった。これが、１９９０年代に入って行き詰まった際に、そうした戦後的人事制度が、いずれも「人」の属性を基準とした、「供給側」重視の賃金論であったことを、多くの日本企業は気付かされた。

『人事制度の日米比較』石田光男、樋口純平

1 職能資格制度と職務等級制度

第1章から第3章に述べたことを前提に、この章では、職能資格制度（現行制度）の長所と課題について述べる。今、日本で主流になっている人事制度の良い点と悪い点の棚卸しである。

日本企業に深く根付く職能資格制度の長所と課題をはっきりと認識するためには、それと対極の制度と比較するのがわかりやすい。ここではアメリカ企業の一般的な人事制度と比較してみる。

一概に日本企業とアメリカ企業の人事制度を比較すると言っても、両国のさまざまな企業の人事制度にはばらつきがある。日本企業でもアメリカ企業に近い制度を導入している場合もあるし、その逆もありうる。こうした個別企業のばらつきは無視して、ここではそれぞれの国の特徴が浮かび上がるよう、両者の人事制度を類型化して比較する。

それらを類型化すると、今までの説明でわかるように、日本企業の人事制度は職能資格制度（日）ということになり、アメリカ企業のそれは職務等級制度（米）だということになる。(1) 一言で言うと、職能資格制度（日）は「人（社員）の能力」に資格を付して給与を決める制度であり、職務等級制度（米）は「職務」をベースに給与を決める制度である。職務とは、財務部長とか支店長とか営業課長といった、仕事上の役割を指す。それぞれの制度の最も大きな違いと特徴を図に示すと、図表4－1のようになる。

図表4-1 ■ 職能資格制度と職務等級制度

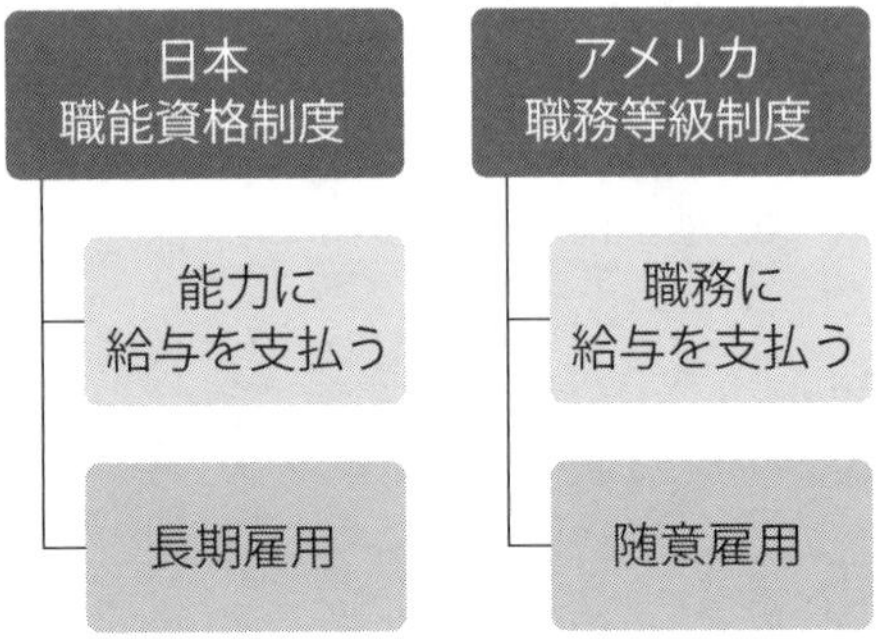

図の左側が職能資格制度（日）、右側が職務等級制度（米）の特徴を示している。それぞれの制度には大きな違いがある。**違いは、「会社は何に対して給与（報酬）を支払っているのか」「会社は人件費削減のために、労働契約を簡単に解除するのか（随意雇用か）、解除しないのか（長期雇用か）」という2つの点にある。**

2 能力に給与を支払うVS職務に給与を支払う

第1章で説明したように、**職能資格制度（日）では能力に対して報酬を支払う。**社員の能力（職務遂行能力）が向上するにつれ、社内での資格も上がる（昇格する）。資格が上がれば給与も上がる。この制度は、基本的に社員の能力向上に報いる仕組みである。能力は人（社員）の属性であり、給与水準はその人の属性によって決まる。**発想の起点は社員という人であり、給与は「人」に対して支払われている。**

一方の職務等級制度（米）では職務が発想の起点となる。

その考えでは、職務は会社という大きな機械の一部を構成する部品のようなものである。機械を製造するために部品を購入する場合、それぞれの部品には値段がついている。同じように、各職務にも値段がついていると考える。誰がその職務につこうと、その値段――給与水準――は変わらない。職務の難易度や責任が上がれば、その職務の給与水準も上がる。それは、その職務につけられた値段であって、それに従事する社員の能力水準とは関係がない。

わかりやすく表現すると、次のようになる。

職能資格制度（日）の場合には、社員の能力に応じて、それぞれの社員に「値札」がついている。社員の職務が変わっても、そのことによって社員の値札が書き換えられることはない。したがって、会社に異動を命じられて職務が変わっても、社員の給与水準（値札）は変わらない。

一方、職務等級制度（米）では、職務に値札がついている。その職務に従事する社員が入れ替わっても、その職務の値札は書き換えられることはない。その職務につく社員が誰でも、給与水準は変わらない。社員の立場から見ると、異動を命じられて職務が変わると、それによって給与が上がったり下がったりするということになる。

アメリカの会社では、職務ごとに詳細なジョブ・ディスクリプション（Job description）が定められていることが多い。ジョブ・ディスクリプションとは、翻訳すると「職務仕様書」ということになる。そこには、職務それぞれについて事細かく業務の内容、責任、難易度などが記載されている。会社はこの「職務仕様書」に記した職務の内容に応じて給与水準（値札）を決めている。

日本では、詳細なジョブ・ディスクリプションを作成している企業は少ない。なぜなら日本企業の多くは、社員の能力に応じて給与水準を決めているのであり、職務に応じて給与水準を決めているわけではない。したがって、そのような仕様書（ジョブ・ディスクリプション）は必要ない。日本企業でも、仮に職務で給与を決めようとすると、それぞれの仕事の業務内容・難易度・責任等につき詳細な定義が必要となる。そうしなければ、職務ごとに決まる給与水準の根拠が十分ではなく、社員が納得しない。

アメリカの人事制度を日本との対比でかなり誇張して言うと、職務等級制度（米）では、その機能を果たしている人（社員）が誰で、その人がどういう水準の能力を持っているかを考慮しない。職能資格制度（日）と違って、「人（社員）の顔」を見ずに報酬を決める仕組みになっている。

3 長期雇用 vs 随意雇用

こうした考え方の違いは、会社と社員の利害が対立するときに一番顕著に現れる。つまり、会社の業績が芳しくなく、社員の解雇を検討せざるをえなくなったときにはっきりと現れる。結論から言うと、**職能資格制度（日）が重視する「人」は会社から切り離しづらいが、職務等級制度（米）が重視する「職務」はそれから切り離しやすいということになる。**

職務のほうから説明してみよう。先ほど職務は機械の部品のようなものだと述べた。景気が悪くなったときに、工場の機械の一部を止めて、その機械を廃棄してしまうというのはよくある話である。廃棄された機械に使われていた部品は、それでお払い箱となってしまう。

同じように、景気が悪くなって会社組織を小さくするときに、組織の一部を縮小して、なくさざるをえないということがある。このとき社員の「顔」を思い浮かべると、その人の生活や家族が思い浮かび、経営者や上司は誰でもつらくなり、判断が鈍る。一方、ジョブ・ディスクリプションに基づき、どの職務が必要でどの職務が必要ないかを、機械の部品について考えるがごとく検討すると、わかりやすいし、実施しやすい。**機械が部品の集合体であるがごとく、組織が職務の集合体であるとみなし、必要がなくなった部品同様に、必要がなくなった職務を廃棄する、と考えることになる。**その職務に就労していた「人（社員）」は結局、組織を去らざるをえなくなるが、それはその「人」について考えた結果ではなく、「職務」について考えた結果である。

職務等級制度（米）では、まず職務ありきの発想なので、職務を担って働いている人は、その職務のために雇用しているだけであり、それがなくなれば辞めてもらうというのは当然だ、という発想になっている。社員のほうも、その職務の専門家として会社に雇用されているという意識を持っているので、こうした事態を受け入れやすい。

一方、職能資格制度（日）では、社員一人ひとりの能力を評価し、人に対して報酬を支払っている。こういう基本思想では、会社の業績が悪化したからといって、社員を解雇することは簡単ではない。**なぜなら、会社の業績が悪くなったからといって、働いている社員の能力が極端に下がった**

り、急にゼロになったりするわけではないからである。いったん自転車に乗る能力を獲得したら、その能力を失うことがないのと同じように、たいていの仕事は一度覚えたら、しばらくその仕事をしなくても、また簡単に再開することができる。能力は急に減ったり、簡単になくなったりしない。

社員から能力がなくなってしまったのであれば、会社がその社員に退職を促すこともっともであろうが、そうではない。**評価の対象として会社が最重要としていた能力は基本変わっていないのだから、急に「辞めてくれ」と言っても社員のほうはなかなか納得しない。**

会社で働いている人たちの日々の生活のことを考えると、誰だって相手が望んでいないのに「辞めてください」などと言いたくない。これが「人（の能力）」にフォーカスしている職能資格制度（日）だと、なおさらやりづらくなる。「人は会社から切り離しづらい」の意味するところは、これである。「職務」にフォーカスしている職務等級制度（米）だと、その職務が必要かどうかだけが判断の理由となるので、職能資格制度（日）よりやりやすい。

こうした違いが、雇用の安定性に反映する。それが長期雇用と随意雇用の違いである。職能資格制度（日）は、長年にわたる社員の能力開発を前提としている。社員にいろいろな役割を経験させ、能力を徐々に高めてもらい、会社に貢献してもらう。職務等級制度（米）は、そうした長期的なプランを前提としていない。今見たように、その発想はまず職務ありきで、その職務に当てはまる人がいれば働いてもらうし、そうでなければそもそも雇用することもない。今働いている人がその職務でうまく業績を上げられなかったり、職務そのものがなくなったりしてしまうと、その人に辞めてもらうことが原則となっている。

長期雇用は終身雇用と言い換えてもいい。「第1章第6節　正社員とは」でも説明した通り、日本の正社員はそう簡単に解雇できない。それは同節で説明した通り、法律や判例によって支えられている。法がこうした長期雇用を前提としているから職能資格制度が生まれ、結果として今説明したような運用になっているのか、今説明したような運用が成り立っているからそれが判例に反映されて長期雇用が発達してきたのか、因果関係はよくわからない。法には強制力があるので、おそらくは前者で、日本のこうした法的環境が職能資格制度（日）の発展を助長してきたのであろう。

一方の職務等級制度（米）のほうは、「社員の解雇が可能である」という考え方によって支えられている。英語では随意雇用をEmployment at Willと言うが、それが意味するのは、雇用契約は会社と社員双方の意志（will）に基づき成立しているものであり、一方が契約解除を申し出れば、当然契約はその時点で終了する、というものである。アメリカの雇用に関する法は、この原理に基づいている。これも、法が随意雇用の考え方を前提としているから職務等級制度（米）が生まれてきたのか、職務等級制度の考え方が法や判例に反映して随意雇用の考え方が強化されてきたのか、はっきりとはわからない。日本の職能資格制度同様、おそらくは前者であろう。

4 職能資格制度（日）と職務等級制度（米）の接近

日本の職能資格制度をアメリカの職務等級制度と比較すると、以上に解説したような違いが浮かび上がる。**これらの特徴を簡潔にまとめると、結局日本の職能資格制度は社員の能力と長期的な雇用を重視している制度だと言える。**

もっとも両国の制度ともに固有の問題点をかかえていて、両者がお互いに良いところを取り入れて改善しようとする動きも見られる。アメリカにおけるコンピテンシー評価導入の流れは、日本の職能資格制度の良いところを取り入れる試みだとする見方もある。また、日本で成果主義の導入がさかんに議論されたのは、アメリカ的な人事運営の良さを取り入れようとする試みであったと言われている。

アメリカの労働市場の環境は、日本とはかなり異なる。そこにアメリカ特有の悩みが生じる。その悩みとは、社員に提供する報酬水準が常に厳しいマーケットとの競争にさらされているというところにある。会社側が自社の都合で報酬水準を体系的に決めようと思っても、他社がそれより高い水準の報酬をオファーすると、簡単にその社員は引き抜かれてしまう。長期雇用を前提としていないので、社員も転職することに抵抗を感じない。アメリカでは、「もともと賃金管理は自立性を欠き他律的」（『人事制度の日米比較』石田光男、樋口純平）になっている。これは、「長期雇用の正社員の市場賃率は我が国には存在しない」（同書）という日本の状況とは大きな違いである。「アメリカの人事制度は、職務価値という原則に立って設計され運用されるものであり、その根拠をなすのは職務の組織内的価値と市場価値のバランスに他なら」ない。一方で「『職務的管理から離れたい、だが市場がそれを許さない』、これがアメリカ人事制度の悩み」（同書）だ、ということになる。

こうした悩みの中で、アメリカにおいても「伝統的に労働市場機能を受動的に受け止めるだけの組織運営を改めて、職務主義からの脱却、職務給の『職能給』化と『変動給』化、組織業績管理の徹底と業績評価とコンピテンシー評価の整合性確保を通じて、一言でいえば成果主義化した日本の制度と相互に接近する」（同書）という方向性も見られる。また、「日本は組織の年功的規範が制約となり、米国は市場の気まぐれが制約となり、改革は、日本は組織の原理を市場に近づけることを通じて、米国は組織が市場からの自立を試みることを通じてなされた。こうした改革の帰結は、両国の接近をもたらした」（同書）とも言う。

したがって、日本とアメリカの人事制度を極端に類型化して述べることは、行きすぎた単純化につながる可能性があるので、その点は留意しておく必要がある。こうした点への留意を忘れないようにしながら、前節までの説明で浮かび上がった職能資格制度（日）の特徴を前提に、その長所と課題を以下に整理する。

5 長所

長所を社員の観点で解説してみよう。それは一言で言うと「安心感」という言葉に集約することができる。列挙すると、図表4－2のようなものである。

長所①：評価への安心感

第1章で、長期雇用を前提とした職能資格制度（日）を38年間の学校生活にたとえた。社会人になる前は、小学校、中学校、高校、大学と進学していくように、順調にいけば会社では職能資格が順次上がっていく。学生時代に目指す高校や大学に入れるかどうかは、その学校の入学試験に合格することができるか否かにかかっている。会社では、目指す資格を獲得できるか否かは、本人の能力がそれぞれの資格に求められる基準を満たすことができるかどうかにかかっている。

昇格の判断基準は能力であり、業績そのものではない。社員の所属する部門の外部環境が悪く、業績が振るわなかったとしても、そのことは本人の能力に直接関係するわけではない。

業績は外部環境の影響を受けるので、どうしても短期的な振れが大きくなる。本人がどんなに頑張っても、所属する部門の業界の景気が悪いと本人の業績も上がりにくい。業績だけを人事評価の対象とすると、どうしてもこうした短期的な振れで、得をする社員、割を食う社員が出てしまう。

図表4-2■4つの安心感

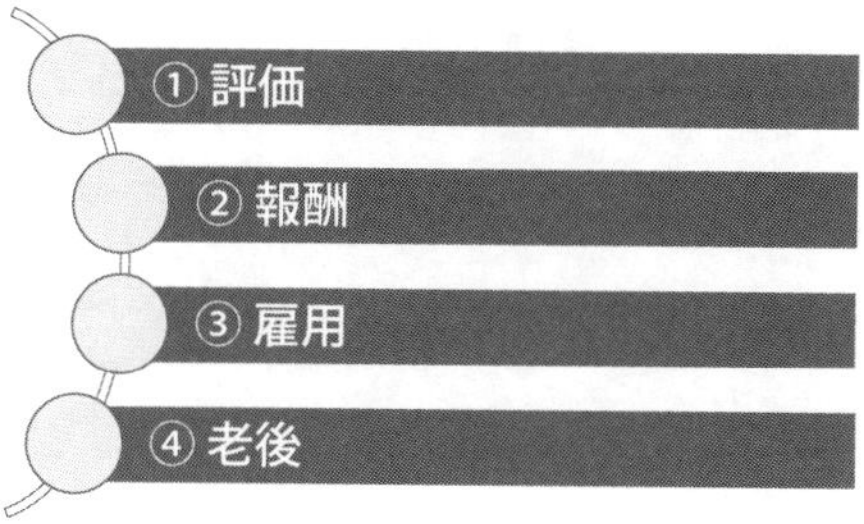

社員のほうからすると、これは運・不運のようなもので、やはり自分が不運な目にあわないか相当気になる。

一方、能力水準のほうはそれほどぶれない。いったん身につけた能力は、よほどのことがない限り元の低い状態に戻ったりしない。また、人事評価の対象が短期的な業績ではなく、本人の能力水準に向けられているとすると、社員は目先の出来事に一喜一憂することなく、長期的にキャリアプランを立てることができる。同様に自分の能力開発も、長期的な視野で計画を立てることができる。こうしたことは、やはり社員本人の大きな安心感につながる。

また、能力が元の低い状態に戻りにくいということは、そもそもいったん職能資格が上がると、まず降格しないということも意味する。たとえば、楠田丘氏は次のように言う。

「資格は本人に与えた過去の栄誉であるから、落ちることはない。例えば教授は助教授に落ちることはない。五年生が四年生に落ちることはない。つまり人間の成長は元に戻ることはないからである。したがって、職能資格制度に降格はない」「昔、軍隊に大尉、中尉、少尉、大佐、中佐、少佐といった職能資格があったが、大佐は中佐に落ちることはないし、中尉が少尉に落ちることもない」。(『改訂5版 日本型成果主義の基盤 職能資格制度』)

最近は、各企業の運用において職能資格の降格が行われているケースも増えているが、職能資格制度(日)の発想は元々このようなものである。

こういう仕組みであれば、自分の年齢が上がって、若い社員の活躍が目立ち、会社に対する貢献が相対的に小さくなったとしても、この資格は守ることができるということになる。これは、社員のプライドを守るという点で大変重要な役割を果たす。プライドは誰にとっても大切なもので、それが将来にわたって守られるということは、これまた社員の安心感につながる。

またすでに述べたように、長期雇用を前提とした職能資格制度では、社内の配置転換がやりやすい。なぜなら、社員の給与は本人の資格で決まっているから、異動しても給与水準は変わらないからである。

職能資格制度(日)のもとで異動を容易に行うことができれば、本人の適性を見て適材適所の配置転換も円滑に実施することができる。また、将来のために若いときにさまざまな部署を経験させる、あるいは別の種類の能力を開発するためにあえて本人の専門性とは別のスキルが求められる部署に一時的に配属する、といった人材開発的な異動も可能になる。社員のほうからすると、異動のたびに給与が変わるわけでもなく、一方で自分の能力開発に役立つことも期待できるわけで、比較的安心して会社に人事異動の権限を委ねることができる。

長所②：報酬への安心感

職能資格制度（日）では、資格ごとに給与が決まる。多くの会社は、資格ごとに一定のレンジの給与水準を決めていて、このようなレンジは一般に「範囲給」と呼ばれている。

運用の細かな点は会社によって違いがあり、こうした範囲給の中で給与の上げ下げに本人の業績・役割を反映する会社もある。仮に給与水準の一部に業績や役割が反映するにしても、社員の資格が下がらない限り、社内ルールとしてその社員の給与を範囲給の下限を下回る水準に決めることはできない。

長所①で述べたように、社員の資格は原則下がらないから、結局社員にとっては、自分の資格の下限の給与が報酬の最低限だと考えておけばいい、ということになる。会社が全社的に範囲給の水準引き下げを実施すれば別であるが、そうでない限りこの水準は岩盤のように固く、会社あるいは本人の業績にかかわらず、社員にとって保障されている。第1章で日本の正社員は会社に対して長期債権を持っていると述べたが、こうした構造はまさに長期債権の長期債権たるゆえんである。

こうして報酬の下限が長期に決まっていれば、生活設計を立てやすい。長期にわたる収入が予想できるのであれば、それに対応して長期の支出の計画も立てやすいということである。結婚するにしても、子供を持つにしても、家を購入するにしても、長期にわたって最低限の収入水準がわかることは、社員にとって大変ありがたい話である。

長所③：雇用への安心感

先ほど職能資格制度（日）に付随する特徴として、「長期雇用」ということを挙げた。**要するに、社員は簡単には解雇されないということである。**

一方、アメリカは随意雇用の世界なので、会社の一方的な意思で雇用は解除されてしまう。同じ日本の会社で働いていても、契約期間に定めのある社員、派遣社員の場合は同じ扱いとはならない。契約期間の終了にともない雇止め、あるいは派遣の打ち切りとなれば、同じ会社で業務を続けることはできない。長期雇用は職能資格制度（日）の適用を受ける正社員の特権のようなものである。この特権は、「自分の雇用は守られている」という安心感につながる。長年にわたり失業率が高止まりし、特に中高年になると職を見つけにくい環境の中で、こうした安心感を持てることは大変ありがたい話だということになる。

長所④：老後への安心感

雇用の安心感は老後の安心感につながる。長寿化が進む中、老後への不安は日本に暮らす私たちが幅広く共有している懸念事項の一つである。

自分が思ったより長生きしてしまうことは、今や大きなリスクの一つとなっている。たとえば、ドラッカーはこう言う。「生命保険は、一八世紀から一九世紀における最大のリスクたる早死をカバーすることによって、一九一四年までの一五〇年間、世界中で高収益産業として成長し、最大の金融サービス業となった。いまや今日最大のリスクたる長寿をカバーすることが、二十一世紀の新商品として高収益の大産業になっておかしくない」（『ネクスト・ソサエティ』P・F・ドラッカー、上田惇生編訳）。残念ながら、長寿をカバーする適切な金融商品は、いまだに普及していない。こうしたリスクには、自分で対応するしかない。

年齢が若ければ、さまざまな職業に柔軟に対応して生計を立てることができるが、年齢が上がれば、新しい職を得ることが難しくなる。そもそも、激務をこなすことが体力的にも困難になってくる。どんなに働きたいと思っても、90歳や100歳になると、思ったように体は動かない。したがって、なるべく職を失うリスクを下げて、少なくとも定年退職の60歳、あるいは再雇用制度を利用して65歳まで働いて老後に備えたいと思うのが人情である。定年退職のときにまとまった退職金を受け取ることができればありがたい話であるし、その他に会社が用意する企業年金があればなおさら言うことはない、ということになる。

職能資格制度が前提とする長期雇用は、こうした不安にうまく対応している。社員は60歳で定年を迎え退職するか、再雇用制度を活用して65歳まで働いたうえで退職するか、いずれかの場合がほとんどである。またこうした企業では、一般に給与は後払い的な仕組みとなっているので、長く働けば働くほど給与水準が上がっていく（「図表1－5　年齢別賃金」参照）。したがって、定年まで働くことのインセンティブが働きやすい。

加えて多くの企業では、退職一時金の支給金額も勤続年数が長くなればなるほど、勤続年数1年あたりの退職一時金支給金額が大きくなるように設計されている。また余裕のある大手企業では、企業年金も充実していて、文字通り「終身」の保障、つまり死ぬまで年金が支給される仕組みとなっている。こうした企業年金も、ある一定年数以上勤務することが条件になっていて、退職一時金同様、勤続年数が長くなれば長くなるほど条件が有利になるよう設計されている。公的年金への信頼感が低下している中、こうした退職一時金、退職年金の制度も会社の制度に組み込まれていれば、老後への不安は大幅に軽減される。

6 課題

今挙げた職能資格制度（日）の4つの長所は、いずれも社員の安心感に関係するものであった。安心感は信頼につながるので、こうした制度がうまく運用できている会社では、社員の会社に対する信頼感も厚くなる。

一方で、この制度の課題は何であろうか。**課題はこうした長所——社員の安心感・信頼感——の裏返しとして現れる。**列挙すると、図表4－3のようなものである。

課題①：社員のリスク許容度が低くなる

図表4-3■6つの課題

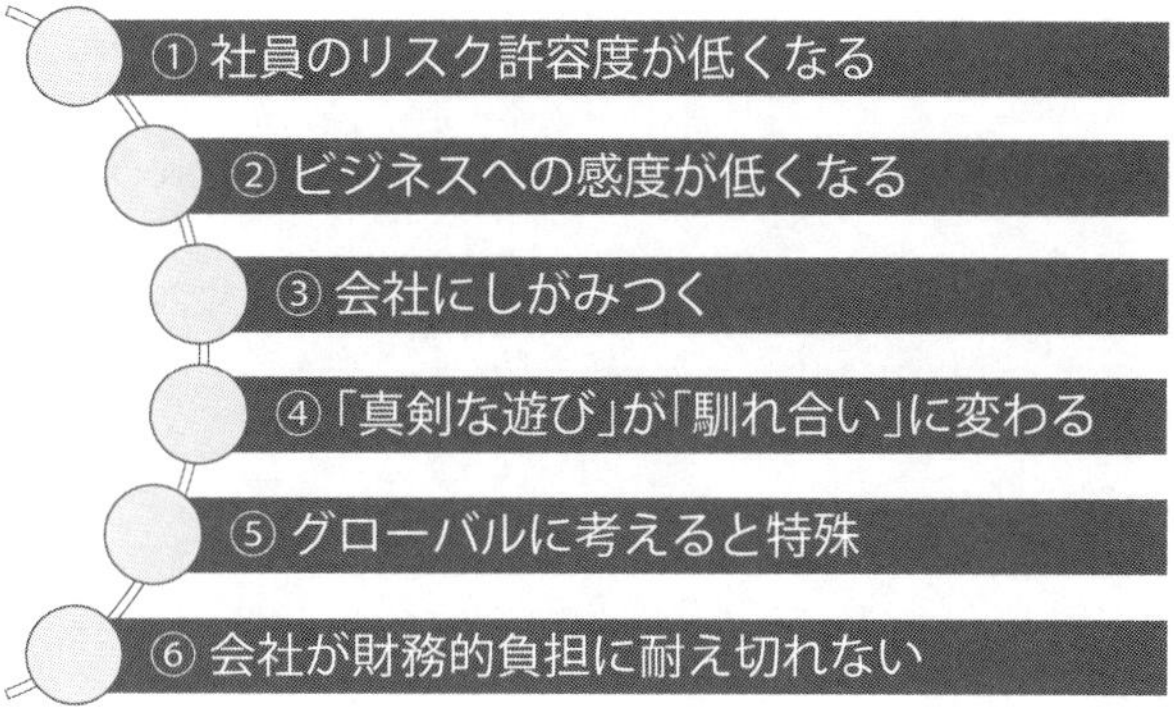
①社員のリスク許容度が低くなる
②ビジネスへの感度が低くなる
③会社にしがみつく
④「真剣な遊び」が「馴れ合い」に変わる
⑤グローバルに考えると特殊
⑥会社が財務的負担に耐え切れない

ビジネスは、本来リスクと隣り合わせで成り立っている。リスクなしでできるビジネスなど存在しない。

景気の見通しを誤れば、製造業でも小売業でも製品の売れ残りが大量に発生し、在庫の山をかかえ、大損する可能性がある。一方で在庫だけを怖がって、いつも生産または仕入の量を絞っていると、需要が伸びてきたときに儲けそこなってしまう。それだけではすまず、もっと積極的な他社にマーケットシェアを一気に奪われてしまい、その市場から撤退を余儀なくされてしまうかもしれない。

新製品を開発し販売するとき、あるいは海外の新しい市場に出ていくときにも大きなリスクがともなう。見通し通りに大儲けできる場合もあるが、見通しを誤って大損する場合もある。

こうした出来事は、事業上のリスクである。こうしたリスクは、大小さまざま、ビジネスのいたるところに転がっている。こうしたリスクにうまく立ち向かい、それをマネージすることによって会社は利益を上げることができる。資本市場でよく使われる表現を使うと、リスクを取ることによってはじめてリスクプレミアムを手にすることができる。絶対安全で儲かるビジネスなどというものは、まず存在しない。存在すれば、誰もが参入してくるので、あっという間に利益が出なくなってしまう。

こうしたリスクに現場で立ち向かい、マネージするのは社員である。けれども長期雇用を前提とする社員は、リスクを取ることにあまりインセンティブを感じない。リスクを取って成功した場合に得るものと、失敗した場合に失うもののバランスが取れているように感じないからである。

リスクを取って成功すれば、それを反映して年に1度か2度支払われる賞与は上がるかもしれない。けれども、すでに説明した通り、給与は業績によって決まるわけではなく、本人の能力で決まる。したがって、リスクを取って短期的に業績を上げても、本人の昇格や給与への好影響は限定的である。

一方、リスクを取って失敗すれば、判断が軽率であるとして、能力のほうに疑義をかけられる可能性が高い。能力のほうに疑いがかけられると、将来の昇格、給与にマイナスに作用する。そもそも職能資格制度の最大のメリットは、長年にわたって安定的に安心して給与を受け取ることである。本人としては、「何も失敗のリスクをおかしてまで、業務でリスクを取る必要はない」と考えるようになる。

そもそもこうした制度のもとで働いていると、社員は会社自体が大きなリスクを取ることを好ましい事象だと思わない。そんなことをして失敗してすれば、会社が傾いて、将来安定的に受け取ることができる給与が受け取れなくなってしまうかもしれない。リスクを取って会社が大儲けしても、給与がそれほど増えるわけではない。したがって、会社も大儲けは狙わずに、長期的に安定的な利益を出すことが一番望ましいと思うようになる。

こう考えると、ますますもって社員は、リスクを取ることを避け、なるべく安定的な業務だけに取り組もうとする。極度にリスク回避的な発想となるわけである。

ところが、今のようにすごいスピードで変化する時代においては、皮肉なことに、リスクを取らずに過去の延長線上で同じことをやり続けること自体がリスクの増大につながる。ひどい場合には、時代に取り残されて事業が破滅してしまう。にもかかわらず、職能資格制度のもとでは、リスクに立ち向かうスピリットが社員の間でしぼみがちになってしまう。

これが1つ目の課題である。

課題②：ビジネス（顧客の共感・収入）への感度が低くなる

「図表3－1　サービスの提供」で示したように、ビジネスはサービスを提供し、そのサービスに顧客が共感し、それに対して対価を払ってくれることによって成り立っている。これが広義では共感のゲーム、狭義ではマネーゲームとなっている。

ゲームには楽しみがつきもので、このゲームの場合は、いかに顧客から共感を得ることができるか、その結果としてどれだけ収入を上げることができるか、ということが楽しみになる。
一方で、社員にとっては別種のゲームもある。それは、勤務する会社の人事制度のもとで繰り広げられるゲームである。このゲームでは、上司や同僚に高い評価（共感）を得ることが大切である。その意味では、これも一種の共感のゲームである。また、そうした評価に基づいて給与や賞与（おカネ）を受け取るという意味で、一種のマネーゲームでもある。**そのゲームに呼び名をつけるなら、「人生ゲーム」ならぬ「人事ゲーム」と言えるであろう。**

このビジネスのゲームと人事ゲームがうまく結び付いて、前者での貢献及びその結果が人事ゲームでの評価・結果に結び付いていれば、理想的な会社運営ができる。逆に、この2つがうまく結び付いていなければ、会社が顧客へのサービス向上と収入の拡大を目指すのに対し、社員は日々目の前の別の目標――人事ゲーム上の目標――に向かって邁進することになる。

ビジネスの環境の変化は速い。それは、顧客が共感してくれるサービス・製品がどんどん変わっていくからである。ＩＴを中心にした技術の進歩は非常に速い。顧客層はさまざまな国にどんどん広がっていく。変化のスピードはますます上がっている。一方で社員は、安定的で安心できる人事制度の中で、38年かけた能力開発のプロセスにどっぷりとつかりがちである。**ビジネスのゲームと人事ゲームを比べると、スピード感がまったく異なっている。社員は社内評価の時間軸が非常に長いために、どうしてもビジネスや顧客の変化への感度が鈍くなってしまう。**

その結果、会社全体が時代に取り残されていく。瀧本哲史氏[2]が、「しょぼい競合がいるマーケットを狙え」という鉄則についてふれている。「新興企業に投資するベンチャーキャピタリストは投資先の会社の社長に必ず『おたくの会社の競合はどこだ?』と質問する。（略）質問の模範解答は、『うちの会社とまったく同じことをやっている競合はいませんが、我々が今狙っているマーケットには、これこれのようなプレイヤーがいて、みなしょぼい事業を行っているので、十分勝機があります』となる」（『僕は君たちに武器を配りたい』エッセンシャル版）。職能資格制度（日）を適用している大企業の一部が、変化への感度を失い、ここに言う「しょぼい事業」しかできなくなっているのは、社員のこの感度が落ちてくることによって生じているように見える。「しょぼく」なった大企業は、国内外の競合他社から狙い撃ちにされる。

これが2つ目の課題である。

課題③：会社にしがみつく

プロ野球のペナントレースを見ていると、秋も深まるころに「消化試合」と名づけられる試合が登場する。各チームの最終順位が決まってしまい、勝っても負けてもそのチームの順位はもはや変わらない試合がそう呼ばれる。監督も選手も今ひとつ気合いが入らない。観客も少なく、応援にも力が入らない。

職能資格制度では、こうした消化試合的な出来事が発生する。社員がキャリアの後半に入り、もう能力的にこれ以上評価されることはないので職能資格も上がることはない、と思い始めたとしよう。「消化試合」では、勝っても負けても順位が変わらないのと同じように、その社員がこれ以上努力しても資格は上がらない（昇格しない）。少なくとも本人はそう信じている。こうなると、まじめな人でも努力の度合いが落ちてしまう。消化試合に出場するレギュラー選手が盛り上がらないのと同じことである。

こうした現象は、ごく少数の社員に発生するのではなく、年齢が上がるにつれ、多くの社員が経験する。上位の職能資格になればなるほど、その資格が与えられる社員の比率が小さくなる。したがって、それは社長や役員になる一部の社員以外は、ほぼ全員が経験すると言ってもいいであろう。

自分のキャリアが消化試合気味になっても、職能資格制度では別に解雇されるわけではない。本人的には、そうなった後も安心して安定的な報酬を受け取ることが理にかなった選択になるので、その会社で働き続けることになる。極端な場合には、ほとんど仕事をしなくても、会社にぶら下がって給与を受け取ることになる。これは安心と安定だけを求めて、社員が会社にしがみついている状態である。**しがみつかれた会社のほうは、業績が上がらず沈んでいくことになる。**

これが3つ目の課題である。

課題④：「真剣な遊び」が「馴れ合い」に変わる

課題②で、社員は会社の中で「人事ゲーム」を繰り広げていると述べた。このゲームはこのゲームで、真剣に取り組めば面白いものなのであろう。実際、多くのサラリーマンがこのゲームにはまる。けれども、このゲームはダイナミックな変化に乏しい。

変化が乏しいのは、メンバーが固定的だからである。基本的に本人が希望しない限り、社員は退職しない。退職していくのは定年退職する社員で、定年退職していく社員は、新卒入社の社員で補うというパターンになっていることが多い。キャリアの途中で退職していく社員の数が限られているので、いわゆるキャリア採用で入社してくる社員数の比率も高くならない。したがって、どうしても会社の構成メンバーは、固定的になりがちである。

小学校入学から大学卒業までの学校生活も長い年月であるが、一貫教育の学校でなければ、小学、中学、高校と順に卒業して、上の学校に入学するたびにメンバーが大幅に入れ替わる。職能資格制度でも、下の資格を卒業して上の資格に上がるということが発生するが、構成メンバーが大幅に入れ替わるわけではない。

またメンバーが固定的であることに加え、ヒエラルキーも固定的である。職能資格には基本的に降格がないため、上位資格に10年、20年と同じ職能資格に滞留する社員がたくさんいる。したがって、どうしても社内の偉さの序列も変化に乏しくなる。スティーブ・ジョブズ氏と長年マーケティングの仕事を一緒にしたケン・シーガル氏は、多くの大企業に見られる欠点について次のように言う。「多層構造の組織では、想像力を働かした考え方をするのはむずかしい。それは自分の身を危険にさらすからだ」（『Think Simple――アップルを生みだす熱狂的哲学』高橋則明訳）。彼のこの言葉は、インテルなどアメリカ企業に向けられたものである。職能資格制度を埋め込まれた日本企業は、一般的なアメリカ企業より多層構造になりがちである。したがって、そこでは「想像力を働かし」て仕事を進めることは、ますます危険な作業となりがちである。

ゲームは、その中で大きな変化を経験することができるから面白い。変化がなければ、それは毎日同じ単調な作業を延々と繰り返しているようなもので、平板でつまらない。人事ゲームも「真剣な遊び」としての面白さがあれば、それ自体が社員のインセンティブになるが、こうした変化の乏しさから、どうしても馴れ合いのゲームとなってしまう。

これが4つ目の課題である。

課題⑤：グローバルに考えると特殊

多くの日本企業は、今やグローバル化の真っただ中にある。いかにグローバルにビジネスをつなぎ、日本国外の顧客にもサービスを提供し、利益を上げるかということが、多くの企業にとって大変重要な課題になっている。それを実現するためには、日本も含め、グローバルに一体的な人事運営をすることが必要になる。

このときに問題になるのが、日本の人事制度・労務の特殊性である。日本の労働法制のように、会社の解雇権を非常に限定的にしている国々も確かにある。お隣の韓国もそうであるし、欧州大陸の各国も、労働者が比較的手厚く保護されている。それらの国に比較しても、日本は特に正社員保護が手厚い。また職能資格制度というのは、日本が独自に発展させてきた人事制度なので、他国に同じような仕組みを適用している国は見当たらない[3]。

一方で、人事制度をグローバルに統一して、社員を一元管理し、適材適所を徹底しようとすると、各国の人事制度の枠組みを統一することが必要になる。このときに日本だけがかなり特殊なので、一体化することが困難になることが多い。

社員にとって雇用のリスクが違えば、報酬水準も異なるものにする必要がある。いつ解雇されるかわからない社員と、60歳まで必ず働くことができる社員が1年間に同じ業績を上げた場合、当然前者の報酬を後者より高くしなければ、前者は納得しない。なぜなら、前者は後者に比べ雇用に対するリスクが高く、後者が享受している長年にわたる安心で安全な雇用と給与水準とは無縁だからである。一方、後者に高い報酬を払うと、何となく前者は面白くない。雇用のリスクの違いと言われても、それは毎日はっきりと目に見えるものではないし、何となく自分が不公平に取り扱われているような気持ちになる。

人事制度をグローバルに一本化するためには、社員の肩書き（ディレクター、バイス・プレジデント等のコーポレート・タイトル）もグローバルに統一する必要がある。しかし、日本だけが長期雇用と職能資格制度を前提に資格を決めていると、他の国々と肩書きの基準が合わない。そうすると、ある会社に働くすべての社員をグローバルに1つの基準で評価し、肩書きを決めるということが極めて困難になる。こうした違いをそのまま放置しておくと、結局日本本社だけ特別で、別体系の人事制度となる。こうした現象が起こると、グローバルな一体感、チームワークといったものはなかなか生まれてこない。

これが5つ目の課題である。

課題⑥：会社が財務的負担に耐え切れない

第2章で述べたように、正社員への給与支給を長期債務とみなした場合、財務レバレッジが大きく変わってしまう。通常の貸借対照表に現れることのない給与支給を長期債務とみなした場合、本当にそれでその企業が財務的に耐えうるのかを検証する必要がある。

第2章でも述べたように、日本の多くの上場企業の株価純資産倍率（ＰＢＲ）は1倍を下回っている。ＰＢＲが1倍以下ということは、株式時価総額が自己資本の金額を下回っているということであり、その会社は株主の価値を毀損していると投資家から烙印を押されている。これはまさに「図表2－17　貢献がマイナスの場合」に示した状況で、社員が労働によって生み出す将来のキャッシュフローが、人的負債の金額を下回っている。これでは、健全な形で会社を長期的に運営していくことはできない。こうした現象が、日本の大手企業の多くで発生している。

会社が財務的に成り立たなくなれば、社員にとっての安心・安全はすべてすっ飛んでしまう。その意味で、これが一番重たい課題だと言える。

これが6つ目の課題である。

7 解決策に向けて

この章では、日本の現行の人事制度の主流である職能資格制度の特徴と長所、課題について述べた。長所については4つの安心感を挙げ、課題については6つを挙げた。この制度の長所を生かしながら、課題を解決する方法はどのようなものであろうか。

図表4-4■3つの方策

以下の章で、その方法として3つの道筋を示す（図表4－4）。

①は、今の職能資格制度に改良を加える方法である。これは、現行の制度に徐々に変化を加える漸進策だと言える（第5章）。②は、こうした制度を根本的に作り変える方法である。これは、この制度が特徴とする「安心感」を取り払うことによって成り立つ。それは漸進策ではなく、ビッグバン的アプローチである（第6章・第7章）。③は、この両者を並列させる方法である（第8章）。

私のお勧めは②を実施することであるが、まず①を次章で説明する。

【第4章＊注】

（1）私自身が日本の人事制度を学び始めたころに経験した話であるが、職能資格制度と職務等級制度は名前が似通って混同しやすい。それを避けるために、この章では必要に応じて両者の後ろに日本を表す「(日)」とアメリカを表す「(米)」を付す。

（2）京都大学産官学連携本部イノベーション・マネージメント・サイエンス研究部門客員准教授。東京大学法学部卒業後、同大学助手を経て、マッキンゼー&カンパニーで、主にエレクトロニクス業界のコンサルティングに従事。独立後は、企業再生やエンジェル投資家としての活動をしながら、京都大学で教鞭をふるう。（Amazon.co.jp「著者紹介」より）

（3）例外的な国もある。たとえば韓国では日本の職能資格制度が研究され、大手企業で活用されているケースもある（参考：『サムスンの戦略人事』「第2章　サムスン人事の変遷」李炳夏）。

第5章

職能資格制度の発展型とは

「お前は五年後の世の中がわかるか」

「わかりません」

「お前は愚か者だ。（略）」

と、師[1]はのたまった。そこで私は問い返す。

「それではあなたにはわかりますか」

「もちろんわかる。よく考えてみたまえ。いったい、いま起きていることで五年前に影も形もなかったことが何かあるかね」

『成功する頭の使い方』堀紘一[2]

1 新しい設計図

この章では、日本の多くの会社で利用されている職能資格制度を改良する方法について述べる。変更する際の観点は単純で、なるべく長所を伸ばし短所を減らすようにする。結論から先に示すと、それは図表5－1のような制度変更となる。

上側の図が伝統的な職能資格制度を示している。社員の勤続年数が長くなるにつれて職能資格（A～D）と給与水準が上がるということを、図の左側から右側に向かって示している。この場合、その人の給与水準は本人の職能資格によってのみ決まっている。

下側の図は、これを改良した姿を示している。変更後は、職能資格に対応する給与が変更前より少なくなっている。少なくなった分は、新たに導入した「業績給」と「職務給」で補っている。

「業績給」は本人の1年間の業績に応じて毎年決定する。本人の職能資格だけで給与が決まるのではなく、本人の各期の業績によって給与を変更する仕組みになる。業績とは社員の会社への貢献度合いである。それは、営業担当のように売り上げの数字ではっきりと定量的に評価できる場合もあるし、本社スタッフのようになかなか数字では現れず、定性的に評価する場合もある。定量的か定性的かにかかわらず、会社は社員の業績（貢献度合い）を査定し、それに応じて社員の業績給を上げたり下げたりすることになる。こうすれば、「いったん昇格すれば、退職するまでその職能資格

図表5-1 ■ 制度変更のイメージ図

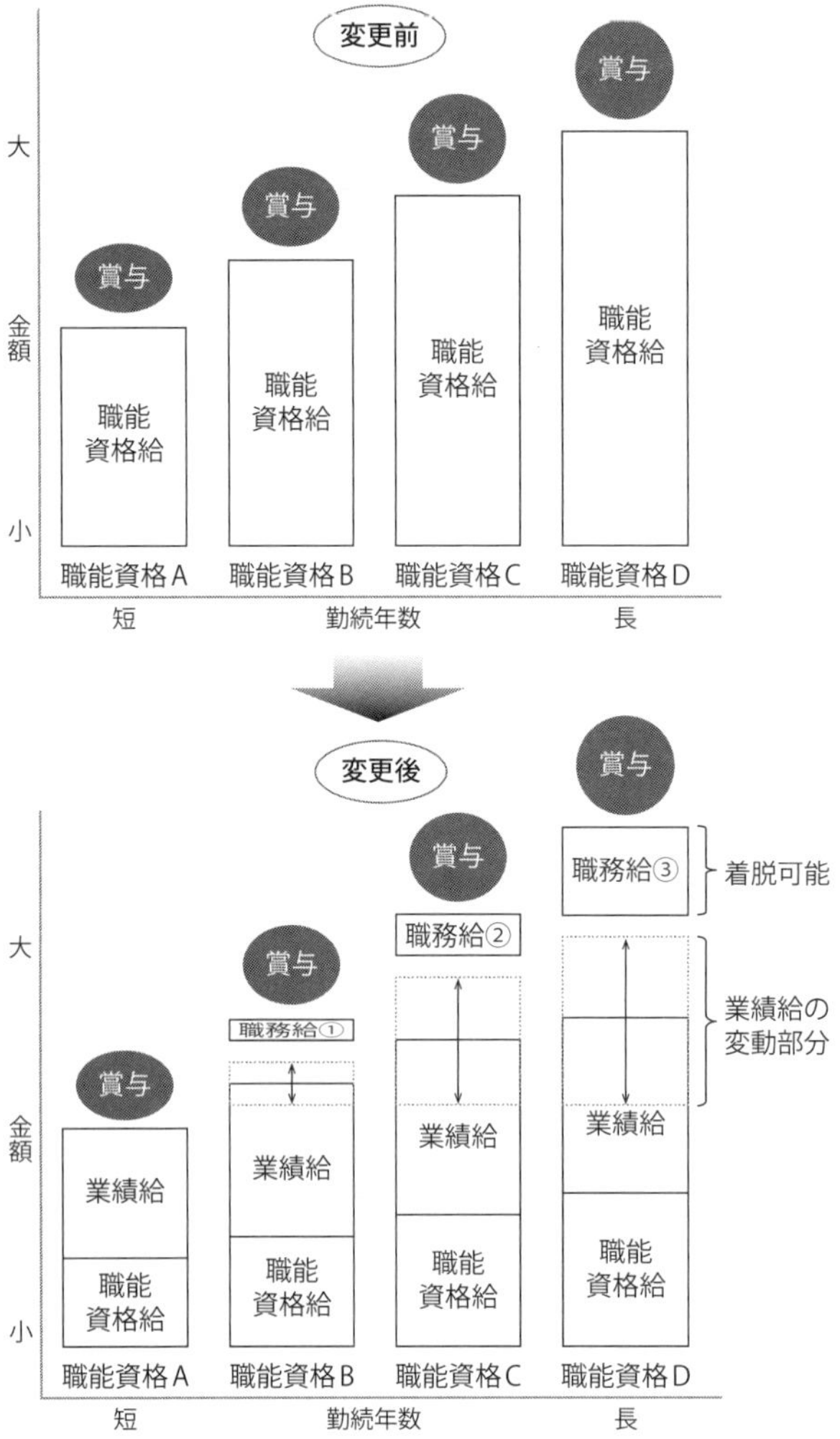

の給与水準をもらい続ける」、あるいは「どんなに頑張っても昇格しなければ給与は変わらない」という状況を改善できる。

こうした業績の評定は、賞与を決定するために必要なので、どの会社でも定期的に実施している。ほとんどの会社では、賞与の支給回数に応じて1年か半年に1回であろう。その評価を活用すれば、評価する側にも評価される側にも二度手間をかけず、公正なプロセスで業績給を決定することができる。

年に1度か2度支給される賞与とは異なり、多くの場合、給与は社員にとって毎月の生活の原資（生活費）となっている。その観点で、毎年の変動率は賞与より小さくしておくことが望ましい。そのために、次のような工夫をすることができる。

たとえば、本人の1年間の業績を翌年の業績給にすぐに反映させるのではなく、2年または3年程度の移動平均に基づき決める。こうすれば、毎年の業績評価のフィードバックを通じて、社員は翌年以降の給与の増減をある程度予想し、生活設計を立てることができる。

また賞与の場合は、会社または部門の業績を反映して賞与総額が決まる場合が多い。だとすると、本人が頑張っても会社や部門の業績が芳しくなければ、社員の平均賞与金額は下がってしまう。それを避けるために、業績給の総額と会社の業績は切り離し、本人の業績・貢献のみによって水準を決めるということも可能である。こうしておけば、会社業績の振れにより、毎年給与が上がったり下がったりすることを避けることができる。

こうした工夫はいずれも、給与水準の短期的かつ過度な上げ下げを緩和して、社員の生活を安定させるためである。

「職務給」は本人が何らかの職務（例：財務部長、支店長）を担う場合に支給する。職務には責任がともなう。同じ職能資格の社員でも、財務部長の任にある場合と、そうした職務についていない場合では、業務上のプレッシャーがまったく異なる。職務給はこうした責任やプレッシャーに報いるために支給する。会社の中でそれぞれの職務をランク付けして、職責の重さに応じて職務給の水準を決めておくことになる。たとえば、財務部長や主要都市の支店長であれば25万円、本社の課長や小さな営業所の所長は10万円という風に決める。

水準は職務の重さだけで決まるものであり、その職務に誰がついていても金額は変わらない。いったん職務給をもらうようになっても、異動でその職務を離れると、支給の対象にはならなくなる。図の中に「着脱可能」と記載しているのはそのためで、職能資格が高くても、職務がなければこの部分は支給されない。アメリカの職務等級制度の良い部分を一部取り入れ、給与の一部を職務に連動させるという考え方である。「職務」は社員の「役割」と言うこともできるので、これを「役割給」と呼ぶこともできる。

このように業績給と職務給を導入することにより、給与の中身は1種類（職能資格給）から3種類になり、それぞれは次に記載する理由に基づき支給される。

①職能資格給：社員の能力（職務遂行能力）によって決まる職能資格に応じて支給
②業績給：社員の業績に応じて支給
③職務給：社員の職務（役割）に応じて支給

会社から見ると、こうすることにより、職能資格に基づき硬直的に決まっていた給与水準をある程度変動化することができる。業績給は社員の貢献に応じて上下することができる。職務給は社員の職務に応じて支給・不支給が決まり、その金額も職務の重さに応じたものとなる。

社員のほうから見るとこうなる。純粋な職能資格制度のもとでは、職務遂行能力が一定水準以上であると認定されると昇格し給与は上がるが、それ以外の要素は勘案されなかった。この仕組みであれば、毎年の業績・貢献が賞与だけではなく、業績給にも反映されるようになる。加えて、職務として重責を担うようになれば、職務給も受け取ることができるようになる。要するに、インセンティブの種類が1種類から3種類に増えるということになる。

ここに述べた修正は、人事制度の教科書としては、割合標準的な意見である。他の筆者の著書にも同じような意見が述べられている。したがって、これを私の独自の見解であると主張するつもりは毛頭ない。長期雇用を続けることを前提とするならば、私もこれが変更の道筋としては王道だと考えている一人である。そう考えるのは、こうした変更は日本の従来の人事運営の長所をうまく伸ばし、短所を減らしているからである。

2 長所を伸ばす

子供たちを育てるのと一緒で、人事制度を変更するにあたっても、長所を伸ばすという観点が非常に重要である。目の前にある制度を駄目なものと決めつけて、短所をなくすことだけに注力すると、「角《つの》を矯《た》めて牛を殺す」ことになりかねない。前章で職能資格制度の長所について述べたが、それは一言で言えば社員の「安心感」であった。短所をなくすためにやみくもに制度変更を行うと、結局最大の長所であるこの安心感を損ねてしまう。最悪の場合は、社員の安心感がまったくなくなってしまい、前章に述べた6つの課題は解決できず、問題だけが山積みとなって残る。

その点、この変更案はうまくできている。安心感の基礎である長期雇用と職能資格制度という基本設計は変更していない。したがって、新しい制度が導入されても、社員にとって雇用契約が解除されるリスクが高くなるわけではない。また職能資格給の水準が今までより低くなるが、引き続き能力をベースに昇格が決まり、それが給与に反映されるという枠組みを堅持している。仮に職能資格給が上がらなくても、頑張って業績を上げて、重要な職務に任命されれば、今まで以上に高い給与を受け取ることができる。

一方で、業績と職務という新しい給与決定のメカニズムが入るので、今までよりは給与が変動する。業績が上がるかどうかは、社員が取り組んでいるビジネスがうまくいっているかどうかによる。

ビジネスにおいては、ある程度リスクを取り、顧客からの共感や収入に高い優先順位をおいて真剣に取り組む必要がある。その意味では、前章に指摘した課題のうち、「①社員のリスク許容度が低くなる」「②ビジネスへの感度が低くなる」「④『真剣な遊び』が『馴れ合い』に変わる」という3つの項目をある程度改善することができる。ただ他の3つの課題（③会社にしがみつく、⑤グローバルに考えると特殊、⑥会社が財務負担に耐え切れない）を解決するまでにはいたらない。変更にともないすべての課題を解決することが理想であろうが、現実にはなかなかそうもいかない。長所を生かしながら、数ある課題のいくつかを改善することができれば、それなりの成果を上げたと言っていいだろう。

3 この変更を成功させるコツ

この制度変更を成功させるにはコツがある。それは、変更の際に次の2つを社員に宣言することである。

A　給与の総額を引き下げることを目的としない

B　長期雇用を守る

今どき人事制度を変更すると言うと、ほとんどの社員に「それは人件費か人員数を削減するためだろう」という疑心暗鬼が生じる。AもBもそれを払拭するためのメッセージである。もちろん、社員に伝えた内容は、会社として誠実に守る必要がある。

実際、この制度変更にともない給与水準を全体的に引き下げることは、比較的簡単に実現できる。この変更では、職能資格給の一部を業績給・職務給に変更するわけで、変更の際に社員個々人の業績給・職務給の水準を抑制し、給与の総ファンドを減らせば、それで実現できてしまう。こうした水準訂正は、一般の社員には全体像がよく見えないので、会社が黙って実施しても、当初はあまり気づかれることはない。また、業績給は会社の査定によって決まるので、仮に給与が下がった社員が文句を言ってきても、「それはあなたの業績を査定した結果です」と言い切ってしまえば、それで話は終わってしまう。そう言われることがわかっているので、表立って苦情を言う社員も少ない。

けれども時の経過とともに、それは徐々に社員が気づくところとなる。人の口に戸を立てることはできない。仲の良い社員同士で話しているうちに、何となく実態が共有されるようになる。そのうち話に尾ひれがついて、実際に実施した内容よりひどいうわさが、社内でまことしやかに出回るようになる。会社は社員に伝えることなく給与の全体水準を引き下げているので、こうした話が出回っても、それを明確に否定することができない。そうこうしている間に、会社に対する社員の信頼感は大きく損なわれてしまう。いったん失った信頼を取り戻すことは、容易ではない。それ以後、会社がどんな施策を打ち出しても、社員は誰もその施策を「文字通り」受け取ることはない。こうした事態は、長期にわたって会社運営にマイナスの影響を及ぼすことになる。

もし会社を取り巻く環境が厳しく、給与の引き下げも合わせて実施せざるをえないのであれば、そのことも社員にはっきり宣言して実施すべきである。けれどもそうすると、社員の注意は、業績給・職務給導入のメリットではなく、給与引き下げのデメリットだけに向いてしまう。それでは、社員にとってもメリットのある制度変更の趣旨がかすんでしまう。

給与の引き下げは、会社としては人件費の抑制という別の動機に基づくものである。ビジネスを継続するためには、そうする以外に方法がない場合もあるので、そのこと自体が実施してはならないことであるとか、悪いことだと言うつもりはない。ただ、それは違う動機に基づくものなので、別途検討し、別のタイミングで実施したほうがいい。この制度変更を成功させるためには、やはり給与水準の引き下げを同時に実施するのは避け、そのうえでAを宣言することが望ましい。

この制度変更では、長期雇用の原則は維持している。したがって、社員にとっての雇用リスクを高めるものではない。社員の余計な心配を払拭する意味で、このこともBとして宣言することが望ましい。

会社によっては、こう宣言することに抵抗感があるかもしれない。それは次のような考えであろう。「足下の業績は振るわず、将来の見通しも明るくない。いずれリストラも検討せざるをえないかもしれない。そんな環境下で長期雇用を守るとは言えない」。仮にそう考えたとしても、今の日本の法制化では、通常の環境で社員を簡単に解雇できるわけではない。実際に環境が本当に悪化したときのリストラについては、退職勧奨や整理解雇などの方法がある。そうした非常時における方策は、会社として「長期雇用を維持する」という意志を持ち、それを平常時に宣言することと矛盾するわけではない。

こう宣言することは、会社として第1章や第2章で示した人的負債（長期負債）と、その対として存在する人的資産を真正面から受け入れるということを意味する。それはまた、「図表2－21 会社と社員の貸借対照表の関係」を前提に、人的資産こそが会社にとっての付加価値の源泉であるという基本的な考えに立ち、会社を運営していくということでもある。これは、**「現行制度を図表5－1のように改善したとしても、従来の制度の骨格である職能資格制度と長期雇用の構図からは抜け出すことができない」**ということを意味する。

4 貸借対照表を現実として受け入れる

人的資産・人的負債という考え方は、本書の提案であるが、まだ世の定説になるまでにはいたっていない。したがって、上場企業などが開示している財務諸表にそれが掲載されているわけではない。開示の対象となっていない人的資産・人的負債を認知して真正面から受け入れるということは、「今まで前提としていたものより大きな負債をかかえている（例：図表2－8のトヨタのケース）」ということを経営側が認めるということである。業績給と職務給を導入すると、運営の仕方によって人的負債の金額を変動させやすくなるが、基本的な枠組みは変わらない。

大きな負債を背負うということは、経営上いくつかの制約となって現れる。大きな長期負債を持つ会社は、当然その返済に高い優先順位を置いて経営していくことが求められる。返済が滞り、それを手元の流動性で補うことができなくなれば、会社は倒産する。そうならないよう細心の注意を払い続けながら、資金繰りの計画を立てることが必要になる。

会社に運営資金を提供するのは、株主と債権者である。株主は基本的に、比較的高いリスクを取って、その見返りとして比較的高いリターンを期待する。会社が少々リスクのある事業を行っても、それに見合う以上のリターンを上げる見通しがあればそれでいい。一方、債権者は誰かというと、通常は会社に貸し付けを行っている銀行である。[3] 銀行の発想は違う。会社がなるべく安定的な事業運営を行い、確実に利息と元本を返済することを期待している。したがって、会社が高いリスクを取ることを好まない。**銀行のような債権者にとって大切なことは、会社が安定した収入（キャッシュフロー）を確保して、確実に借金の返済を続けていくことである。**

会社を運営していくために、株主と銀行からどの程度の資金をそれぞれ調達するかということは、その会社の財務戦略によって決まる。具体的な数字は、自己資本比率（株主資本÷総資産）として現れる。人的負債の存在を前提にするということは、この比率が下がり、株主からの調達比率が下がるということである。銀行や社員に比べ高リスク・高リターンを求める株主からの調達比率が下がれば、経営にあたっても、優先順位を変えることが必要になる。それは「安定した収入（キャッシュフロー）」を優先するという方針に結び付く。これは会社を経営するにあたって、銀行の発想を基本に置くということである。

一方、資金調達の比率が下がった株主は、ビジネスのパートナーとしての重要度が下がるということになる。このことは、リスクを取っても高いリターンを求める株主には、自分たちを軽視する姿に映る。そういう会社に株主は積極的に投資したいとは考えないであろう。それは、株価にあまり良い影響を及ぼさない。

人的資産・人的負債の存在を真正面から受け止めるということは、以上の現実を認めて会社を運営することである。

5　ビジネス上の制約を理解する

こうした現実と向き合うと、事業を行っていくうえで、必然的にある種の制約が存在することに気づく。それは、**この仕組みのもとではどうしても変化に対応するスピードが遅くなる**ということである。それは外部環境の変化に対応する際のスピードが遅くなるということでもあるし、会社が主体的にビジネスモデルや組織を変更する際のスピードが遅くなる、ということでもある。

それは、次のような理由から生じる。

① 前節で述べたように、会社の経営陣は安定した収入（キャッシュフロー）を優先し、リスクを取ることに消極的な態度を取る。その結果、過去の延長線上で安定した利益を生み出すことに高い優先順位を置き、主体的にビジネスモデルや組織を変更することを後回しにしがちである。

② それはこの制度の長所である「社員の安心感」の裏返しとして生じる。変化には不安がつきものであり、それは安心感への脅威である。したがって、社員は基本的に変化を嫌う。自分のまわりに変化が生じ始めると、社員の多くは変化のスピードを遅らせようとする。

③ ①と②が相まって、ビジネスモデルや組織を大きく変更しようとすると、経営陣と社員の双方に大きな抵抗勢力が生まれる。これを押し切って大きな変革を実施することは、社内の大多数を敵に回す作業となり、大変骨が折れる。

ビジネスの世界で変化に対応して成功するということは、言うまでもなく大変なことである。経済環境がグローバル化する中、さまざまな出来事が世界的な規模で同時多発的に発生する。自分たちのレーダースクリーンでとらえていなかった変化が、突発的に発生することもある。将来のことはますます予想しづらくなっている。その中で変化を先取りして、他社に先駆けて自社のビジネスモデルや組織を変更し、収入と利益を上げることは並大抵の話ではない。

また、日本より人件費がずっと低い国々の会社も、どんどん市場に参入してくる。労働法制が労働者側ではなく企業側に有利にできている国々（例：アメリカ）の会社は、簡単にリストラを実施して人件費を下げ、身軽になって競争を挑んでくる。ＩＴ、金融、バイオテクノロジーといった分野では、技術やサービスの開発の中心地が日本でない場合も多い。技術やサービスの開発は、今までにないものを生み出すという作業であり、必然的に変化とリスクをともなう。

こうしたダイナミックな変化を前提にすると、職能資格制度と長期雇用をベースにした人事制度を採用している会社は、世界に先駆けて変化を作り出し、最先端を走るということは最初からあきらめておいたほうが賢明であろう。なぜなら、社員に適用している人事の仕組みが、グローバルな規模で発生する変化の規模とスピードにうまく適合していないため、変化の最先端に立とうとしても無理が生じるからである。仮に経営者が「世界の変化を先取りしよう」と号令をかけたところで、経営者のやろうとしていることと人事制度がちぐはぐなので、うまくいかない。役員の多くは面従腹背の態度を取り、社員の多くはそっぽを向く。思ったように物事が運ばないうちに、投資した資金と時間を失ってしまう。また、変化を作り出すためにリスクを果敢に取るという戦略は、安定したキャッシュフローを優先するという財務上のニーズともうまく整合しない。

もちろん例外はある。たとえば、設立年数がまだ浅く、オーナー社長が健在で、人員構成が若手に偏っているような会社（第2章で述べたピラミッド型人口構成の会社）がそれである。そうした会社は、社員全体にオーナー社長の起業家スピリットが共有されていて、かつ保守的な年配社員が少なく、変化への柔軟性が高い場合が多い。

では、こうした例外に当たらない会社（例：歴史のある大手企業）はどうしたらいいのであろうか。仮に「世界に先駆けて変化を作り出し、最先端を走る」ということをあきらめたとして、いったいどういう事業戦略を取ればいいのであろうか。変化に取り残されて、単に座して死を待つだけであろうか。

この場合のお勧めは、「ゆっくりと確実な変化を作り出す」ということである。ビジネスモデルや組織の断層的な変更は避けて、現在のやり方の良い部分を尊重・活用しながら、徐々に必要な変化を取り込んでいくというものである。

こうした経営の方針は、自分たちのやり方の長所を伸ばすことを優先するという意味で、この章に述べた人事制度変更と同じ着眼点に立っている。自分たちのやり方を駄目なものと決めつけて、やみくもに短所をなくすことだけに注力すると、今持っている良さや強みがなくなり、混乱だけが残ってしまう。

経営の意志として、現在顧客に提供しているサービス、適用しているビジネスモデルといった会社の根幹を急激に変えない、ということを決めておく。そのうえで、3～5年程度の計画で徐々に必要な変化を実施していく。こうした変化の計画は、事前に社員にも共有し、理解が浸透するよう配慮する。断層的な思いきった変化は実施しない。すなわち、**従来提供しているサービス、適用しているビジネスモデルに篭城し、そのうえでやや長い時間軸で、社員のコンセンサスにも気を配りながら、変えられるものだけを変えていく、という手法である。**

こういう方法では、ビジネスの環境変化のスピードについていけず、会社は滅んでしまうのであろうか。一部の産業・企業ではそうかもしれない。けれども、スピード感に溢れた素晴らしい戦略も、それを実行する社員がついてこれなければ画餅となる。いくらパワーポイントにきれいな戦略を描き、メディアから喝采を浴びても、実行部隊である社員がついてこなければ、遠からずその戦略は破綻する。現実の経営には、派手さを捨てて生き残る老獪さも必要である。

この章の冒頭に、ボストン・コンサルティング・グループの創業者が堀紘一氏に言ったという言葉を引用した。早朝、誰もいないゴルフ場を2人で散歩しているときに、彼は5年後の世の中を予測できると断言して、その理由を次のように説明したそうである。「いったい、いま起きていることで5年前に影も形もなかったことが何かあるかね」。確かに彼の言う通りで、今起こっていることをしっかりと見れば、数年先の世の中の姿はぼんやりとではあるが浮かび上がる。

足元の外部環境の変化のスピードは確かに速い。あせりも感じる。けれども5年先ぐらいを見据え、まずは自社の得意とするサービスに特化し、無駄を省いてコストを下げ、数年単位で変化する計画を立て、着実にそれを実行していく。この長期の時間軸と着実さが重要である。事業戦略と人事制度の時間軸が合っていなければ、どんなにあせってもいい結果は出ない。「急がば回れ」である。

6 年齢に対する社内の常識を変える

次に、長期雇用と職能資格を前提とした人事制度を生かす「社内のカルチャー」について述べる。人事制度を変更しても、それだけですべての人事上の問題が解決するわけではない。人事制度にはそれを生かす「魂」のようなものが必要で、それはその制度の下で働く社員のやる気、チームワーク、モラルといった目に見えないものである。それは、その会社の社員が集団として持つカルチャーであり、これをうまく生かすことができなければ、成功はおぼつかない。

それぞれの会社は、それぞれにユニークなカルチャーを持つ。それはある意味当然で、個々の会社の創業の経緯やたどってきた歴史、あるいは顧客層が違うからである。ここでは、こうした各社固有のカルチャーの話ではなく、この章に述べた人事制度を適用する会社が共通して持つべきカルチャーがどういうものかを一般化して述べる。いくつかの点を挙げることが可能であるが、ここでは最も重要な論点1つだけに絞る。それは、**「年齢に対する社内の常識を変えることが必要だ」**ということである。

すでに多くの論者が述べているように、日本の社会はどんどん高齢化している。それは、図表2－10で示した「年齢別人口構成」を見ても明らかである。

また個別企業のレベルでは、次の点も考慮する必要がある。会社は売り上げ規模を拡大し、大企

図表5-2■年齢別人員構成の時系列変化

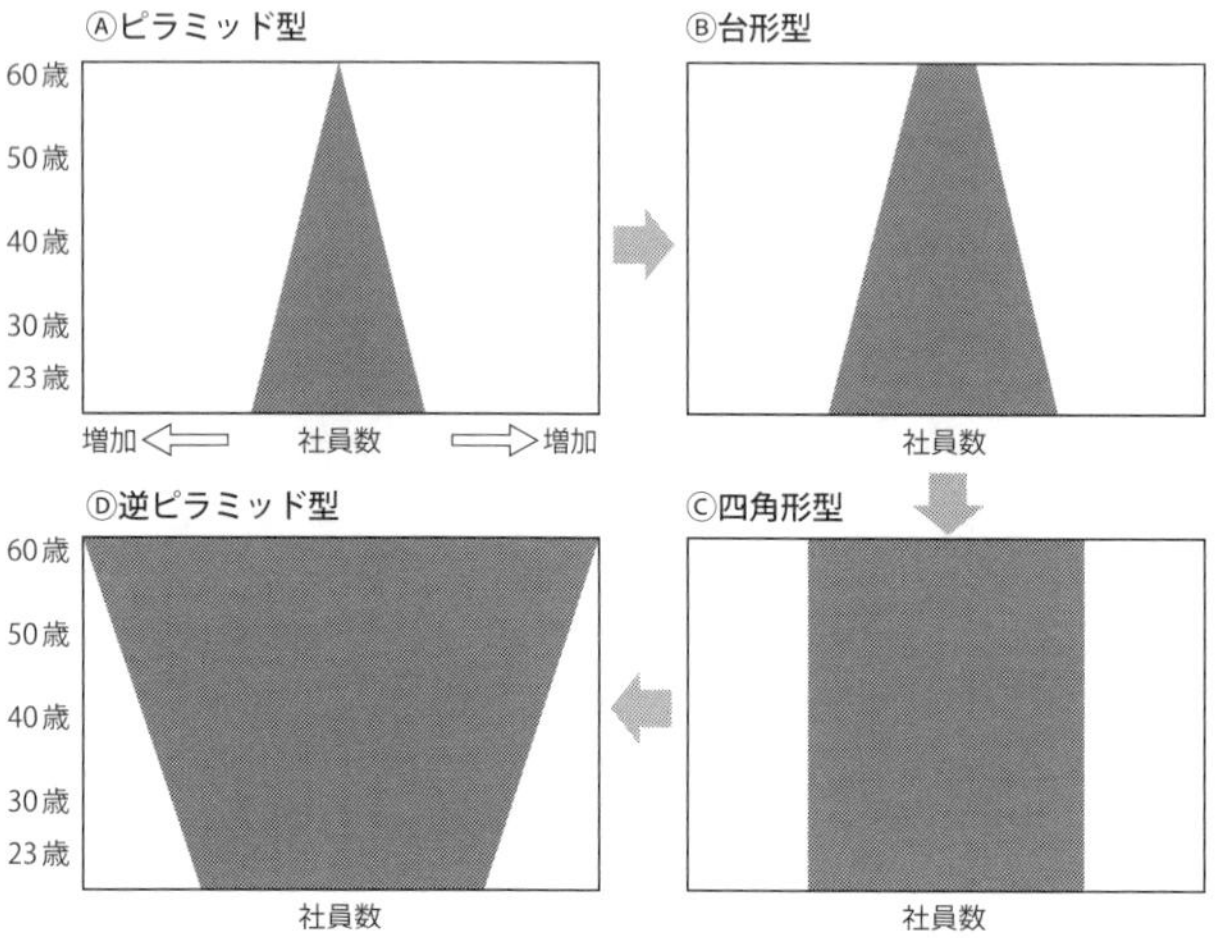

業へと成長するにつれ、マーケットの飽和に直面し、成長率が鈍化する。成長率が高く人員が不足していた時代には、大量に新卒の社員を採用する。そうして採用した社員は、成長率が鈍化し、人員に余剰感が出るころには年齢が上がっている。長期雇用を前提としているので、こうした社員が定年前にどんどん退職していくわけではない。その結果、年齢層の低い社員に比べ、年齢層の高い社員の比率が高くなる。したがって、年齢別人員構成は一般的に、ピラミッド型から四角形型または逆ピラミット型へと移行していく。典型的には、会社の成長にともない、図表5－2の左上から時計回りの方向の変化（ⒶからⒹへの変化）を示す。

国民全体が高齢化して、国全体の成長率が鈍化していくこれからの時代は、図表5－2の下の人員構成（Ⓒ四角形型またはⒹ逆ピラミッド型）を前提に企業経営を考えていくことが必要になる。

この図でⒹの逆ピラミッド型を見ていると、高人件費の高年齢層が増えると全体の人件費が上がるので、財務的観点で憂鬱な気持ちになるかもしれない。しかし「図表2－12 年間人件費と人的負債の関係」で示したように、この場合人件費が相対的に高くなっても、人的負債は相対的に小さくなる。したがって財務の観点では、費用と負債はトレードオフであると割り切ることが可能である。

それより重要なことは社内のカルチャーの問題で、多くの会社に見られる次のような社内の常識を壊すことが不可欠になる。

①年齢の上下と職能資格の高低は比例する
②年齢の上下と職務の重要性の高低は比例する

こうした常識は、「順調なキャリアというのは、年齢とともに出世することである」という価値観を前提としている。こういう価値観は古すぎて役に立たない。これからの企業経営は、こうした考え方が社内にはびこっているようでは成り立たない。

成り立たない理由は簡単である。職能資格と職務は、上位になるほど必要な人数が少なくなるため人員構成がピラミッド型になるのに対し、社員の年齢別人員構成はそうならず、四角形型や逆ピ

図表5-3■年齢別人員構成と職能資格/職務の関係

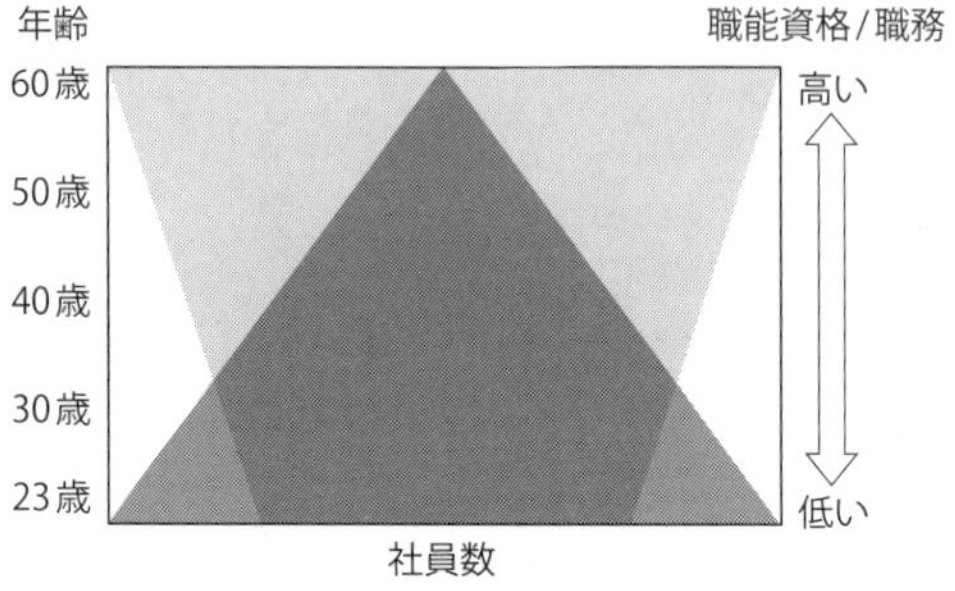

ラミッド型になっている。その中で、「年齢とともに出世すること」が当たり前というカルチャーがはびこっていると、年齢の高い社員の大部分はやる気を失ってしまう。この関係を図にすると図表５－３のようになる。

この図で濃いグレーの三角形は、職能資格または職務の重要性の高低と年齢別人員構成を示す。前述の社内の常識①、②に従うと、この三角形からはみ出した薄いグレーの部分に入る多数の社員（主に30歳代後半以降の社員）は、「自分のキャリアは順調ではない」と考えるようになり、やる気を失ってしまう。やる気をなくしても、これらの社員は長期雇用のもとで会社に毎日出社し続ける。会社にとっては、やる気をなくした大量の社員をかかえ込むことになり、何とも生産性の上がらない話となる。

こうした状況を改善するためには、「社内の常識」と「古い価値観」を壊してしまう必要がある。こうした常識や価値観をもう少し詳しく見ると、その背景には次のような「年齢に対する固定観念や偏見」が存在する。

①年齢に見合う職能資格・職務というものがあり、年齢が高いにもかかわらずそうした職能資格・職務を獲得できない社員は、社内の負け犬である
②年齢とともにやる気と従順さが失われ、部下を持たないプレイヤー的な仕事では使いづらい
③一定以上の年齢になった社員は、教育や経験の機会を与えても、ビジネスパーソンとして成長しない
④上司のほうが部下より年齢が上であることが望ましい

こうした発想は、今の時代にはそぐわない。

①にいう「年齢に見合う職能資格・職務」といったものは存在しない。そもそも職能資格の昇格は、社員の能力に基づいてのみ決定するものであって、本人の年齢[4]は関係しない。また職務も同様で、適材適所の評価軸だけをもって人選すべきで、社員の年齢は関係しない。ましてや「負け犬」と言うと、その社員の人格を低く見るようなニュアンスが出るが、そうした考え方は正しくない。職能資格・職務は職務遂行能力と役割を定めるものであり、社員の人格とは何の関係もない。したがって、こうした考え方は誤りである。

②も固定観念に基づく偏見であろう。部長という職務に就任する能力がなくても、一プレイヤーとして、それぞれの得意分野で活躍できる40歳、50歳代の社員はいくらでもいる。しかし従来の社

内常識では、こうした活躍は見下されがちで、正当な評価・敬意の対象とならないことが多い。そのことが、この年代の社員のやる気をそぎ、従順さを奪ってしまう。こうした悪循環を断てば、状況は改善する。

③も根拠のない意見であろう。人は、教育や経験によって考え方と行動を変える。確かに、人生観が変わるような大きな変化は、もっぱら若いころに生じるものかもしれない。けれどもここで言う成長は、会社での仕事に関連する狭い範囲での変化を指しているのであり、それが20歳、30歳代だけに生じるというのは根拠がない。実際、私のまわりには40歳、50歳代で大きく成長する方々がいっぱいいる。

④は古い発想である。こうした発想は、学生時代のクラブ活動などの先輩・後輩の関係から来るのであろう。こうした固定的な上下関係のとらえ方は、社会人になれば変える必要がある。部長や課長といった職務は、組織の中で定められた役割にすぎず、その職務にある社員は与えられた役割を忠実に執行するにすぎない。定められた役割を果たすにあたって、部下より年上でなければならないというのは時代遅れの発想で、取り除くことが必要である。

7 年齢も多様性（ダイバーシティ）の一つ

こうした年齢に関する古い常識・価値観を変えていくためには、社内で啓蒙活動を行い、新しいカルチャーが定着していくようにする必要がある。そのためには、次のような原則をはっきりと打ち出し、実施することである。

①職能資格と職務は、本人の能力と適性だけによって決まるものであり、その判断にあたり年齢は一切考慮しない
②部下を持たない一プレイヤーとしての仕事は、部長や課長といった職務を持たないすべての社員が担うものであり、年齢は関係しない
③会社として、社員の年齢にかかわらず、ビジネスパーソンとしての成長をサポートするための研修や教育を惜しまない
④上司と部下の関係に、年齢の上下あるいは先輩後輩の関係を持ち込まない

この原則では、年齢の違いを個性の違いとしてとらえ、それを個々人が持つ多様性（ダイバーシティ）の一つとして尊重し、年齢に関係なくすべての社員を平等に取り扱う。

こうした価値観を浸透させるためには、ダイバーシティの活動を社内で展開することも重要である。たとえば、日本ＩＢＭは図表５－４のような社内のネットワークを作っている。

さすが大規模なグローバル企業で、その充実した活動には興味を覚える。ここに掲げられた活動はいずれも重要で、今後日本企業がグローバルに活躍するにあたっては、特に「3. GLBT」[(5)]や「4.

図表5-4 ■ 日本IBMの６つのダイバーシティ委員会

1. Women (1998) 女性のキャリア課題の検討とパイプライン強化	2. People with Disabilities (1999) 障がいを持つ社員の能力の最大化と環境整備	3. GLBT (2004) ゲイ、レズビアン、バイセクシャル、トランスジェンダーの社員が気兼ねなく安心して働ける環境整備
4. Multi Culture (2008) 日本IBMで働く外国籍社員のさらなる活躍支援	5. Work/Life (2008) 仕事と個人生活それぞれの充実を図る施策の検討	6. Cross Generation (2010) 世代別の課題とニーズの把握、活躍支援

日本IBMの公開資料より筆者作成、括弧内の数字は委員会の発足した年

Multi Culture」なども必須であろう。そのことについては第7章で再度触れる。ここでは、同社の「6. Cross Generation」に注目したい。その活動が目標とするのは、社員の考え方やかかえる課題が世代によって違うことを認めたうえで、年齢に関係なく円滑な協力関係が成り立つ職場環境を作ることにある。

一般にこうした活動は、役員などの経営幹部をスポンサーとして、社員が自主的にネットワークを作り、課題の改善に取り組んでいく。日本ＩＢＭの活動の詳細を知るわけではないが、おそらく同社もそのような形で活動に取り組んでいるのであろう。会社が新しい原則を打ち出し、社内の少数の社員が共鳴したとしても、それが社員多数の意見となり、社内の常識となるところまでいかなければ、実態は変わらない。そのためには、会社として、こうした社員の自主的な活動をサポート

していくことが重要である。

ダイバーシティを重視した経営が重要であると言われて久しい。それは一般には、「社員一人ひとりが持つさまざまな違いを受け入れ、多様性を活かすことで、企業・組織の力を高めていく」（『実践ダイバーシティマネジメント』リクルートHCソリューショングループ）ということだと言われる。この文脈で「多様性」と言われると、私たちはすぐに性別・人種・国籍の違いを思い浮かべがちである。そう思い浮かべることはもちろん正しいことであるが、同様に年齢も多様性の一つとして認知することが重要である。社員の昇格、職務、報酬などを決定するにあたって、性別・人種・国籍を理由として結論を変えてはいけないのと同様に、年齢を理由として結論を変えてはいけない。こうしたことが、社員の大多数に当たり前のこととして定着するよう、社内の環境を整備していくことが重要である。

年齢に関する古い価値や偏見が社内で取り除かれたときに、年齢の高い社員が一プレイヤーとして活躍する姿が当たり前になる。業績が高ければ、社員は年齢にかかわらず、ごく自然に評価され、尊敬されるようになる。そうなれば、人員構成が逆ピラミッド型になっていても、年齢上位層の社員のモチベーションを確保し、高い生産性を維持することができるようになる。

8 身分保障と働きがい

こうして職能資格制度を変更し、新しいカルチャーができ上がると、社員から見て会社はどのようなものになるのであろうか。

長期雇用と職能資格は制度の根幹として維持されているので、第4章に述べた4つの安心感はほぼ維持されている。

業績給が導入されているので、頑張って業績を上げれば、賞与だけではなく、給与にも反映される。マネジメント能力を身につけ、重要なポストにつくようになれば、職務給も獲得することができる。こうした要素が給与に取り入れられると、オーナー経営者が感じているであろう「成功と失敗のリスクを負っている」という感覚の一部を共有することができる。そうした仕組みがない制度に比べると、やりがいがあって刺激的である。

また、年齢を社員の持つ多様性の一つとして認めるという考え方が浸透すると、重要な職務につくにあたって、一定の年齢以上でなければならないという制約も取り外される。したがって、若くてもマネージャーとしての能力が高ければ、重要な職務につくことができる。一方、部下を持たなくても一プレイヤーとして活躍していれば、年齢にかかわらずフェアに評価され、その結果が業績給に反映される。

こうしたことは、社員にとって新しい働きがいとなる。

けれども、あまりに多くのことを期待して、幻想をいだいてはいけない。なぜならこの制度は、長期雇用と職能資格制度という安心感の上に成り立つものなので、この安心感がやりがいと刺激を薄めてしまう。特に長期雇用は、いわば雇用という身分を保障する制度である。身分保障があると、どうしても「失敗しても、まあいいか。解雇されるわけではなく、給与をもらい続けることができるのだから」とか、「業績給や職務給をたくさんもらわなくても、そこそこの給与をもらい続けられればそれでいいや」といった感覚が心の中に忍び込む。それが、ビジネスというゲームに取り組む際の真剣さを奪ってしまう。ゲームから真剣さが失われてしまうと、面白さも限定されてしまう。

これを前提に、**社員の観点でこの章の人事制度変更の特徴を一言でまとめると、結局「安心感維持と多少のやりがいアップ」ということになる。**安心感は、従来からの長期雇用と職能資格制度で確保している。業績給と職務給を組み入れることによって、従来の制度より多少やりがいが増える。「何だ、制度と会社のカルチャーを変えてこの程度の効果か」と言われてしまえば、それまでである。実際、長期雇用と職能資格制度の考え方を捨てない限り、ここまでしか変更することはできない。

加えて、もう1つ社員の観点で言えることは、**この安心感というのは、「会社が今後も倒産せず、ちゃんと利益を出し続けていれば」という前提がつく**ということである。この前提がくずれると、安心感はどこかに吹っ飛んでしまう。倒産した会社は、社員の雇用を維持することも、給与を支払うこともできない。今の日本の多くの会社では、社員がこの前提条件に自信を持つことができず、長期雇用を適用していても安心できない、というのが現状であろう。
こうした点を考慮して、抜本的に人事制度を変更する方法については、次章以下で解説する。

9 早期退職制度

それを解説する前に、この章の最後として早期退職制度について触れておきたい。それは、職能資格制度を生かすためのもう一つの工夫である。

ここで「早期退職制度」[6]とは、**社員が自己都合で退職する際に、通常の退職金に割り増しをつけ、社員が自己の意思で退職しやすくする制度**を意味する。それは会社が積極的に退職を促す退職勧奨とは異なる（退職勧奨については、次章で説明する）。

早期退職制度という言葉は、一般にはあまりいい印象を持たれないようである。けれども設計の仕方によっては、これは会社と社員の双方にとってメリットのある仕組みとなる。

まず会社にとっては、働かない社員が長期雇用の仕組みを悪用してぶら下がり続けるのを防止する効果がある。会社はこの制度を利用して、こうした社員に退職のインセンティブを与えることができる。一方、社員にとっては、勤務している会社が十分に魅力的ではなくなってしまったときに転職しやすくなるという効果がある。

図表5－5は、エドワード・P・ラジアーの『Personnel Economics』からの引用である。これは、

図表5-5■経験年数と貢献

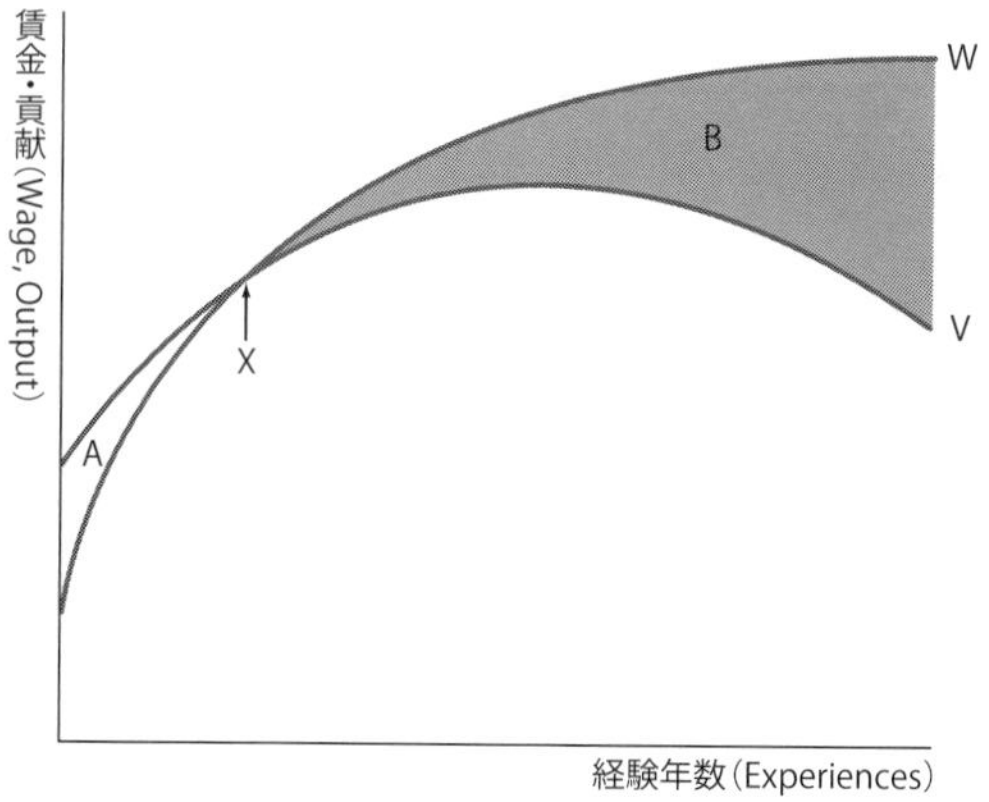

『Personnel Economics』(Edward P. Lazear)より筆者訳及び作成

長期雇用を適用する会社において、社員の経験年数と賃金と貢献がどういう関係にあるかを示している。X軸が社員の経験年数、Y軸が社員の賃金と貢献を示している。表中のWが賃金を示し、Vが貢献を示す。

この図が示すのは、次の3点である。

①経験年数が長くなるにつれ、社員の給与は上がる(図中W)

②経験年数が長くなるにつれ、社員の貢献は上がるが、ある一定年数を超えるとその上昇は頭打ちとなる(図中V)

③経験年数が短い間は、社員は給与を上回る貢献を会社に提供しているが(図中Aの部分)、ある一定年数を超えると、その関係は逆転する(図中Bの部分)

ラジアーによれば、これは長期雇用を適用する会社において典型的に起きる現象である。③は、会社が社員に対して、貢献より高い報酬を支払っている状況であり、その社員を雇用し続けることにより赤字が発生する。(7)

一方、ここまでに説明した業績給・職務給を導入しておけば、社員の貢献に応じて給与を柔軟に変動することができる。業績給は社員の業績に応じて上下することができるし、職務給は職務の職責に応じて変更することができる。使い方しだいで、こうした赤字をかなり改善することができる。改善の度合いは、次の点によって決まる。

Ⓐ 給与に占める業績給と職務給の比率をどの程度に設計するか

Ⓑ 毎年の業績給の査定をどの程度厳格化するか

Ⓒ Ⓐの比率を高く設定し、かつⒷの運用を厳格なものとするとして、それまでの制度に慣れ親しんできた40歳、50歳代など勤続年数の長い社員にすぐに適用できるか

たいていの大企業は、旧来の職能資格制度に基づいて高い給与を受け取る40歳、50歳代の社員が多数いて、Ⓒを考え始めたとたんに制度変更のスピードが落ちるのではなかろうか。結果として、当初はⒶに言う比率を低めにして、Ⓑに言う査定も年功に配慮する。結局一気に変更できず、年数をかけてステップを踏みながら変更していくことになる。

職能資格制度をベースとする場合、そもそも「ゆっくりと確実な変化を作り出す」ことを勧めているので、こうしてステップを踏みながら制度を変更していくこと自体は悪いことではない。一方、こうした変更に時間がかかっている間に、すぐに導入できる方策がある。それが早期退職制度の導入である。

設計の要諦は、図表5－5でXとして示した時点以降のB（グレーで示した部分、すなわち賃金が貢献を上回っている部分）の差額（正確にはその現在価値）を早期退職金として社員に払い出すということである。こうすれば会社も社員も痛み分けとなる。

Bに表れる金額は、社員が会社に勤め続けることによって会社が被ったマイナス（赤字）である。会社としては、元々失う予定であった金額を社員に前払いしたにすぎない。したがって、こうした費用を支払うことにより損をしているわけではない。

社員としては、退職してもBの部分（旧来の年功的な考え方ではキャリアの後半に受け取ることができた部分）を取りはぐれずにすむ。今の職を失うことにはなるが、Bは早期退職時に受け取ることができるので、表中のWの賃金の新しい職を見つける必要はない。自分の貢献に応じた給与であるVを支払ってくれる会社を探せば十分だということになる。ここで言う早期退職は強制的なものではないので、こうした金銭的な配慮があり、転職がしやすくなるのは、良い話でこそあれ、悪い話ではない。

金額、適用する年齢など、制度の詳細は会社によって異なるので、具体的な例示はしない。要は早期退職制度を導入する際には、ここに説明した考え方を持って、金額の設定等を行うことが重要だということである。金額を設定するにあたっては、第1章で述べた人事制度を金融商品として見る考え方が役に立つ。適切に設計すれば、会社、社員双方にとってメリットのある仕組みとすることができる。

長期雇用制度を適用していると、いかに工夫しても、社員が長年にわたって入れ替わらず、固定的なメンバーで会社を運営していくことになる。そのことは、どうしても組織の中に閉塞感を生む。固定的なメンバーにあきてしまって、別の会社で別のことにチャレンジしてみたいという気持ちになる社員も出てくる。こうして、少しでも社員が退出しやすい仕組みを工夫しておくことは、会社の運営にとっても、社員のキャリアにとっても悪い話ではない。

【第5章＊注】

（1）ボストン・コンサルティング・グループの創業者、故ブルース・ヘンダーソン氏。

（2）株式会社ドリームインキュベータ代表取締役会長。1945年、兵庫県生まれ。東京大学法学部卒業後、読売新聞経済部を経て1973年から三菱商事に勤務。ハーバード・ビジネススクールでMBA with High Distinction（Baker Scholar）を日本人として初めて取得後、ボストン・コンサルティング・グループで国内外の一流企業の経営戦略策定を支援する。1989年より同社代表取締役社長。2000年6月、ベンチャー企業の支援・

コンサルティングを行うドリームインキュベータを設立、代表取締役社長に就任。同社を2005年9月、東証1部に上場させる。2006年6月、同社会長に就任。（Amazon.co.jp「著者略歴」より）

（3）会社が発行した社債を購入する投資家の場合もあるが、ここではイメージしやすいように銀行だけを想定する。

（4）能力と経験には相関関係が認められる場合があるので、定められた職能資格、職務で一定の経験年数を経ることを昇格の条件にすることはある。しかし、経験年数は年齢とは違う概念である。

（5）Gay, Lesbian, Bisexual, Transgender の頭文字をつなげ合わせたもの。

（6）「希望退職制度」という表現もよく使用されるが、ここでは「早期退職制度」という呼称を使用する。

（7）こうした状況をどう整理して考え、どう対応したらいいかについては、前々著『大企業サラリーマン 生き方の研究』「第4章 制度改革へ向けての提案」に説明したので、詳しい解説はそこでの記述にゆずり、ここではその一部を紹介する。

第6章

まったく新しい制度を考える

日本企業の社員は二〇年、三〇年と長い人生を会社で過ごし、朝から晩まで働いてきました。会社の価値を増やす行動をとってきたのは彼らです。ですから、私にとっては「株主より[1]」社員のほうがよほど重要なステークホルダーです。ところが大問題は、そのステークホルダーたる社員が能力を目いっぱい発揮して動かず、リスクもとらず、つまり何の賭け（ステーク）もなく安住して、結局は他人に補填してもらったおカネで生活していた。そして、そのことに大した危機感を感じなくなっていたという驚くべき事実です。

『V字回復の経営』三枝匡[2]

1 リスク付随型雇用（Employment at Risk）

多くの人たちが何となく気づいているように、長期雇用と職能資格制度をベースとした人事制度は時代遅れとなり、うまく成り立たなくなってきている。前章では、それの改善策を述べた。こうして改善を加えても、それが将来もうまく成り立つかどうかは確信が持てない。これが多くの経営者・人事担当者の頭の中をよぎる不安であろう。

そう思う理由は、第4章に挙げた「6つの課題（図表4－3）」が非常に重くのしかかっているからである。業界のビジネスモデルはすごいスピードで変化し、競争はグローバル化し、一方で社員が高齢化していく。こうした状況の中、これらの課題はますます重くなり、経営の足枷となる。すでに指摘したように、こうした制度にも長所がある。前章のような改善も実施することができる。けれどもこれらの課題が、この制度が元々持つ長所及びその改善策を上回り始めている。

こうした問題意識を前提に、ここでは第4章の最後に述べた「②根本的変更」について解説する。**根本的変更を加えるということは、長期雇用をやめて、別の雇用モデルに乗り換えるということである。**長期雇用をやめると、職能資格制度も性格が変わることになる。これは、一般的な日本企業にとって大きな制度変更である。またこの変更が社員に与える影響は、前章に述べた改善策とは比べものにならないほど大きい。

何事も長年慣れ親しんだやり方を変えるためには、思い切った決断を下すことが必要である。決断したうえで計画を実行することにより、状況を改善することができる。この制度変更の場合も同様で、決断を実行することにより「6つの課題」に包括的に対応し、事態を改善することができる。その改善の効果とは、大まかに言うと**「外部環境の変化に素早く対応し、社員のビジネスへの真剣さを上げ、グローバル化に対応する体制を築くことができる」**というものである。

一方で、決断して何かを選ぶということは、選ばなかった何かを必ず失うということである。この決断の場合は、長期雇用の長所であった「社員の安心感」を失うことになる。

結論を先に言うと、この制度変更の骨子は、長期雇用を「リスク付随型雇用（Employment at Risk）」に変えるということである。リスク付随型雇用を適用する会社では、**会社が社員に退職を勧奨することと、社員がそれに合意して退職することが、企業文化として当たり前に成り立っている。一方で給与水準については、長期雇用を適用している場合に比べ著しく高く設定する。**

少し乱暴なたとえ話で長期雇用とリスク付随型雇用を比べると、次のようになる。

長期雇用を前提とした人事制度では、会社はいわば大きな樹木で、社員はその木になる果実である。樹木である会社は、社員である果実が豊かに育つことを期待し、緑葉で光合成を行い、地中から枝の先端にある果実まで養分を運んでいる。一方、リスク付随型雇用では、社員はこの樹木で羽を休める鳥のようなものである。鳥は時間がたてば必ずまた飛び立っていく。鳥は、樹木の一部である果実を食物としてついばむ。果実をついばんだときにその中の種子も飲み込み、種子は鳥の胃袋に入って遠くに運ばれ、やがて胃袋から排出され、その場で芽をふき、新しい樹木に育っていく。

前者（長期雇用）では、樹木（会社）と果実（社員）は一体のものと考えられている。後者（リスク付随型雇用）でも、会社が樹木にたとえられている点では同じであるが、社員はその果実ではなく、樹木に立ち寄る鳥だと考えられている。鳥は必ず樹木を飛び去ってしまうので、両者の関係は一時的なものにすぎない。その一方で、樹木と鳥は生態系の中で緊密に結び付いている。鳥から見ると樹木は食物の提供源であり、樹木から見ると鳥は子孫を広範囲に広める運搬手段であり、お互いになくてはならない存在である。

前者は、樹木をそれだけで独立して閉じた「1つの系」としてとらえているのに対し、後者はそれをもっと広い「生態系」の中でとらえている。リスク付随型雇用では、後者と同様のアプローチを適用している。この場合、生態系に相当するものは人材市場である。1つの会社をそれだけで独立した「1つの系」として考え、それだけですべてを完結し、問題を解決しようとすると、限界が生じる。ややもすれば「会社を定年退職前に辞めざるをえない社員はかわいそうだ」という感情論になり、長期雇用を手放せなくなってしまう。しかし少し視野を広げ、まわりを見れば、樹木や鳥が生態系の中に存在しているのと同じように、1つの会社、1人の社員も、それぞれと比べものにならないほど大きな市場（マーケット）の中で活動している。リスク付随型雇用は、こうした大きな市場を活用することを前提としている。

加えて前者では社員を、自らの力で動き回ることのできない果実にたとえているのに対し、後者では社員を、空を自由に飛び回る鳥にたとえている。鳥は食物である果実を求めて、自らの意思で木から木へ移動していく。その意味で、後者では社員の自由度は大幅に向上するとともに、より主体的にキャリアを決めるという自立性が求められる。

2 退職勧奨

リスク付随型雇用（Employment at Risk）について、具体的に解説してみよう。

最初に断っておきたいのは、ここでの説明は、現行の日本の法律制度を前提としているということである。多くの識者、実務担当者、経営者と同じように、私も日本の労働法制には変更したほうがいい点が数多くあると考えている。特に金銭解決を通じた解雇のルールづけについてはそうである。けれども、ここで現行の法制度の善し悪しだけを論じてみても、実際に国会で法律案が通らなければ実現しない。実現のためには、民主主義に基づく長いプロセスが必要になる。当然、異なる立場でさまざまな意見もあるわけで、私が良いと思う法律案が成立するとは限らない。会社を実際に運営している者にとっては、実現するかどうかわからない法律論だけを論じていても、机上の空論で終わってしまう。それでは、人事運営を早急かつ具体的に改善するためには役立たない。したがって、以下の説明では法律の変更は議論の射程に入れない。あくまで現行の法制のもと、各社の努力で対応できる範囲を前提としている。

図表6-1■リスク付随型雇用

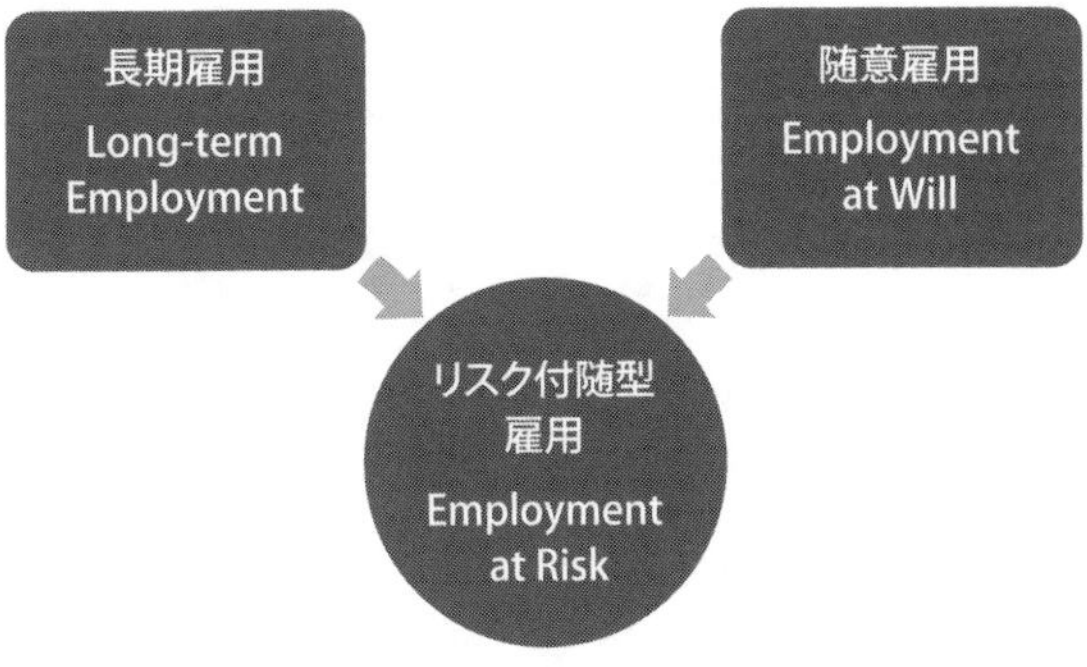

リスク付随型の雇用形態は、日本の伝統的な長期雇用とアメリカ的な随意雇用（Employment at Will）のそれぞれの長所を取り入れるようとする試みである（図表6－1）。

リスク付随型雇用の枠組みでは、会社は社員に対して退職勧奨を実施する場合がある。退職勧奨とは、会社が社員に退職を勧める行為で、本人の合意が得られた場合には退職が成立する。本人の合意が得られなければ、退職は成立しない。

したがって、会社が社員に有無を言わせず実施する解雇とは異なる。第1章で述べたように、解雇については法令上・判例上、会社側にさまざまな制約があるので、簡単に実施することはできない。**ここで言う退職勧奨は、あくまでも社員の合意を前提としているので、解雇には当たらない。**この社員の合意を前提とするという点は、アメリカの随意雇用と大きく異なる。随意雇用では、会社または社員のいずれか一方の意思で労働契約は解消できるという考え方になっている。したがって、会社が社員に契約解除を申し入れた場合、解除成立のために社員の合意は必要としない。

具体的には、次の①、②の場合には退職勧奨を実施する。

①特定の部門・部署の業績が著しく不振で、一定期間内に回復が見込めない場合

②特定の社員の業績が著しく不振で、それが本人の能力または努力の欠如に起因するもので、一定期間内に回復が見込めない場合

退職勧奨の対象となる社員は、①の場合は、業績不振な特定の部門・部署に勤務する社員の全部または一部である。②の場合は、業績が不振な特定の社員である。

①の場合、他の部門・部署の業績が好調で、その社員にそうした他部門・他部署で働く意思があり、かつそうした部門・部署にその社員を受け入れる余地があれば、退職勧奨の前に配置転換を検討することになる。同様に②の場合も、可能であれば配置転換を事前に検討する。特に業績不振の理由が本人の能力または努力の欠如によるものではなく、それ以外の理由に起因する場合（例：本人の能力は高いが、与えられた職務とミスマッチになっている場合）は原則的に退職勧奨を行わず、配置転換で対応することになる。

退職勧奨を実施する際には、会社は社員に割増退職金を用意する。これは、社員が通常の自己都合で退職する際に支払う退職金に、一定金額を上乗せして支払う一時金である。この一時金は、社員の今までの貢献に対する感謝を金額で表したものであり、また退職が突然になることに対する補

償である。

本書は退職勧奨のノウハウを伝授することを目的としたものではないので、割増退職金の具体的条件についてまでは立ち入らない。一般的には、一定の上限金額を設けたうえで、勤続年数1年につき月例給与1か月（または半月）分を割増退職金として支払うというアプローチになる。こうした条件は、社員ごとにバラバラなものとすることはできないので、事前に社内で一定のルールを定めておくことが必要である。また、退職勧奨の日から実際に社員が退職する日（退職日）までの期間についても、社員の立場に配慮して、一定の長めの期日を設けておくことが望ましい。

こうして退職勧奨を実施して、もし社員が退職に合意しなければ、どうするのであろうか。その場合、日本の法律では解雇できない(3)。したがって、その社員は会社で引き続き働くことになる。引き続き働くにあたっては、今までと同じ役割で働くということにはならない。①の場合は業績不振で従前の役割はなくなっている、②の場合はそもそも本人の能力・努力と役割のバランスが取れていないので、もっと簡単な役割に変わってもらうしかない。役割の難易度が下がれば、降格や降給ということになる。

けれども、こうして退職勧奨の対象となった社員が引き続き勤務することは、次の理由で好ましいことではない。

Ⓐ退職勧奨をしても、社員が断れば会社に残れるということが広く知れわたっていれば、退職が

いやな社員は、退職勧奨を受けても全員それを断ることになる。一方で、会社は前述の①、②の理由で退職してもらいたいわけで、その社員に引き続き在籍されても困ってしまう。

Ⓑ退職勧奨を受けた社員は、その会社に残り続けても、自分はもう会社に必要とされていないことを宣告されている。したがって、その会社に残り続けても、自分がやりたいと思う役割はまず回ってこない。その会社で将来のキャリアの展望は開けない。降格・降給の対象にもなる。それではやる気も出ない。やる気のない社員の存在は、まわりの社員に悪影響を与える。またまわりの社員は、仮に会社からのアナウンスメントがなくても、その社員が業績不振を理由として退職勧奨の対象となり、それを断ったことをそれとなく知るようになる。それを知ったうえで、何のわだかまりもなく気持ちよく一緒に働くことは難しい。

こうした好ましくない事態を避けるためには、**「会社から退職勧奨を受けて、退職の条件の提示を受ければ、退職するものだ」というカルチャーが、会社の中で当たり前のこととして定着している必要がある。**言い換えると、社内のゲームのルールとして、そのことが当たり前になっていることが必要だということである。

それが「当たり前」になるためには、**2つの条件**が必要になる。

1つは、**このゲームのルールが事前に十分に社員に納得されていること**である[4]。新しく入社してくる社員には、その旨を十分に説明しておく必要がある。既存の社員に、新しい仕組みとしてこれを導入する場合は、強制的な適用とはせず、希望者だけを対象にして、かつ本人が希望する前に、このルールを十分に説明する必要がある。また、今後の取り扱いが変わるのだということを、正式に契約書で取り交わしておくことが望ましい。

もう1つは、**リスク付随型雇用を適用する場合には、従来の長期雇用の場合より、報酬水準を高く設定する必要がある。**リスク付随型雇用と言う場合、「雇用に付随するリスク」を取っているのは、会社ではなく社員である。長期雇用では、どのような環境でも社員を雇い続けねばならないというリスクが会社側にあった。リスク付随型雇用では、会社はこのリスクを社員に転嫁している。したがって、会社が社員に対してリスクに見合ったプレミアム（リスクプレミアム）を支払うのが当然である。これは、社員の報酬を上げることによって可能になる。そうでなければ、従来の雇用形態がリスク付随型雇用に変わることに社員が納得するわけはない。

3 報酬をどの程度上げるのか

具体的に報酬はどの程度上げればいいのであろうか。第1章で述べたように、ここでも報酬を金融商品のように考えるとわかりやすい。

従来の長期雇用をリスク付随型雇用に変えることによって、社員は60歳まで(5)働き続けることができるという権利を失う。なぜなら、会社によっていつ何時退職勧奨されるかもしれず、基本的にはそれに合意することが求められるからである。ということは、社員は会社に対する長期債権を失ってしまう。これがあるのとないのでは、社員にとって大きな違いである。「図表1－9　社員に対する長期債務金額」の例を使うと、新入社員で1億8192万円、30歳の社員で1億5816万円、40歳の社員で1億1664万円の債権を失うことになる（いずれも単純化のため割引率適用前の数字を使用、後述の図表6－2も同様）。これは大変大きな金額である。

今までの長期雇用と異なり、こうした長期債権を失うとすると、社員にとっての合理的な発想は、「いかに短期間で、この長期債権と同じ金額を会社から獲得することができるか」ということになる。今勤めている会社から将来退職勧奨された場合、もちろん次の転職先を探すことはできる。けれども、転職活動はすぐにはうまくいかないかもしれないし、報酬水準は今勤めている会社より大幅に下がるかもしれない。そう考えると、「長期雇用のもとで予想できた長期債権を、なるべく早く会社から回収しよう」と社員が思うのは当然である。

こうした社員の考え方に対応するために、**給与を従来の2倍**にしたらどうなるかということを図表6－2に示す。

ここでは理解しやすいように、30歳代と40歳代の社員のみを対象として図示している。「①年齢（歳）」に社員の年齢、「②月例給与、従来通り、年換算（万円）」にそれぞれの年齢における年換算月例給与を示している。この数字は図表1－9と同じものを使用している。「③60歳定年まで勤務すると受け取ることができる給与（万円）」は、仮にその社員がその歳から60歳まで勤務したら受

図表6-2 ■ 長期債権の回収

① 年齢 （歳）	② 月例給与 従来通り 年換算 （万円）	③ 60歳定年まで 勤務すると 受け取ること ができる給与 （万円）	④ 60歳定年まで の勤続年数 （年）	⑤ 月例給与 2倍 年換算 （万円）	⑥ 回収期間 （年数）	⑦ 退職想定 年齢（歳）
49	600	6696	11	1200	6	55
48	600	7296	12	1200	6	54
47	600	7896	13	1200	7	54
46	600	8496	14	1200	8	54
45	528	9024	15	1056	8	53
44	528	9552	16	1056	9	53
43	528	10080	17	1056	9	52
42	528	10608	18	1056	10	52
41	528	11136	19	1056	10	51
40	528	11664	20	1056	11	51
39	444	12108	21	888	12	51
38	444	12552	22	888	12	50
37	444	12996	23	888	13	50
36	444	13440	24	888	13	49
35	444	13884	25	888	14	49
34	444	14328	26	888	15	49
33	372	14700	27	744	15	48
32	372	15072	28	744	16	48
31	372	15444	29	744	17	48
30	372	15816	30	744	17	47

け取ることができるであろう給与金額を示している。長期雇用の枠組みのもとでは、この金額はその社員が会社に対して持っている長期債権の金額に等しい。長期雇用がリスク付随型に変わると、この長期債権（金額）が失われる。「④60歳定年までの勤続年数（年）」は社員が60歳になるまでに、あと何年あるかを示している。「⑤月例給与、2倍、年換算（万円）」は、②の年換算月例給与を2倍した金額を示している。「⑥回収期間（年数）」は、月例給与が2倍になった場合、③に示された金額を回収するのに何年かかるか（小数点以下は切り上げ）を示している。「⑦退職想定年齢（歳）」は、⑥の年

数が経過したときに、その社員が何歳になっているかを示している。

最下部に太枠で囲った30歳の社員を例にとると、今の月例給与が年間で３７２万円（②）、定年まで働くことを前提にした長期債権の金額が１億５８１６万円（③）、定年までの年数が30年（④）となる。②の月例給与を倍にすると年間７４４万円（⑤）となる。ここでの計算では、この会社のすべての職位・年齢の給与水準を倍にすることを想定している。したがって、この社員が将来昇格・昇給したときの給与水準も従来の倍になる。この点も勘案すると、この社員が持つ１億５８１６万円（③）の債権金額を回収するのに要する年数は17年（⑥）となる。そのときの年齢は47歳（⑦）である。同様のことが、同じく太枠で示した40歳の社員でも確認することができ、その場合、長期債権の金額を回収するために必要な年数は11年（⑥）で、そのときの年齢は51歳（⑦）となる。

この計算に従うと、仮に長期雇用からリスク付随型雇用に変わったとしても、30歳であれば47歳までの17年間、40歳であれば51歳までの11年間同じ会社で活躍できれば、給与のキャッシュフロー上、損はないということになる[6]。仮にその年齢を超えて同じ会社に勤め続けることができれば、それ以降に受け取る報酬金額の分だけ生涯所得は高くなる。また、その年齢を超えて同じ会社に勤め続けることを想定する必要もない。そこで引退しても、生涯所得は変わらない。あるいはその年齢以降、他社に就職して所得を得ることができれば、同様にその分だけ生涯所得は上がることになる。

30歳あるいは40歳で、会社の中で活躍の場が与えられ、日々奮闘している社員にとっては、これは悪い話ではないのではなかろうか。今までよりずっと短い年数で60歳まで働いたのと同じ水準の所得を得ることができる。そうなると、**何が何でも60歳まで同じ会社にしがみつく必要はなくなる。**

また、何も収入の損得のことだけを考えなくても、こうして元々想定していた生涯所得を⑦の年齢で獲得してしまえば、その後の40歳代、50歳代を会社生活以外のことに費やすことも可能になる。たとえば、それ以降はおカネを目的としない社会貢献に取り組む、といったこともやりやすくなる。

会社の人事の仕組みを長期雇用からリスク付随型にモデルチェンジする場合、2倍がいいのか、5割増しがいいのか、3倍がいいのかは、その会社の置かれている状態、その会社の一般的な社員の考え方によっても大きく変わる。賃金カーブ、役職別の給与水準をよく考えながら、図表6－2のようなモデルをいくつも作成して、どれが一番良いかをそれぞれの会社で決定することになる。

また、グローバルに事業を展開する企業では、こうしたモデルだけで判断するのではなく、日本企業以外の競合他社（例：アメリカ企業）の報酬水準を参考にすることが有効である。従来の人事制度であれば、自社とアメリカ企業の報酬水準を比較すると言っても、両国の労働法制・労働慣行の違いを無視できなかった。アメリカは随意雇用で、日本は長期雇用の国である。アメリカで働いている社員のほうが、日本で働いている社員に比べ、雇用に対して高いリスクを取っている。そのリスクを無視して、「同一の業務・業績であるから、アメリカと日本の社員の報酬水準は同一であるべきだろう」と論じることはできない。けれども、日本でも長期雇用をリスク付随型雇用に変えると、リスクの度合いはそれほど変わらなくなる。そうなると、同じ目線で両者の報酬水準を比較することができる。したがって自社の報酬水準を決めるにあたり、外資系競合他社の報酬水準を参考にすることが十分可能になる。

グローバル化が進展する中、同じ産業で同じ業務を行う社員の報酬水準は、世界的にだんだん差がなくなる方向に進んでいる。(7) いわゆる知識労働者であろうと、ブルーカラーであろうと、人材の獲得競争は国内市場に留まらず、グローバルに展開している。英語をしゃべり、教育水準も高い知識労働者層の人材獲得競争は、世界の先進国の主要都市間で国境を超えて行われている。ブルーカラーも同様である。会社は工場労働に適した教育と低廉な人件費を求めて、どの国に工場を建設するかを決める。これもグローバルな発想に基づき、人材を獲得しようとする企業努力の現れである。国境を超えた報酬水準の比較は、ますます重要になることはあれ、なくなることはない。日本企業もどんどん実施すべきである。

ちなみに図表6－2は、社員が転職を考える際にも利用することができる。長期雇用を前提とする安定的な大企業に勤務する社員が、倒産するリスクの高い企業、あるいはこうしたリスク付随型雇用を適用する企業に転職を検討するとしよう。その際、金銭面でどういう条件であれば、実際に転職に踏み切ることが本人にとって合理的かということを、この表で確認することができる。その社員が40歳で、仮に転職候補先の会社から今の2倍の給与をオファーされたとすると、自分の腹の中で「今後11年（⑥）くらいはその会社はやっていける（あるいはその会社でやっていける）」と思えば、転職してオーケーだということになる。逆にそれだけの年数に自信がなければ、やめたほうがいいということになる。転職した会社で今後何年やっていけると思うかは、社員本人の主観によってけっこう変わるので、転職を動機づける給与水準は人により高くなったり低くなったりする。

4 先憂後楽 ―給与を2倍にすることは荒唐無稽か―

昨今の経済環境で給与を2倍に上げると言うと、荒唐無稽に聞こえるかもしれない。けれども、そんなことはない。こうすることによって、**確かに目先の年間の人件費は大幅にアップする。一方で、会社は社員をずっと雇用し続ける必要はなくなるので、人的負債（長期負債）は消滅する。**

もう一度「図表1－9 社員に対する長期債務金額」を使って数字で示すと、次のようになる。先ほどのケース（図表6－2）では、説明しやすいように30歳代と40歳代の社員だけを例に挙げたが、ここでは全年齢（22歳から59歳）の社員を対象と考える。図表1－9では、各年齢に1名の社員がいることを前提としていた。これらの社員の給与を倍にすると、1億8192万円の年間人件費が、やはり倍になって3億6384万円となる。一方で32億2400万円（割引率2％適用後）あった長期負債はゼロとなる。このように損益計算書上の費用と貸借対照表上の負債のそれぞれに大きな影響が出る（図表6－3）。

こうした財務諸表上の大きな変化に加え、リスク付随型雇用を適用した場合、要員管理（社員数管理）がすこぶるやりやすくなる。もちろん、すべての部門・部署、すべての社員がずっと文句のつけようのない素晴らしい業績を続けるのであれば、要員管理などする必要はない。ずっと長期雇

図表6-3■リスク付随型雇用適用前後の損益計算書と貸借対照表

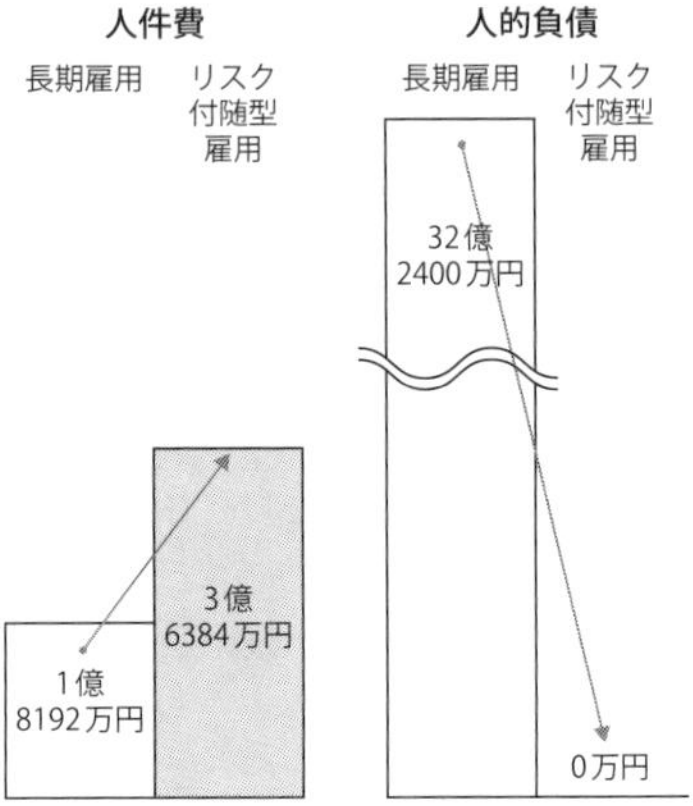

用のままで、好業績を続けていけばいい。けれども、現実にはなかなかそうはいかない。残念ながら、どうしても業績が落ち込む局面が出てくる。そうしたときに、長期雇用の枠組みでは対応の術が非常に限られている。せいぜい、会社が比較的自由に決めることができる賞与をカットするぐらいであろう。配置転換もできるが、それぞれの部署で求められる専門性のレベルが高ければ、対応できる規模は限られている。それで業績悪化に歯止めがかかればいいが、そうでなければ打つ手がなく困り果ててしまう。

もちろん長期雇用においても、前章で説明したように不採算部門で「早期退職」を募るという方法はある。ただこの手法は、募集を実施してはじめて誰が手を上げる（応募する）のかが判明するので、誰が退職するのか、何人退職するのか、という会社にとって非常に重要なポイントを管理しづらい。また、長期雇用の発想のもとでは、何とか雇用を守ろうとするので、会社が財務的に追いつめられてからはじめて着手し、手遅れになっているケースも見られる。社員にとっても、長期雇用のもと定年退職を前提に人生設計を組んでいる人がほとんどなので、精神的・経済的ダメージが大きくなる。

その点、リスク付随型雇用であれば、それぞれの時点の経営判断に基づき、迅速に要員数を削減することができる。経営者にとっては、ビジネスの環境変化に対応しやすい。素早く環境変化に対応すれば、赤字が大きくなる前に状況を改善し、業績の回復を早め、倒産というような最悪の事態を回避することができる。結果として、すべての社員が最悪の状態に直面することを避けることができる。社員もリスク付随型雇用のもと、こうした事態が起こりうるということを想定しているし、そもそもその分高い給与をもらってきているので、精神的・経済的ダメージは限定的である。

結局長期雇用をリスク付随型雇用に変えるということは、人事戦略として先憂後楽を選ぶということである。長期雇用を続けていれば、大きな制度変更によって社員を驚かせることもない。社員の退職勧奨といった、いかにも面倒なプロセスに踏み込む必要もない。その代わり大きな長期負債をかかえ続けることになる。ビジネスの環境が急変しても、人事上対応できる術は限られている。

リスク付随型の雇用制度に乗り出せば、目先の人件費は急騰するが、人的負債という長期負債はいっぺんに消滅する。一方で上昇した人件費は、ビジネスの変化に合わせて、経営の意志で人員数を調整することによりコントロールすることができる。

目先の困難を避け、社員に今まで通りの安心感を提供し続けることを選ぶのか。それとも目先の

困難は承知のうえで、長期的な課題を解決し、変化に挑戦するのか。リスク付随型雇用を選ぶということは、後者を選ぶということである。

5 経営の発想が変わる

リスク付随型雇用を選ぶということは、一見、人事戦略上1つの人事制度を選んだということにすぎないように見える。しかしこれを選ぶことは、それ以上の意味がある。

長期雇用と職能資格制度を前提とした人事制度では、どうしても銀行的な発想となり、事業戦略上安定したキャッシュフローを優先するようになる、ということを前章で説明した。リスク付随型雇用を選ぶと、この点が変わる。人的負債が消滅するので、その分、貸借対照表上の隠れた負債が減る。実質的に財務レバレッジは縮小し、株主資本比率は上がる。会社を運営するための資金調達源として、債権者より株主の比率が上がる。こうした変化は、経営をより株主の発想に近いものへと変える。株主の発想は、安定したキャッシュフローを最優先するというものではなく、ある程度リスクを取っても高いリターンを求めるというものである。経営上の判断も、こちらのほうに重きを置くことになる。

そもそも、社長をはじめとした役員は株主によって選任された経営陣であり、株主の代理人という位置づけにある。もしこうした経営陣が、安定したキャッシュフローを求める銀行と従業員の発想を最優先して会社を経営しているとすると、そのこと自体がおかしいと言わざるをえない。そうなってしまうのは、役員自身が長期雇用制度のもと、30年前後その会社で従業員として勤務したうえで、その立場に選任されることが多いので、こうした発想が抜けきらない、ということであろう。

リスク付随型雇用を適用すると、経営陣もこうした発想を変えざるをえない。株主を経営の最重要のパートナーと位置づけ、機動的に事業戦略を組み替え、リスクを取りながら、より高い事業収益を目指すことになる。

また、こうした機動的な事業戦略の組み替えも、リスク付随型雇用のもとでは、長期雇用の仕組みに比べ容易に実現することができる。前章で、長期雇用を前提とする以上、ダイナミックな変化や世界に先駆けた変化を作り出すことは困難である、ということを説明した。リスク付随型雇用を前提とする会社では、こういうことにはならない。長年同じ固定的なメンバーだけで事業運営を行うのではなく、必要に応じて社員の新陳代謝を図ることも容易で、新しい発想を生み出しやすい。また、外部環境の変化に応じてビジネスモデルや事業ポートフォリオを組み替える際、新しい事業部門に外部から要員を確保する一方で、競争力を失い業績不振に陥る部門・部署の要員を削減することがやりやすい。

こう述べると、「人切りを前提とした冷たい経営だ」と批判されそうである。けれども、そうでもない。日本の会社がいくら長期雇用を守って、長期債務をかかえ、変化を避けながら耐え忍んでいても、その会社や日本の外で変化はどんどん進展していく。主体的に変化することができなければ、結局会社は倒産して、その会社に集うすべての社員が不幸になる。社員からすれば、会社が倒産すれば、長年にわたって会社から給与を払ってもらうという長期債権はすっ飛んでしまう。しかもリスク付随型雇用を適用する会社に比べると、はるかに低い報酬水準で我慢していたにもかかわらず、である。社員にとっては、こちらのほうがむごい。

リスク付随型雇用を適用する会社に勤務する社員は、元々長期雇用を期待しない。その分、報酬は高い。そのような前提のもと、ビジネスパーソンとしての自分の努力と能力がいたらず、あるいは事業に時の利あらず、退職を余儀なくされる場合もある。このほうが、よほど納得性が高いのではなかろうか。

6 人材市場におけるポジショニングが変わる

リスク付随型雇用を選択すると、人材市場におけるその会社のポジショニング（位置づけ）も変わる。現時点では、日本企業のほとんどは長期雇用で運用している。その中でそれとは異なる枠組みを導入すると、「野中の一本杉」のような状態になるかもしれない。

第4章にも引用したように、「長期雇用の正社員の市場賃率は我が国には存在しない」（『人事制度の日米比較』石田光男、樋口純平）というのが、日本での大方の実態である。言い換えれば、雇用は定年まで守るという前提のもと、各社横並びで給与・福利厚生の水準を決めてきたというのが、多くの日本企業の歴史である。そこに「長期雇用」ではない雇用の仕組みを持ち込み、かつ普通の企業よりはるかに高い報酬水準を社員に適用するわけであるから、当初は相当目立つことは間違いないであろう。

この中で、会社が取ることのできる戦略は2つある。

1つ目のアプローチは、まわりにも杉を植え、自社だけが「リスク付随型雇用」となることを避ける戦略である。この場合は、同業の競合他社を巻き込み、同じ戦略を取ることを勧め、意図的に業界内の人材の流動性を高めるということになる。人材の流動性を高めておけば、自社が人材を調達したいと考える場合、人材を放出したいと考える場合の両方の局面において対応しやすくなる。またこうしておけば、自社の人件費だけが突然高くなるということも避けることができる。

もっとも、グローバルに事業を展開し、競合他社が日本企業に限らず外資系企業も含まれる場合には、わざわざ同業他社に働きかけるまでもない。否応なく「杉」に囲まれる。なぜなら先ほど触れたように、今や人材獲得競争はグローバルに展開している。リスク付随型雇用を導入すると、グローバルに共通な人事制度を提供することが可能になる。制度を共通化すると、今まで関係ないと思っていた「グローバルな人材市場」が、突然目の前に広がり始める。

日本に駐在する外資系企業の多くは、本国の労働慣習にならい、多かれ少なかれリスク付随型雇用に近い運用をすでに実施している。強力な競合他社が日本国内に展開している業界（例：投資銀行業界）の場合、リスク付随型雇用を開始することにより、ようやくこうした外資系企業に集っている人材にアクセスできるようになる。

またグローバルに活躍する企業の場合、必要な人材は日本人とは限らない。優秀な人材を求めて、国籍を問わず、海外の人材市場にもアクセスして適材を探すことになる。実際、海外の人材を日本本社で直接採用するケースは増えていると聞く。日本人以外の人材は、長期雇用のもとで働くという発想を持たない場合がほとんどなので、リスク付随型雇用を適用していることは、こうした人材を採用するにあたり有利に働く。報酬水準を彼（女）らが本国で期待する水準に合わせることができる。日本人社員だけが長期雇用でまったく別の報酬水準ということもないので、日本人社員と外国人社員の間に不公平感も生じにくい。こうして日本人以外の優秀な人材も確保しやすくなる。

こう考えると、日本では「野中の一本杉」に見えるかもしれないが、グローバルにはこれでようやく「杉林の中の一本」になったというだけの話だ、ということになる。

もう1つのアプローチは、同業の国内競合他社は放っておいて「野中の一本杉」の状態を続けるという戦略である。グローバルに競争を繰り広げる会社の場合は、結局今述べたような状況となるので、このやり方は主に日本国内だけで活動し、日本企業のみと競合する会社の場合に適用可能となる。この戦略では、日本の人材市場において、自社のリスク付随型雇用と高い報酬水準を他社にない魅力として意図的にアピールしていく。たとえば、多くの企業は新卒の学生を採用するにあたり、優秀な学生を囲い込むべく懸命な努力をしている。そこで他社にはない高い水準の初任給をオファーする。中途採用の人材市場でも、他社と全然違う高い水準の報酬をオファーする。そうして日本の人材市場においてユニークなポジショニングを作り、それを優秀な人材獲得につなげるというアプローチである。

リスク付随型雇用の適用を開始すると、従来のように、「正社員の市場賃率は我が国には存在しない」ということを前提に、大した分析もせずに横並びで給与水準を決めるというスタイルは踏襲できない。人材市場においても、戦略的な意図を持って自社のポジショニングを決めていくことが求められる。

7 人事評価・査定の運用が変わる

リスク付随型雇用に変わると、評価や査定の運用も変わる。

長期雇用の場合、会社は社員が大学を卒業後入社し、60歳で定年退職するまでの38年間をその会社で過ごすということを想定している。したがって、その想定を前提にそれぞれの社員の職能資格・職務・給与などを管理することが必要となる。**在籍期間が長期になる以上、評価・査定も基本的に長期的な視野で行わざるをえない。**

長期的な視野といっても、半年ごとあるいは1年ごとといった比較的短い期間の評価が行われていないということではない。実際、こうした頻度の評価はほとんどの会社で行われているし、その結果は毎年の賞与の査定（賞与金額の決定）に反映している。

ただ、もっと重要な意味を持つ人事評価は、そうした比較的短い期間の評価・査定の積み重ねで決まり、結果としてもっと長い時間軸で考えられている。「もっと重要な意味を持つ人事評価」とは、本人の職能資格を決める評価である。職能資格の水準によって、社員一人ひとりの役割と長年にわたる給与水準（すなわち社員が会社に対して持つ長期債権の金額）が決まるので、この評価の重要性は高い。これが社員のキャリアと報酬の長期的な趨勢を決めると言っても過言ではない。

職能資格制度は、社員の能力（職務遂行能力）を見極めて、資格を付与する仕組みである。社員が今の能力をレベルアップするためにも、また会社が社員の能力が本当にレベルアップしたかを見極めるためにも、ある程度の期間が必要になる。したがって、職能資格の審査はある程度の年数をかけて行われる。具体的には、次の職能資格に昇格するためには、各職能資格のレベルごとにあらかじめ定められた最低滞在年数（たとえば4年）を勤め上げることが求められる。その年数を経過したときにはじめて、昇格審査の対象となる。社員はその間、「これだけの能力であれば1つ上の職能資格にふさわしい」という評価を積み重ねていく必要がある。

仮に定められた最短年数で昇格しなくても、その翌年以降も昇格審査の対象となる権利は残る。したがって理論的には、その会社の最上位の職能資格に昇格するまで、社員は誰でもいつか1つ上の資格に昇格できるかもしれない、という期待を持ち続けることができる。これが社員の長期的なインセンティブにもなっている。

このように職能資格制度は、長期的な評価・査定と長期的なインセンティブをベースに成り立っ

ている。だからこそ、それは長期雇用とワンセットとなり、従来の人事制度の根幹を支えているわけである。

リスク付随型雇用では、こういう風にはいかない。なぜなら、長期雇用・職能資格制度のときのように、社員は次のように考えることはできないからである。

「今年はすごく頑張ったが、賞与の金額は去年と大して変わらなかった。でもこうして頑張っていることが、数年後には認められて、自分の職能資格と給与に反映されるだろう。またそうした控えめな態度が、社内での自分の高い評判・信頼につながり、10年後にはもっと高く評価されるだろう」。

こんなことを考えて待っているうちに、自分の所属する部門の業績が悪くなってくると、退職勧奨にあって退職させられてしまうかもしれない。退職すると、数年後とか10年後に期待していたことは水泡に帰してしまう。そこでは、長期的な評価・査定の積み重ねと長期的なインセンティブが同じようには機能しない。したがって、「長年の積み重ね」ではなく、それぞれの時点における評価をもっと直接的に社員に還元することが必要不可欠になる。

リスク付随型雇用で求められるのは、毎年業績に対応した報酬を社員に支払うという原則——業績対応型報酬——である。英語だと、**Pay for Performance の原則**と言い換えることができる。評価・査定のやり方も、これを実現するために発想を変える必要がある。大切なことは、毎年の業績評価の結果を時価で査定し、毎年社員に払い出すという発想である。

こう述べると、「それは今の長期雇用・職能資格制度でも同様で、毎年の業績評価の結果はちゃんとその年の賞与に反映している」と反論されそうである。けれどもこのような主張は、会社側の手前勝手な言い分にすぎない場合が多い。会社または事業部門の業績がどれほど良くても、元々それほど大きくない賞与総額を少し増やして、それを社員に分配してお茶を濁している場合がほとんどではなかろうか。あるいは社員個人の業績や貢献が2倍、3倍になったとしても、賞与金額を10％、20％上げるのがせいぜいだったりするのではなかろうか。リスク付随型雇用は、こういう発想では成り立たない。

その発想を理解するためには、一度株主のことを考えてほしい。株主は、事業の成否のリスクを負って会社に出資している。成功すれば、高額の配当や株式の値上がりによって大きな利益を手にすることができる。一方で失敗すれば、すべての投資資金を失ってしまう。「リスク付随型雇用」に変更すると、失敗したときのリスクを負うのは社員も同じである。事業の失敗は雇用の喪失につながる。実際に職を失うのは社員であり、その痛手は非常に大きい。社員に失敗した際の痛手だけを押し付けておいて、成功した際のリターンを十分に共有しないという図式は成り立たない。事業がうまくいって、会社が大きな利益を上げた場合には、株主と同様、そのリスクに見合った報酬を社員に対しても支払う必要がある。私が言う「業績対応型報酬（Pay for Performance）」というのは、この発想である。

では、実際に賞与の総ファンド及び個人別の賞与の金額をどのように決めればいいのであろうか。具体論は、業界や個々の会社が置かれている状況によって異なる。ただ見るべき指標は、どの業界・

会社でもはっきりしている。**それは、会社の上げた利益の何割を社員に払い出すか、という指標であり、「人件費÷人件費控除前・税引前利益」という比率が使いやすい。**

この指標は第2章でも使用したので、「図表2－1　人件費控除前・税引前利益」を参考にしてもらいたい。会社の儲け（この場合は売り上げから人件費以外の費用を控除した金額）は、社員（人件費）、国（税金）、株主（税引後利益）に分配される。この指標は、このうち何割を社員に支払っているかということを示す。経営者は、この数字を眺めながら株主と社員への分配比率を管理することになる（税額を決める税率は国によって決められているので、「国への分配比率」を経営者が決めることはできない）。賞与はこうして決まった人件費から月例給与を引いた金額だ、ということになる。(8)

こうした比率に加え、可能な限り競合他社との比較を実施して賞与水準を決めることになる。比較にあたっては、報酬の絶対水準の比較も重要であるが、この比率自体の比較も重要な参考情報となる。グローバルに展開する企業は、外資系企業の水準も参考にできるので、作業は行いやすい。

長期雇用のもとでは、「社員は会社という大きな組織に従属して働き、その代わり月給をもらう」というい わゆる「月給取り」のイメージがつきまとう。リスク付随型雇用では、そのような形ではなく、「社員は会社の上げた利益を株主と分け合うパートナー」というイメージに変わる。

リスク付随型雇用と業績対応型報酬の原則を徹底すると、職能資格制度の位置づけも変わる。と言っても、ある日突然社内の位付けがなくなり、全員が同じランクの社員になってしまうわけでは

図表6-4■リスク付随型雇用・業績対応型報酬・職能資格

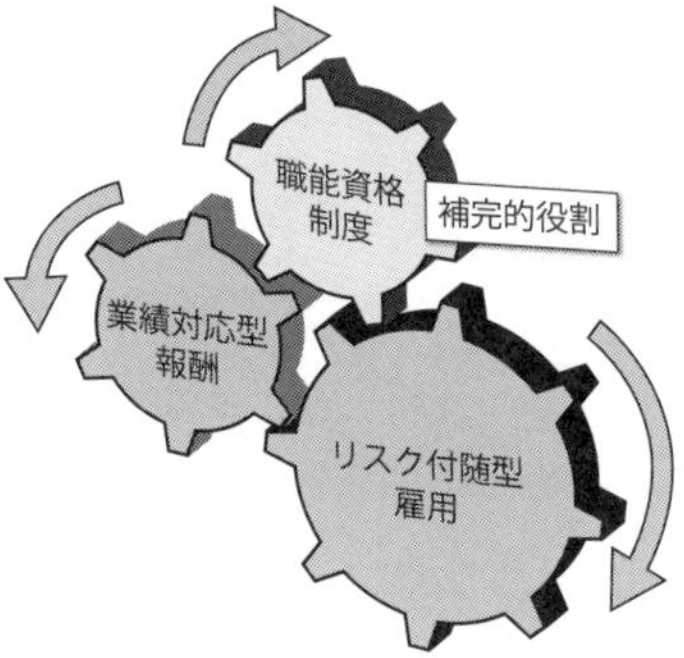

ない。やはり円滑に組織を運営していくために、職能資格制度またはそれに類した社員のランク付けの制度は必要不可欠である。ただ全体の人事制度の枠組みの中で、「これこそが人事制度の根幹である」といった重たい役割ではなくなる。第4章にも引用したが、「資格は本人に与えた過去の栄誉であるから、落ちることはない。例えば教授は助教授に落ちることはない。五年生が四年生に落ちることはない。つまり人間の成長は元に戻ることはないからである。したがって、職能資格制度に降格はない」(『改訂5版 日本型成果主義の基盤 職能資格制度』)といった硬直的な運用とはならない。もう少し柔軟性のある運用で十分だということになる。

そう変わる理由は2つある。1つには、長期雇用と違って、社員は何十年も同じ会社に勤め続けることを想定しなくなる。いくら会社が10年、15年後の職能資格を社員のインセンティブにしようとしても、社員はついてこない。もう1つには、付与される職能資格よりも、毎年時価評価で支払われる報酬水準のほうに社員の注意が向くようになる。その結果、職能資格は人事制度の根幹ではなく、リスク付随型雇用と業績対応型報酬の運用を補完する仕組みとして、その位置づけを変えることになる（図表6－4）。

8 人事評価・査定の重要性が変わる

リスク付随型雇用と業績対応型報酬をベースとする新しい人事制度の運用が始まると、社員にとっては報酬のアップサイドが大きくなる。まず給与が従来に比べて大幅に上がる。次に会社、所属部門または社員個人の業績が良ければ、業績対応型報酬の原則に従い、今までより大きな金額が賞与として配分される。したがって、年収は大幅にアップする。これは大きなメリットである。

一方でダウンサイドも大きくなる。賞与は業績をじかに反映して決まるので、業績が悪ければ大幅ダウンとなる。賞与がゼロという事態も当たり前に発生する。加えて、長期雇用の枠組みではなかったことであるが、業績がすごく悪ければ退職勧奨の対象になる可能性もある。

従来の長期雇用では、社員は長年同じ会社に働くので、評価も長期的な記録が蓄積されていく。たまたまある上司に評価されなくても、何年か後に他の上司に仕え、その上司が高く評価してくれるということもある。また、仮に一時期低い評価を受けたとしても、そのことを理由に退職勧奨されることはない。

新しい人事制度では事情は異なる。それほど悠長ではない。たまたま上司とそりが合わず、評価を大幅に下げられたとすると、毎年の報酬水準を直撃する。加えて、退職勧奨の対象にもなりかねない。実際に退職勧奨にあうと職そのものを失い、将来その会社で評価が見直しになる可能性もゼロとなる。これは社員本人にとっては一大事である。

こう考えると新しい制度のもとでは、毎回の評価の公平性を確保することが、いかに大切かがよくわかる。もちろんどのような人事制度でも、評価の公平性を確保するということはすごく大切なことである。けれども特にこの場合は、報酬水準に与える影響が大きく、かつ最終的にはその社員の雇用契約にまで直結するだけに重要である。特に退職勧奨にまでいたると、社員はその会社では金輪際、リカバリーを試みることはできない。したがって、毎回の評価・査定の位置づけは、厳粛なものとならざるをえない。

以上を前提に、リスク付随型雇用のもと、会社が評価と査定を円滑に実施するためには、次の3つが求められる。

①賞与プールの配分プロセスを作る
②評価する社員（評価者）が、評価される社員（被評価者）に対して、評価の説明責任を果たす
③評価者に評価者たる正当性がある

①については、まず会社のトップがその年の賞与金額の総額（賞与プール）を決める必要がある。賞与プールは、各社員の賞与金額を足し算して、結果としてその合算で決まるものではない。会社の上げた利益を社員と株主でどう分配するのか、というのが発想の原点である。したがって株主の代理人でもあるトップ（CEO）が、利益のどの程度を社員に分配するかを決める必要がある。それが決まれば、それを各部門の業績・貢献に応じて、それぞれの部門に配分する。業績の上がった部門にはたくさん配分されるし、そうでない部門への配分は小さくなる。部門に割り振りされた賞与プールは、部門の下にある組織（部、グループ、課など）に分配され、それが最終的には各社員に配分される。この配分プロセスのフローチャートを事前に作成し、それぞれの配分過程で、誰が配分の決定権限を持つかを決めておく必要がある。この配分の決定権限を持つ者は、極めて重い責任を負う。賞与プールの各部門・各部への配分が公平に行われなければ、各社員への配分が公平になるわけがない（図表6－5）。

②の「評価の説明責任」については、従来の人事制度においても、評価のフィードバックが何らかの形で行われている。新しい制度においては、もう一段踏み込んで、評価者が被評価者に、評価とその報酬金額になった理由をはっきりと説明する義務が生じる。毎年の評価によって報酬水準に大きな差がつき、評価の内容によっては退職勧奨の対象になるかもしれないわけであるから、評価者の説明義務の水準が格段に上がるのは当然である。でなければ、被評価者のほうが納得できない。社員の納得がないところに、円滑な人事運営は成り立たない。逆に言うと、こうした説明がうまく

図表6-5■ 賞与プールの配分イメージ

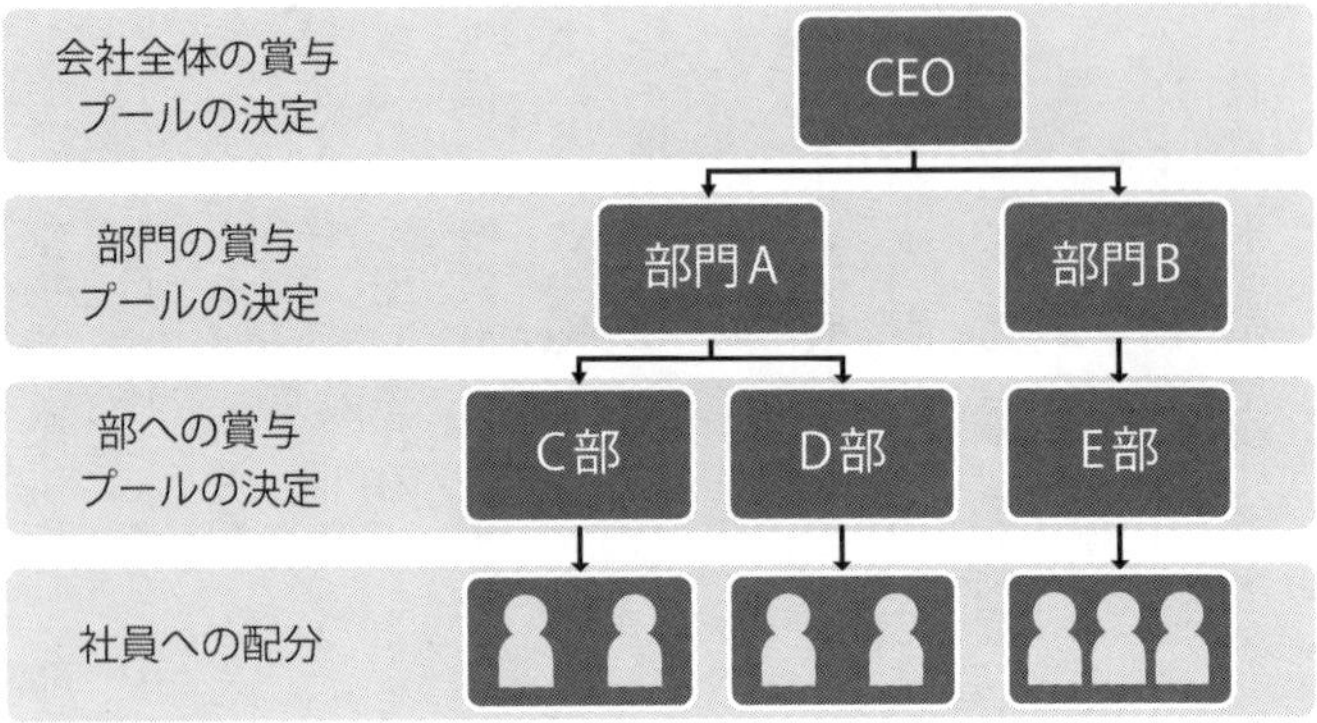

できない評価者は、評価者として失格であり、マネージャーとして不適であるということになる。

最後の③も重要な観点である。評価の重要性が高まるということは、評価者の責任が増し、評価者に求められる能力水準が高くなるということである。評価者の判断が、その社員及びその家族に与える影響は非常に大きい。評価される社員は、評価する社員の行状をよく観察している。日ごろいいかげんな上司、ろくに働いていない上司に退職勧奨を受けて、「なるほど、ごもっともです」と納得するはずがない。新しい制度のもとでは、「評価者に評価者たる正当性」が求められる。評価する立場にあるマネージャーには、ビジネスの修羅場をくぐり、人格・識見も含め優れたリーダーを継続的に配置することが必要になる。こうした環境では、年功序列などもちろん成り立たなくなる。

【第6章＊注】

（1）この括弧内は筆者が補っている。

（2）（株）ミスミグループ本社、取締役・取締役会議長・戦略相談役。１９６７年、一橋大学経済学部卒業、１９７５年、スタンフォード大学ビジネス・スクール経営学修士（ＭＢＡ）取得、ミスミグループ本社代表取締役社長などを経て現職。（ミスミグループ本社ホームページより抜粋）

（3）懲戒解雇・普通解雇を適用できる場合も発生するが、ここでは考慮しない。

（4）前著『日本企業のグローバル人事戦略』「第2章　日本本社を変える」では、これを「納得のゲーム」と呼んだ。

（5）話を単純化するために、ここでも60歳以降の再雇用・定年延長は考慮しない。

（6）単純化のため税効果の違いは無視している。

（7）今すぐすべてが同じ水準になるわけではなく、それぞれの国の生計費の違いは報酬水準の違いとして残る。

（8）正確に言うと、社会保険料等給与以外の費用も控除する必要がある。

（9）これは特定の個人ではなく、委員会等の会議体（例：報酬委員会）でもかまわない。

第7章

社員にとっての魅力

伝記というのは、そういうものなんだ。いったい、何処の誰が平和にこともなく生きて死んでいった川崎市立図書館員の伝記を読むだろう？

『ダンス・ダンス・ダンス』村上春樹

1 魅力的な職場

新制度のエコノミー（おカネの側面）については、前章で十分に説明した。この制度における提案の一つは、給与を大幅に上げるということであった。だからといって、おカネで社員の横っ面を引っぱたき、おカネの力で社員を引き付けようというのが、この制度の唯一最大のねらいだということではない。おカネなしで人を動かすことは簡単ではないが、おカネだけで人が動くわけではない。

そもそも第1章に示した「報酬を金融商品として考える」という方法は、目先の報酬の多い少ないだけを考えてよしとするものではない。それは報酬を長年にわたる将来のキャッシュフローとしてとらえ、そのリスク調整後の現在価値を考察するという方法であった。新制度では月例給与が大幅に上がるが、雇用の安定性は失われる。言い換えると、社員にとって目先の収入は増えるが、将来受け取るキャッシュフローの確からしさは減じている。将来のキャッシュフローの確からしさが減じれば、現在価値を算出するにあたっては、その分を割り引くことになる。

月例給与の水準と雇用の安定性は、会社側の意図に基づき、かなり自由に組み合わせることができる。組み合わせしだいで、新制度と旧制度（長期雇用・職能資格制度をベースとする制度。以下では「旧制度」あるいは「旧来の（人事）制度」と呼ぶ）のリスク調整後の報酬の現在価値を同じ水準に設定することもできる。

この章では、主に新制度の「おカネ以外」の魅力について解説する。新制度と旧制度の魅力の違いを比較するにあたって、「目先の報酬の多い少ない」の話が紛れ込んで混乱しないようにしたい。したがって、この章では、リスク調整後のキャッシュフローの現在価値は両制度において同一であるということを想定する。

言うまでもない話であるが、新制度は、そこに集う社員にとって、おカネ以外の面でも魅力的であることが必要である。「どうすれば魅力的になるか」ということは比較的簡単で、「そこで働くことが旧来の人事制度のもとで働くことよりも楽しい」と思われるようにすればいい。

前章の冒頭で、新しい制度はいわば社員という鳥が集う木のようなものである、ということを述べた。それに対して旧来の制度では、社員は木になる果実のようなもので、両者の関係はもっと硬直的であるという趣旨を述べた。旧来の制度をやや極端な形で図式化すると、図表7－1のようなものになる。

この図式では、組織に所属する社員は原則として、学校を出て新入社員として入社してきた者で構成されている。社員は、基本38年間働いて定年退職していく。そうではなく中途採用で入ってくる社員は、基本「よそ者」であり、組織に馴染むのに長い時間がかかる。この組織を途中で抜け出していく者（退職する者）は、「裏切り者」として扱われる。これを徹底すると、マフィアの組織か反社会的秘密結社の運営と変わらなくなってしまう。

図表7-1■「旧制度」のイメージ

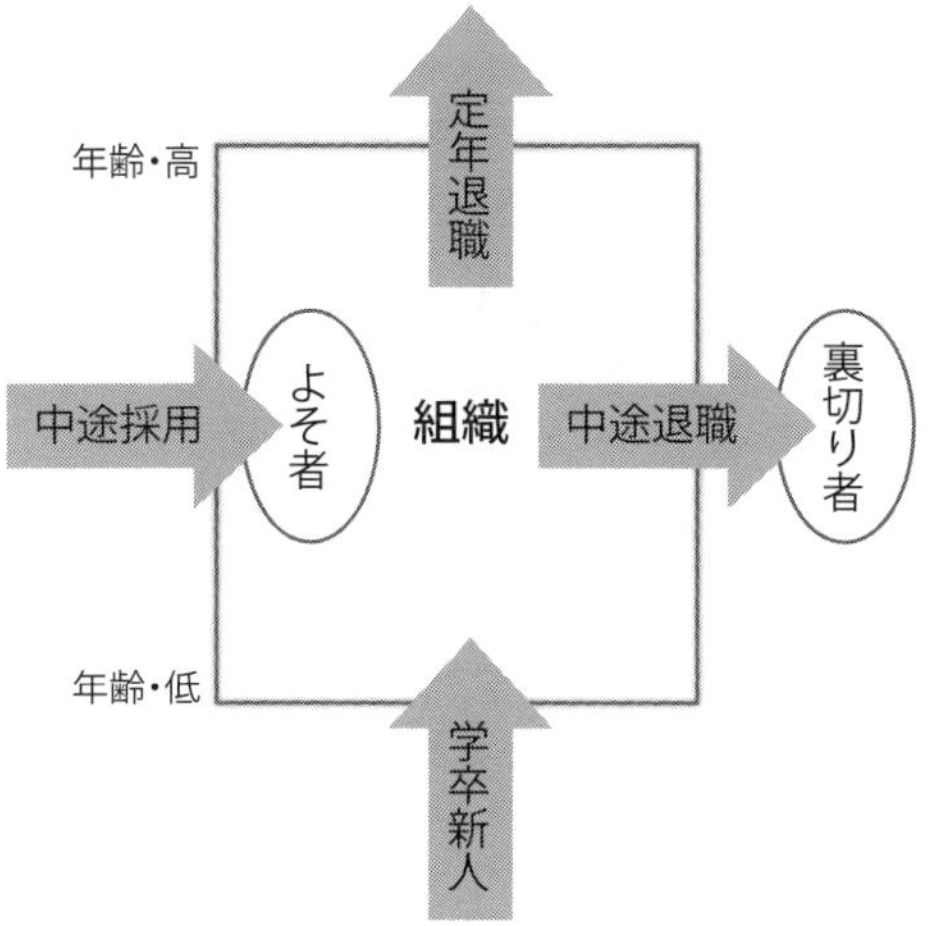

最近では、一般に会社のほうにこうした運用を維持する余裕がなくなっている。したがって、退職しようとする社員を説得して引き止めることなどせず、「辞めるならどうぞ」という話になりがちである。また途中で辞めていく社員が増えると、欠員を補うために中途採用で人員を補充せざるをえなくなる。したがって旧来の人事制度で運営していても、図表7－1のように、文字通り中途採用者を「よそ者」、退職者を「裏切り者」として取り扱う会社は少数になってきている。それでも、長期雇用・職能資格をベースにする会社の発想の根っこは、この図に近い。

一方、新しい制度ではこういう感じにはならない。「社員を組織の箱に閉じ込める」という発想はまったく出てこない。社員は組織という木に集う鳥のようなものだと考えるからである（図表7－2）。その考えでは、「ある程度の比率で社員が

図表7-2■「新制度」のイメージ

入れ替わっていくのは当然だ」ということになる。

鳥に集ってもらえるように、「この木に立ち寄ると何か楽しいことがある、いいことがある」と思ってもらえるようにしておかなければ、鳥は寄り付かない。立ち寄っても、面白くなければすぐに立ち去ってしまう。言い換えると、新制度では優秀な人に集ってもらえるように、「その組織に所属することは面白そうで魅力的だ」と思われることが重要である。

硬直的になってしまった今の日本の大企業を思い浮かべると、これはやや無理のある発想に聞こえるかもしれない。けれども組織とか集団というものは、そもそも同じような志・思い・興味を持った人が自主的に集まって成り立つのが一番自然な姿である。そうして自然な形で集った人たちは、特に肩肘を張ることもなく、お互いに良好な人間関係を保ちながら、快適なカルチャーで活動を続けている。逆に同じ思いを共有せず、そこで快適に活動できない人は、自然とそこを去り、本人にとって魅力のある別の組織に移っていく。

新しく魅力的な組織を作るためには、こういう「組織本来のあり方」に立ち返って考えてみることが必要であろう。

2 ビジネスの楽しさを生かす

組織を魅力的にする方法はいろいろある。ここでは、一番重要なたった1つのことに絞って解説する。**その方法とは、組織を魅力的にするために、ビジネスそのものの魅力を活用するということである。**

会社という組織は、そもそもビジネスを運営するために成り立っている。つまり組織の本来の目的はビジネスにある。**組織の本来の目的であるビジネスそのものにともなう楽しさや喜び、わくわくする感覚を社員にとっての魅力にする、というのがその発想である。**

長期雇用と職能資格制度をベースとする旧来の制度では、ビジネスの醍醐味と人事制度上のインセンティブがうまくかみ合っていない。そのことを示すために、少し乱暴なたとえを使ってみよう。

ビジネスは「早送り」のようなスピードでどんどん進展していくのに、旧制度の人事のほうは「スローモーション」で動いている。両者のスピード感覚はまったく合致していない。それは無理もない話で、第1章にも述べたように、旧来の人事制度は「38年間の学校生活」のような仕組みになっている。したがって、会社の中では38年間を前提とした「人事ゲーム」が繰り広げられている。一方でビジネスというゲームは、「ドッグイヤー（Dog Year）」の言葉に代表されるように、変化のスピードが速い。社員はスピードのまったく異なるゲームに同時に参加しているようなものであるが、この2つを同時にうまくこなすことは容易ではない。「ゆっくり、かつ速く歩け」と、矛盾した指示を受けるようなものである。

社員からすると、どうしてもその会社に38年在籍することを前提に物事を考えてしまう。やはり自分の生活に直結する人事ゲームのほうが重要なわけで、そちらのほうにスピード感覚を合わせてしまう。つまり「速く歩け」という指示のほうは黙って無視して、「ゆっくり歩く」ことを選ぶようになる。その結果、気がつけばその会社の社員は全体としてゆっくりとしか動かなくなっている。経営者が変化を求めて笛を吹き、太鼓を叩いても、簡単にはそのカルチャーを変えることはできない。

新制度では、そうはならない。まずそれは、38年間同じ会社に勤め続けることを前提としていない。**加えて新制度では、ビジネスそのものを社員にとっての魅力にするので、スピード感覚は常にビジネスに合わせることになる。**

「ビジネスそのものを社員にとっての魅力にする」というのは、具体的には何を意味するのであろうか。それは、「図表3－1　サービスの提供」の図式を人事運営にあたっても活用するということである。図表3－1には、事業（ビジネス）の本質として「サービス⇩顧客⇩共感⇩収入」

図表7-3■新制度の行動原理・評価基準

という図式を描いた。会社が行うすべてのビジネスは、サービスを顧客に提供し、そのサービスに顧客が共感することによってのみ収入を生み出すことができる。この図式を会社の事業展開のための原理として理解するだけではなく、社員個々人の行動原理・評価基準としても適用する。簡単な図にすると、図表7－3のようになる。

これは図表3－1の右側に、「報酬」という項目を1つ付け足しただけである。[1] これが意味するのは、4つの項目からなるビジネスのプロセス（サービス⇩顧客⇩共感⇩収入）に貢献した社員には、収入の一部を報酬として払い出すというフローを示している。

社員は組織の一員として、より良いサービスを提供し、顧客の高い共感を得て、その対価として収入を上げることに全力を尽くす。その収入の一部は、直接社員に分配される。この原理を使えば、社員とサービス、あるいは社員と顧客の結び付きはもっと直接的なものになる。社員は、どうすればより良いサービスを顧客に提供し、そのことによって共感してもらい、結果として収入を増やすことができるか、ということを日々考え、行動すればよいということになる。

また、会社の収入と本人の報酬の結び付きも、より直接的なものとなる。旧

図表7-4 ■ 旧制度の評価フロー

制度のように、能力のレベルに応じて職能資格が決まり、それに応じて報酬水準の大方が決まるという発想は取らない。会社の上げた収入（または利益）の一部を社員に分配するという発想を取る。したがって、必然的に両者の結び付きはより直接的になる。収入を実際に報酬として分配するにあたっては、「図表6－5　賞与プールの配分イメージ」の仕組みを活用する。

旧制度の評価の仕組みも簡単な図にしてみよう（図表7－4）。

旧制度とは職能資格制度であるから、報酬の大部分は社員の職能資格（右から2つ目の矢印）によって決まる。資格はその社員の能力（職遂遂行能力＝一番左の矢印）が評価・査定されることによって決まる。職務遂行能力の水準を判断するにあたっては、顧客にどういうサービスを提供することができるか、どのような共感を顧客から得ることができるか、どの程度会社の収入に貢献できるか、といった要素は加味される。しかし「サービス」「顧客」「収入」といった要素は、直接的にはこのフローの中に登場していない。また「能力」あるいは「できるか」という言葉に表れるように、この仕組みの中では、「実際に必要な行動をとり、顧客へのサービス改善に貢献したか」ということではなく、「やろうとした場合、そうしたことを実行する能力があるか」が問われることになる。問われているのは能力そのものなので、それが潜在的なものであってもかまわず、実際に発揮されていなくてもかまわない。その意味で図表7－4は図表7－3とは異なり、社員とサービス、社員と顧客、収入と報酬、ひいてはビジネスと人事制度の結び付きが間接的になっている。

3 素材を生かし、命綱をはずす

料理には、素材を生かすという考え方がある。さまざまな天然の食材が元々持つ新鮮さ、舌触り、香りなどを最大限に生かして料理に仕上げる。日本料理には、こうした考え方を取り入れたものが多い。一方で、天然の食材に徹底的に手を加え、香辛料やワインを複雑に組み合わせたソースで煮込み、でき上がる料理もある。フランス料理には、こうした考え方を取り入れたものが多い。

たとえて言うと、新しい人事制度は前者の考え方からなり、旧来の人事制度は後者の考え方からなる。**人事制度の場合、料理とは違い「素材」は「天然の食材」ではなく、「ビジネス」そのものである。新しい人事制度では、このビジネスという素材の面白さを運営に活用する。**それに比べると旧来の人事制度は、長期雇用と職能資格制度という非常に凝った料理をほどこしている。社員が実際に味わう場面では、素材であるビジネスの生の舌触りや香りが失われている。

食事としては、私は素材を生かした日本料理も手の込んだフランス料理も、どちらも大好きである。しかし人事制度としては、手を加え複雑になりすぎて、ビジネスそのものと距離ができてしまった仕組みは避けたい。その意味で、やはり新制度のほうが好ましい。

こうした制度の変更は、言い換えると社内の人事ゲームとビジネスのゲームを一体化する試みでもある。両者が異なる時間軸とルールで行われているようであれば、会社運営はなかなかうまくいかない。新制度においては、人事ゲームとビジネスのゲームを共通の原理（「図表３－１　サービスの提供」または図表７－３）に基づき、なるべく一体化して運営する。社員から見ると「ビジネスに没頭することが、すなわち人事ゲームに没頭することであり、人事ゲームを意識することがビジネスそのものを意識することである」となるように建て付ける。

加えて、新制度では雇用の安定性が低くなっている。その意味では、雇用の命綱をはずして、こうしたビジネスに取り組むことになる。旧来の制度であれば、少々の失敗や手抜きがあっても、長期雇用と職能資格が社員を守ってくれる。新制度では、そうした手厚いセーフティネットはなくなっている。その意味では、そこには今までなかった緊張感も生まれることになる。

こう言うと、安心と安全をまず優先する今日の社会において、少々乱暴に聞こえるかもしれない。けれども命綱というのは比喩であって、実際に命をかけるわけではない。ホワイトカラーの仕事であれば、リスクを取ったからといって、自分やまわりの人の命や健康をリスクにさらすことはない。最悪雇用を失っても、命綱のないスタントやサーカスでの失敗のように、自分の命を失うわけでもない。

数年前に、あるビジネスコンサルタントの話を聞く機会があった。講演は面白く、参加者との質疑応答もよくかみ合っていた。参加者とのやり取りが盛り上がったところで、彼はビジネスパーソンの自立の重要さを説き、集まった40歳代前後のサラリーマンを前に断定的口調で次のように言い放った。

「メジャーリーグのイチローにみんなが憧れるのは、彼の有給休暇の日数が多いからではない。山に住むサルはサラリーマンをやっているわけではないが、飢え死にしない」

聞いた瞬間は少し乱暴だなと思ったが、後で言われたことを自分の頭の中で反芻して、その通りだと思った。

命綱をはずすというのは、やや極端に言うとこの発想である。

こうして命綱をはずして、リスクにさらされているという感覚を持ちながらビジネスに関わると、それに没頭せざるをえない。集中力を失うと、あっという間に失敗して、本当に命を失うことはないにしても、手痛い思いをすることになる。1つのことに没頭すれば、今までにない満足感・充足感も生まれてくるであろう。

4 共感を軸に置く

組織の魅力をビジネスそのものに位置づけ、それを図表7－3の構図で理解するということは、結局人事制度の根幹に「共感」を据えるということでもある。第3章で説明したように、今の世相

図表7-5■共感を軸とするビジネス・人事制度

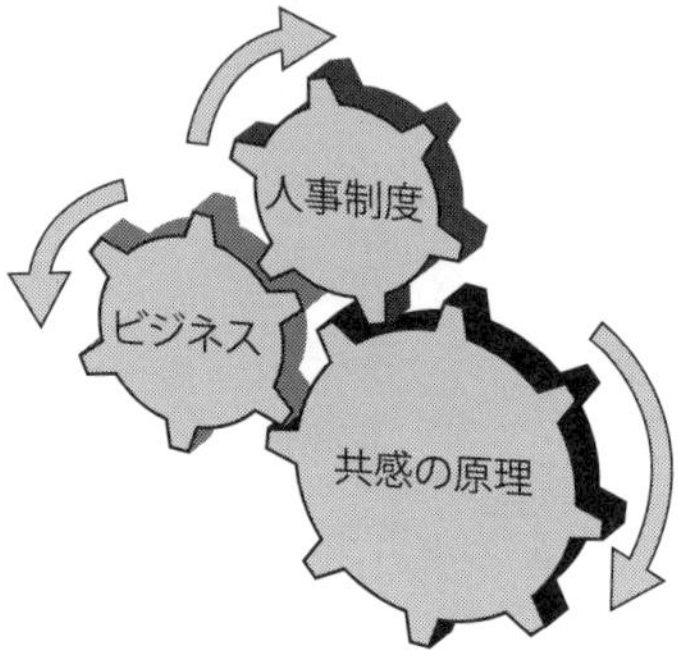

は「共感の時代」と呼べるような方向に動いている。ビジネス自体もすべてをおカネだけに還元して理解するのではなく、共感に還元したほうが理解しやすい。またそうした考えで事業を行ったほうが、その事業の存在意義も社会の中で理解されやすい。それは図表7－5のイメージである。

この発想は、「長期雇用と職能資格の『人事ゲーム』」を「共感の『人事ゲーム』」に置き換えるということでもある。こう発想を変えると、高い職能資格を持つ社員ではなく、高いレベルの共感を獲得する社員が偉いのだということになる。

こういう組織で働く社員にとっては、次のようなことを一生懸命考え、熱心に実行することが最優先事項となる。

どういうサービスを開発すれば、顧客の共感を得ることができるか。そのためには、知恵を絞ってサービスの中身を改善する必要がある。薬品会社であれば、それは新薬を開発することであろうし、自動車会社であれば、それは新しいエンジンやデザインを開発することであろう。

仮にサービスの中身そのものを改善することが難しいので

あれば、サービスの提供の仕方に工夫を加えることによって、顧客の共感を得ることができるか。航空会社のキャビンアテンダントであれば、より細やかな気配りをすることであろうし、金融業であれば、複雑な商品の説明を今までより簡潔でわかりやすいものにするといったことであろう。

サービスは、必ずしも直接顧客に提供するとは限らない。

たとえば組織の中には、顧客に直接接する機会のない部署もある。一般的に総務部の仕事は、直接顧客に接することが少ないであろう。こうした業務では、他の部署の社員を顧客と考え、どうすればより良いサービスを提供し、こうした社内の顧客（社員）から高いレベルの共感を得ることができるか、ということが重要になる。図表7－3の「顧客」の下にわざわざ「社内の顧客を含む」と記載したのは、このためである。こうした発想が、管理部門の悪しき官僚主義やセクショナリズムを排除する。

また、会社というチームを円滑に運営するためには、常に良好なチームワークが必要である。そうしたチームワークを維持するためには、どういう言動を取り、どういうリーダーシップを発揮すれば、他の社員の共感を得ることができるか、ということも重要である。

こうした共感をベースにした円滑な社内の協力関係が、結果として顧客へのサービスの改善にもつながる。

こういう活動を通じて社員が受け取るご褒美（インセンティブ）は、第1に共感そのものである。私たち人間は、他の人の共感を得て、感謝されると自然とうれしくなる。仕事上のさまざまな活動

の目的は、他の人に共感してもらい、そのことを私たち自身が純粋にうれしいと思うところにある。おカネはその結果としてついてくるものにすぎない。したがって、おカネはご褒美の1番目ではなく2番目である。図表7－3で報酬がフローチャートの一番右側にくるのも、それが理由である。良い人事制度とは、こうした流れを自然に作り出す制度であろう。逆に人事制度がこうした流れを阻んでいると、会社運営はうまくいかないし、働いている社員は楽しくもなく、面白くもない。

5 変わる社内のカルチャー：多様性の受容

新しい制度の下では、ビジネスのゲームと人事ゲームが共感という共通の原理を共有することになる。この発想は旧制度を支える考え方とかなり異なる。制度設計の元々の発想が違えば、社内のカルチャーも異なるものとならざるをえない。言い換えると、社内のカルチャーを旧制度のものから変えることができなければ、新制度はうまく運営できない。

第5章で旧制度の改良案を示したときに、年齢についての古い考え方を改めることが重要であるということを述べた。「38年間の学校生活」を前提とする職能資格制度のもとでは、それは大切な意識改革の一つである。そのためにダイバーシティ・マネジメントの一環として、その課題に取り組む方法を解説した。新制度においても、もちろんその点が重要であるということは変わらない。

この多様性（ダイバーシティ）の受容という観点で考えると、新制度においては、それはもっと幅広い範囲をカバーすることが必要になる。新制度では、社員は樹木に集う鳥のようなもので、さまざまな才能・個性を持った人たちがその組織に入ってくる。もちろん、入ってくる社員の年齢もバラバラだから、年齢に関する誤った先入観や偏見を許容することはできない。それに加えて、新制度ではもっとさまざまな多様性を寛容に受け入れることが必要になる。

新制度は共感をベースにする。そこでは、顧客が高いレベルで共感するサービスを提供する社員が、一番活躍している社員だということになる。社員が相手にする顧客は千差万別で、その違いは年齢だけに留まらない。

顧客には男性もいるし女性もいる（どちらかの性別に特化したサービスを提供する会社は別であるが）。グローバルに展開する会社であれば、顧客は日本人に限らず、アメリカ人、ドイツ人、中国人、インド人等さまざまな国籍の人がいる。障害者も顧客であるし、性的マイノリティ[2]（例：ゲイ、レズビアン）も顧客となる。

顧客へのサービス、顧客からの共感を重視するのであれば、こうした多様な顧客に対応できる社員が必要になる。そのためには、多様な属性・個性・バックグラウンドを持つ社員に働いてもらうことが必要になる。そのほうが多様な顧客のニーズを高い感度で把握し、きめ細かに対応しやすい。たとえば、アメリカ人の顧客に対面でサービスを提供するのは、一般的には日本人よりアメリカ人のほうが上手であろう。それを日本人だけでやろうとすると無理が生じる。

多様な社員が快適に働けるようにするためには、やはり多様性を受け入れる社内のカルチャーの醸成が必要不可欠になる。第5章で、日本IBMのダイバーシティに対する取り組みを一覧表で示した（「図表5－4　日本IBMの6つのダイバーシティ委員会」）。そこに示したように、やはり年齢という1つの切り口に限らず、こうしたさまざまな観点（女性、障害者、ゲイ、レズビアン、外国人など）で取り組むことが必要になる。

そもそも、共感と多様性というのは親和性が高い。共感とは、自他のさまざまな違いを超えて、相手を理解し、受容する能力である。したがって、共感をビジネスと人事制度の原理に置くということは、多様性を積極的に取り入れるということでもある。

同じ国の同じ国民として、同じ言語をしゃべり、同じような教育を受け、同じような発想を持つ同じ性別の社員が、長年にわたって1つの組織に所属して、1つの目的を共有して活動を続けていくというやり方を100％否定するつもりはない。多様性を認めるということは、組織のあり方の多様性も認めるということである。それが法や倫理に反しない限り、そうした組織のありようも受け入れることができる。(3)

けれども、新制度を適用する場合はそうはいかない。組織運営の一番重要な価値観を顧客からの共感に置く。顧客のほうは多様な属性を持っている。こうしたさまざまな顧客に対応するために、さまざまな属性を持つ社員が入社してくる。また新制度では、長期雇用には決別していて、ある程度の比率で社員が入れ替わることを前提としている。皆が学校を卒業してからずっとその会社に勤め続けているわけではない。こういうことを考えると、こうした組織においては、やはり幅広い多様性に対する寛容さが当然のこととして求められる。**この「『幅広い多様性に対する寛容さ』を重視する」というのは、「『共感』を重視する」ということの同義語反復だとも言える。**

2012年にリンダ・グラットン氏[4]の書いた『ワーク・シフト』という本が話題になった。近未来における私たちの働き方、生き方を示す良書であろう。彼女は2013年の1月に六本木で講演を行っている。500名ほどが集まっていた。その際、職場での人材の多様性が話題になった。ファシリテーターが会場の参加者に、「今後、東京で外国人を含めた人材の多様化を進めていくのがいいと思うか、それとも日本人を中心として同一性・均質性の高い社会を維持するのがいいと思うか」を、挙手を求めて聞いていた。興味深いことに、会場の答えはだいたい半分ずつであった。

この講師の講演に集まった日本人は、日本国外で起こっていること、将来起こること、ビジネスの変化等に比較的高い感度と興味を持っている人たちであろう。それでも、挙手の結果は半分ずつであった。これを見る限り、多様性を推進するということは、日本で働くビジネスパーソンのコンセンサスになっているとは言えないようである。コンセンサスではないからこそ、日本の職場における多様性の受容は進んでいないのであろう。しかし、ここに説明した考え方に基づき、新しい制度を導入すれば、これは避けて通ることのできない課題となる。

6 余計な荷物を持ち歩かない

さて話題を変えて、ここで1つ簡単な質問がある。

「めったに使うことのない荷物をいつも大きなカバンに入れて持ち歩いている人を見かけると、どう思うでしょうか？」

外出先ではまず使うことのない旧式のノートブックパソコン、小難しいうえに分厚くて通勤電車の中では読む気になりそうにない書物、本当は会社でしか目を通さない仕事の書類、過去数日分の新聞、飲用のミネラルウォーターを1リットル、会社に置き傘をしているのにもかかわらず重たそうな折りたたみの傘。こういったものを毎日大きなリュックサックにつめて、重たい思いをしながらいつも持ち歩いているビジネスパーソンを見ると、きっと無駄な努力をしている人だな、と思うのではなかろうか。

今どきスマートフォンでたいていのことはすませることができるし、本だって軽い電子端末で読めるし、仕事の書類を外で持ち歩いているとそもそもセキュリティー上問題が生じるのではないか、などとおせっかいな気持ちも生じてくる。場合によっては、その姿は滑稽にさえ見える。

私には、旧来の人事制度がこれと同じことをしているように見える。それは必要もない荷物をずっと背負い込んで、結果として会社と社員の両方を余計なことで毎日苦しめているように見える。

図表7-6■「旧制度」の社内ガバナンス

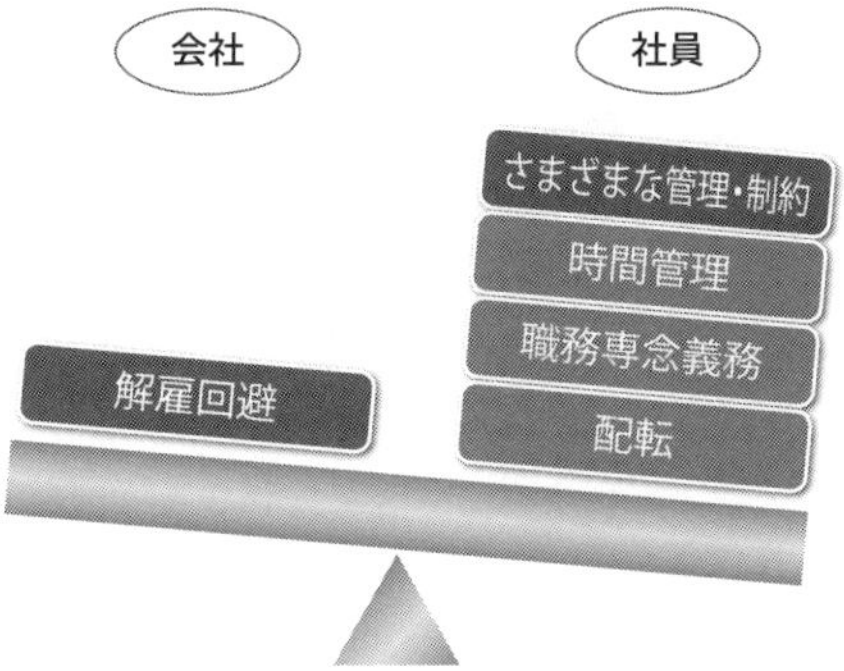

背負い込んでいる荷物を簡単な図にすると、図表7－6のようなものである。

図の左側が会社の背負い込んでいる荷物で、右側が社員の背負い込んでいる荷物である。はかりが右側に傾いていて、右側のほうが重いように見えるが、そのこと自体にはあまり意味がない。実態的には、これでだいたい両方のバランスがうまく取れている。この図が示している大切なポイントは、会社と社員の双方がお互いに重い荷物を四六時中背負い込んでいるということである。

会社のほうがかかえている荷物は、正社員の解雇は困難で、その雇用を守り続けなければならないという義務である。いったん雇用すると、社員を60歳まで雇用し続けなければならない。これは要員管理の機動性を削ぎ、組織改革のスピードを遅らせる。会社の業績が良いときはあまり重荷に感じないかもしれないが、悪くなってくると大きな負担となる。人事に関しては、これが会社にとっての最大の負担となっている。会社が負うたった1つのこの義務が、社員のさまざまな義務とほぼバランスしている。

社員が背負う荷物は、会社の背負うこの義務から発生する。会社は原則、社員を解雇できない。懲戒解雇[5]など特殊なケースを除けば、雇用契約について社員と争うと、過去の判例上会社側のほうが旗色は悪い。その裏返しとして、それ以外の労働条件については、会社が社員にさまざまな義務を課している。実際、過去の判例上こうした労働条件については、会社のほうが強い立場にある。こうした労働条件（社員の義務）の中で、主なものだけを図の右側に示している。

それらは「時間管理」「職務専念義務」「配転」である。「時間管理」とは、会社が社員の勤務時間を厳しく管理することである。「職務専念義務」とは、社員が自社の業務に専念し、他のことに労力をさかないように強制することである。「配転」とは、会社が社員に配置転換を命じた場合に、社員がそれを拒否できないことを意味する。

簡単に言うと、会社は解雇を実行できない代わりに、いろいろな義務を社員に課して、社員がなるべく仕事の手を抜かないように管理している。

私には、会社と社員に課されているこうした義務が、双方にとって無駄なもので、必要もないのに毎日担ぎ続けている余計な荷物に見える。いつも不必要な荷物を持ち運んでいる人を見るのと同じように、ときには滑稽にさえ見える。新制度に乗り換えて、こうした余計な荷物は取り除いてしまったほうがいい。

7 時間管理・職務専念義務・配転

社員に課せられた3つの義務をもう少し詳しく説明すると、次のようなものである。

「時間管理」というのは、社員の労働時間を管理することである。労働時間とは、通説や判例では「労働者が使用者の指揮命令下に置かれている時間」と定義される。この定義を読めばわかるように、この考え方は社員を一定時間、指揮命令の拘束のもとに置き、その間は使用者の指示に従って仕事をさせるという発想に立っている。社員がちゃんと働かなければ、事細かにこうしろ、ああしろと指示する権利が使用者側に与えられている。どこかの刑場で、銃を持った監督者のもとで小突かれながら肉体労働に従事しているような趣がある。

これに関連して、たとえば「時間外労働」という労働法上の考え方がある。1日の所定の労働時間（一般的には8時間）を超えて非管理職が働いた場合(6)、その労働時間をこのように呼ぶ。時間外労働は、上司が非管理職に命じて行わせるものであり、社員の義務である。時間外労働を行うと、社員には手当（いわゆる残業手当）が支払われる。1時間あたりの金額は、各社で定額として決まっている。手当が支払われるからといって、それが社員の権利となることはない。あくまで上司に命じられたときにしか、社員は時間外労働を行うことはできない。

こういう時間外労働の考え方にも、旧制度あるいはそれを支える労働法の考え方がよく現れている。それは「仕事というものは、会社が社員に対して命じる義務であり、社員の権利ではない。働いた時間に応じて時間あたり定額の給与を支払うが、その間の働きぶりは会社が事細かに管理する」というものである。

「職務専念義務」というのは、労働者の負う義務の一つである。「労働者側では、労働契約の趣旨と内容に従った労働を行う義務（労働義務）を負う。労働義務は単なる機械的労働義務にとどまらず、誠実労働義務（職務専念義務）を包含し、また使用者の指揮命令の権限を予定する。すなわち、労働の内容・遂行方法・場所に関する使用者の指示に従った労働を誠実に遂行する義務が労働義務である」。（『労働法 第六版』菅野和夫）

多くの読者はこれを読んで、「社員は働くために会社に来ているのだから、こうした義務が課されるは当然だ」と思われるかもしれない。けれども注意してほしいのは、使用者は「労働の内容・遂行方法・場所」について社員を指示に従わせる、という考え方が前提になっていることである。会社側にこの権利（社員からすると義務）がある限り、使用者側は微に入り細に入り、事細かに社員に指示を出すことができる。

またこれによると、労働は「誠実」に遂行しなければならない。したがって社員としては、誠実さを逸脱する行為、誠実さを疑われる行為は注意深く避けなければならない。

たとえば、一般に職場で私用メールのやり取りはやめたほうがいいと言われる。また、週末に時間があるからといって、会社の許可なく飲食店でアルバイトをしたり、インターネットを使って商売をするのはやめたほうがいいと言われる。そう言われる理由の一つは、こうした行為が職務に専念し、労働を誠実に遂行することを妨げる行為とみなされる可能性が高いからである。その内容や頻度にもよるが、実際こうした行為は懲戒処分の対象となる。会社勤めをしている以上、社員にはこういうことを自由にする権利はない、ということである。

「配転」を取り上げるのは、日本の会社が社員の業務と勤務場所を決める強い権限を持っているからである。「一般に、労働契約は、労働者がその労働力の使用を包括的に使用者に委ねることを内容とするものであり、個々の具体的労働を直接約定するものではないから、使用者は労働者が給付すべき労働の種類、態様、場所等について、これを決定する権限を有するものであり、従って使用者が業務上の必要から労働者に配置展開なり、転勤を命ずることは原則として許される」（昭42・7・12熊本地裁八千代支部判決、三楽オーシャン事件）。この原則では、社員は労働の種類、態様、場所等を決める権限を会社に委ね、これに関する指示に抗弁できないということになる。したがって、会社は社員の意思にかかわらず、自由に社員の配置転換を実施できる。

たとえば、ある社員が自分の持つ会計の知識を生かし、どうしても東京本社で財務の仕事をしたいと思っていても、会社がどこか地方で営業に従事することを命ずれば、社員はそれに従うしかない、ということである。

この3つは代表的な例にすぎないが、日本の会社は社員に対して、このように広範で強い権限を持っている。

もちろんこれは権限にすぎない。実際にその権限を行使するかどうかは会社に委ねられている。会社のほうにその気がなければ、その権限は行使されるにいたらない。けれども、一般的にはそういう運営にはなっていない。

そうならない理由は、先ほども説明したように、こうした権限は、社員を雇用し続けなければならないという会社側が背負う義務とワンセットになっているからである。

多くの社員は優秀で、自主的によく働くのであろう。けれども残念ながら、そうではないケースも多々発生する。その際に会社がその社員を解雇できないとすると、会社は給料を払っている以上、何らかの強制力を用いてその社員を働かせるしかない。そのための武器が、こうした権限となって現れている。働かない社員は、労働時間で管理し、職務専念義務を盾に働くよう仕向け、ある部署に置くことが妥当でなければ、どこか別の部署に転勤させるしかない。したがって、普通の会社はこうした権限を手元に残し、それを前提とした職場のルール作り（例：就業規則の制定）をする。

こうした義務や事細かな指示は、公平を期するため全社員への適用が原則となる。このやり方は、職場の雰囲気を暗くて陰湿なものにする。一歩踏み出しすぎると強い電流が流れる柵に囲まれているようなものである。一方、積極的かつ自主的に仕事に取り組もうと思っている社員は、こうした制約を好まない。こうした制約は、自由な発想と仕事への熱意を縛る余計なルールで、生産性とモチベーションが下がると感じる。

これでは、「この会社は楽しそうだ」というのと真逆の雰囲気ができ上がってしまう。

8 簡潔なアプローチ

旧制度が社員にいろいろ義務を課しているのは、社内の秩序を守るためである。会社の中にはいろいろな社員がいて、業績のまったく上がらない社員や問題行動を起こす社員もいる。こうした社員を雇い続けざるをえない中、どうすればそうした社員をコントロールすることができるか、という社内ガバナンスの問題が生じる。その問題に対する答えが、社員に対するこうした義務となって現れる。

同じ問題にアプローチするにあたって、新制度の答えはもっと簡便である。事細かな義務を課して、社員を辟易とさせるようなことはしない。つまり会社も社員も、スマートさを無視して、余計な荷物を四六時中持ち歩くようなことはない。

会社と社員の関係は、基本的に退職勧奨と報酬の2つだけに集約される。

図表7－7に記載しているのは、図表7－6のように会社と社員それぞれに課せられた義務ではない。会社と社員がそれぞれに対して持つ権利である。**社員は会社に対し貢献に見合う報酬を求めるし、会社は社員が十分な貢献をしなければ退職を求める。**基本的には、この2項目に関するルールとプロセスだけで社内のガバナンスを維持する。

流れは簡単である。

図表7-7■「新制度」の社内ガバナンス

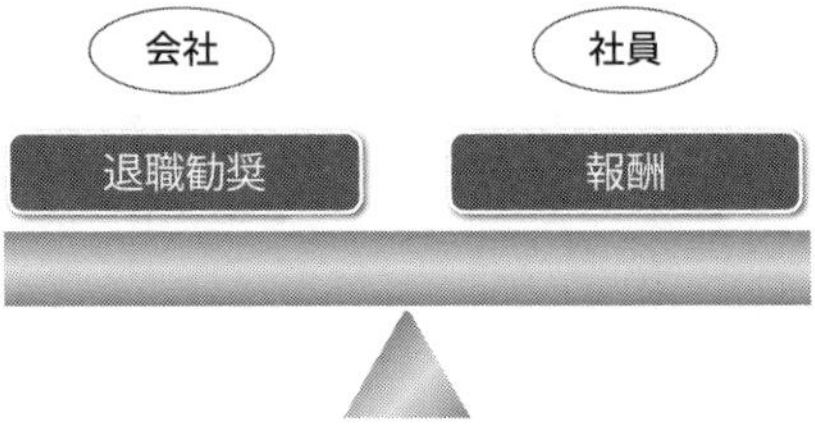

図表7－3に示した流れ（サービス⇩顧客⇩共感⇩収入⇩報酬）が順調に回っていれば、社員は収入の一部から報酬の払い出しを受ける。これは当然の権利で、これが十分でなければ、社員は事実（会社、所属部門あるいは社員本人の業績）に基づいて改善を要請する。改善されなければ、その社員はもっと扱いの良い他の会社に去ってしまう。

一方でこの流れがうまく回らないと、会社に十分な収入が上がらない。十分な収入がなければ、社員が満足する報酬は払えない。極端な場合は、報酬がゼロになってしまう。報酬がゼロということは、社員に給与を払わないということである。その場合は、会社が社員に退職を要請することになる。

新制度では、会社と社員の関係はいわば大人の関係である。社員は元々大人なわけで、ここでことさらに「大人の関係」というのも少し変な話だと思うかもしれない。要は、親が子供に接するように事細かな義務を課したり指示を出したりしないという意味で、ここでは「大人」という言葉を使っている。

新制度では、共感のゲームをベースにビジネスと人事制度が組み立てられている。その職場には、多様な人材が引き寄せられて働いている。そこでは、定年退職まで働くといった長期雇用は前提になっていない。社員は皆、ある一定年限だけそこで働くことを想定している。そうした環境では、会社が事細かに口をはさまなくても、自発的なチームワークに基づき、自立的に図表7－3のフローが機能する。この共感のフローにうまく乗ることができない社員は、自然とその組織を去っていくであろう。自ら去らなければ、会社は退職勧奨を実施する。一方、フローの一番右側に位置づけられた報酬は、当然の権利として社員に払い出される。もし分配が十分でなければ、貢献の度合いが高く、才能のある社員から他の会社に移籍していく。それでは会社の運営は成り立たない。

新制度では、こうした流れの中でチェック&バランスが機能する。したがって旧制度のように、社員に対する事細かな義務を課す必要はない。

9　どういう働き方を目指すのか

旧制度を選ぶか、新制度を選ぶかということは、結局私たちがどういう働き方を選びたいかという問いにも密接に関係する。

第3章で、「働く」ということには次の3つのパターンがあると述べた。

①レイバー（労働）：おカネのためにいやいや働く

②ワーク（仕事）：嫌なこともたくさんあるけれど、それはそれで割り切り、そこそこ楽しみながら働く

③プレイ（真剣な遊び）：ただ楽しくて夢中になって働く

ここまでの話でわかるように、旧制度では、典型的に「①レイバー」の働き方になる。そこでは会社が社員にさまざまな義務を課し、細かな指示を出すことが前提となっている。したがって、どうしても社員が強制的にいやいや働かされるという色彩が濃くなる。

一方で新制度は「③プレイ」を志向している。そこでは他の人から得る共感が第1のご褒美であり、結果として報酬がついてくるという流れになっている。人から感謝され、共感されるには大変な努力が必要であるけれど、純粋に大きな喜びを得ることができる。「命綱をはずす」という真剣さとあいまって、ミハイ・チクセントミハイ氏の言う「最適経験」かまたはそれに近い経験をなるべく生み出しやすい仕組みとなっている。

新制度でも社員は組織に所属するが、そこで事細かな指示を受けるのではなく、自由な発想で顧客へのサービスの改善に取り組むことになる。またその組織の中での協力関係は、社員相互の共感によって支えられている。

けれども旧制度のときのように、その組織の中で長年にわたって働き続けることができるといっ

た身分保障のようなものはない。場合によっては、退職勧奨で退職を余儀なくされることもある。その際は、自分の力で新しい職場を探すしかない。職場が見つからなければ、独立して自分のサービスを開発し、顧客に利用してもらえるように努力するしかない。こうした働き方を選ぶと、自分の身柄をある組織に預けるような発想ではやっていけない。**常に自分自身のしっかりとしたキャリアプランと将来のビジョンを持つ必要がある。**

このように言うと、一人ひとりを突き放した冷たい言い方に聞こえるかもしれない。けれども、そうでもない。考えてほしい。さまざまな不安や不満があるにしても、日本は比較的自由かつ平等な社会で、しかも多くの他の国々に比較するとかなり豊かである。そうした中で、共感をベースに自立して生きていくということを選んだとしても、そんなにひどい目にあうこともない。

こうした道を選ばなければ、会社の中で細かな義務を課されて生きていくことを選ぶことになる。それを選ぶことを悪いことだと言うつもりは毛頭ない。けれどもこれからの時代は、どちらを選んでもリスクはあまり変わらないかもしれない。昔と違って、大きな会社でもけっこう簡単に倒産してしまう。そうなれば、そこに勤めている社員が退職の憂き目にあうのは同様である。

結局大切なことは、私たち一人ひとりが、どうすれば社会・顧客・他者に貢献し、共感を得ることができるかということを考え続けることであり、それに基づき行動し続けることであろう。そのことが共感をベースにした社会・会社・組織の発展につながり、ひいては一人ひとりの自立の礎となる。

また逆の言い方をすると、私たち一人ひとりが、こうした自立性を獲得しなければ、結局他の人からの共感を得ることもできない。なぜなら自立性のない人には、価値観の軸が備わっていないからだ。それがない人の作り出すサービスは、基本的にユニークさに欠け、ありきたりなものになってしまう。ありきたりなものに深い共感を覚える人は少ない。十分な共感を得ることができなければ、充実感のある働き方はできない。

結局、共感の原理をベースにした人事制度というものは、そこに集う社員に自立性を求める仕組みでもある。

【第7章＊注】

（1）「顧客」の下に「（社内の顧客を含む）」と記載している点も異なるが、この点はすぐ後で説明する。

（2）一般的には人口の5％程度が該当すると言われている。

（3）たとえば、男子校や女子校は男性または女性だけで構成されているが、それは教育的観点でそうなっているのであって、そのことが問題視されることはない。

（4）ロンドン・ビジネススクール教授。経営組織論の世界的権威で、英タイムズ紙の選ぶ「世界のトップビジネス思想家15人」のひとり。ファイナンシャルタイムズでは「今後10年で未来に最もインパクトを与えるビジネス理論家」と賞され、英エコノミスト誌の「仕事の未来を予測する識者トップ２００人」に名を連ねる。組織におけるイノベーションを促進するスポッツムーブメントの創始者。（Amazon.co.jp「著者紹介」より）

（5）社員の重大なルール違反（例：会社の金品の横領）を理由に実施する解雇。

（6）管理職が対象となる時間外労働（例：深夜時間外労働）もあるが、ここでは簡略化のために考慮しない。

第8章

「グローバリズム」と「共感の時代」

「評価」と「影響」をお互いに交換しあう社会。これを、私は「評価経済社会」と名付けました。経済とはもともと「モノ」「サービス」「カネ」の交換によって生じる関係、というのが経済学の基礎だそうです。なので、貨幣経済社会は、貨幣を仲介にして「モノ」「サービス」を交換される社会です。同じように「評価」を仲介して「モノ」「サービス」、そして「カネ」すらも交換される社会。それがこれからの社会であり、いま私たちの足下で起きている社会変化のポイントなのです。

『評価経済社会 ぼくらは世界の変わり目に立ち会っている』岡田斗司夫

1 グローバリズム

ここまで主に日本の状況だけを考慮しながら、日本企業の人事制度の話を進めてきた。実際には、日本のことだけを考えていてもうまくいかない。今や企業活動はどんどんグローバル化している。日本企業は国外に行って活動するし、同じように国外の企業も日本にやってきて活動している。企業運営はグローバルに考える必要があって、それは人事の仕組みを考えるにあたっても同様である。これは言うはやすく、行うはかたい。グローバルに考えてグローバルに行動するというのは、日本のことだけを考えて日本だけで行動するより、はるかに難しい。

ビジネスの世界を席巻するグローバリズムについて、ずばり本質をついていると思うのは、ウルリッヒ・ベック氏(1)の次の文章である。

「グローバリズムと言う言葉で私が意味するのは、世界市場が政治的行為を排除する、あるいは政治的行為が世界市場に置き換えられるという見解である。すなわち、世界市場の支配というイデオロギー、新自由主義のイデオロギーである。**そのイデオロギーは因果関係を単一のものに還元し、経済主義的にものごとをとらえ、グローバル化の多元性を単線的に経済というひとつの次元に切り詰めてしまう。**しかも、総じてそれ以外のすべての次元（エコロジー、文化、政治、そうして市民社会のグローバル化という次元）を語る場合でも、**世界市場システムの優位性**というみずからの想

図表8-1■グローバリズムと組織

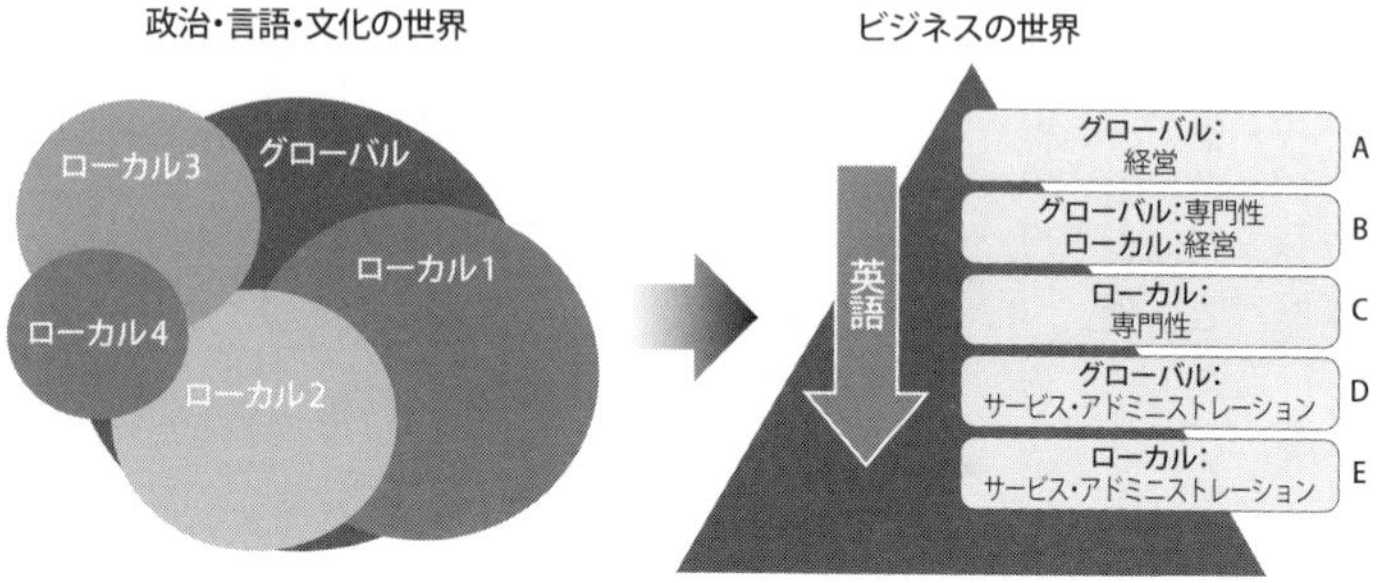

定のもとでのみ、それに触れるにすぎない」。(『グローバル化の社会学』木前利秋・中村健吾訳　太字は筆者)

これが言わんとすることを煎じ詰めると、**「グローバリズムというのは、世界を1つの市場としてとらえ、すべての物事を経済に還元して考える」**ということである。こうした考え方に基づき、グローバリズムの進展を模式化すると、図表8－1のようになる。

図の左側は、グローバリズムが浸透する前の政治や言語や文化の世界を示している。図の右側は、グローバルリズムが浸透した後のビジネスの世界を示している。

まず図の左側から説明すると、そこでは政治体制に基づく国家、言語圏、文化圏といったローカルな領域(地域)が優先する。そうした領域を図の中では「ローカル1」「ローカル2」といった円で示している。「グローバル」という概念は、その背後にほとんど隠れてしまっている。

政治の世界では、国家というのが最強の単位である。民主主義の国であれば、選挙によって選ばれた国会議員が、国民に対して強制力を持つ法律を制定する。また国は国民から税を徴収する。一方で、国は高速道路のような大きなインフラを建設し、年金や健康保険などの社会保障制度を整備する。国家間ではさまざまな交渉が行われ、国益をめぐって外交が繰り広げられる。最近日本も経験しているように、領土問題が発生すると、国家間の主権がぶつかり合う。

言語圏は国境を超えて存在し、それぞれの言語を母国語とする人たちでブロックを形成している。英語園、ドイツ語圏、中国語圏、スペイン語圏、日本語圏等、世界にはさまざまな言語圏が存在している。

文化も言語と同じで、国境を超えて存在している。それは同じ言語を使う国々で共有されている場合もあるし、言語を超えて共有されている場合もある。たとえばイギリスとアメリカであれば、言語が共通であるとともに、比較的共通な考え方（アングロサクソン的な考え方）を共有している。この文化圏では、たとえばプラグマティックなものの考え方、個人主義的な発想などがわりと広く受け入れられている。一方、日本、韓国、中国といった国々は、違う言語を話す。けれどもこの圏内では、年長者を敬うといった儒教的な考え方が比較的広く共有されている。

言語圏と文化圏は、国家に比べると境界が厳密ではなく、お互いにゆるやかに重なり合いながら存在している。図の左側は、国家とこうしたあいまいな重なり合いを示している。重なり合う円（ローカル1、2、3、4）は、異なる国家・言語圏・文化圏を示す。グローバルの円は後ろに隠れてしまい、ローカルな領域の背景にすぎない。

通常私たちは、自分の所属する1つのローカルの円内にどっぷりつかっているほうが快適に感じる。そこでは一国民として国家（日本）を意識し、同じ言語（日本語）を話し、同じ文化を古くから共有する人たち（日本人）にまわりを囲まれながら暮らしている。そこにいる限り、お互いを理解し合うのにそれほど手間はかからない。そこで快適に暮らしていると、急に「グローバル」などと言われたところで、遠くに雷鳴を聞くようなもので、将来起こる何か不吉な出来事を告げられたような気持ちになってしまう。

2 グローバルな企業運営

グローバリズムが進展すると、そうはいかない。先に引用したウルリッヒ・ベック氏の見方によると、今述べた政治・言語・文化のローカル性は否定される。世界は1つの市場としてとらえられ、すべての価値観は経済に集約される。こうしたグローバリズムの考え方のもとでは、経済的な成功が何よりも優先され、その環境に最適化したグローバルな企業組織が生まれる。その組織は図表8－1の右側のようなものになる。

世界は単一の市場とみなされるので、それに対応する組織形態もグローバルに単一なものとなる。単一な組織形態の中身は、図中のピラミッド（三角形）である。ピラミッドの上から下に向けて、その組織の中の役割と担当をAからEで示している。

ピラミッドの頂点はA「グローバル：経営」となる。「：（コロン）」の前はその役割がグローバルかローカルかを示し、後ろは担当を示している。したがって、Aは「グローバル」な役割で、「経営」を担当していることを表す。このグローバルに単一な組織を経営するのは、この層に所属する人たちである。グローバルに活動する企業のCEO、COO、その他の役員はここに該当する。

その次の層に位置づけられるのが、B「グローバル：専門性」「ローカル：経営」で、この層は経営者（A「グローバル：経営」）をサポートする。「グローバル：専門性」に位置づけられる社員は、法律、会計、金融、テクノロジー、マーケティング、ロジスティックなどの分野において、グローバルに通用する専門性を持っている。それぞれの専門知識を使って、組織の頂点に立つ経営者の判断や執行をサポートする。たとえば、グローバルITのヘッドやグローバル法務のヘッドはこの層に属する。

一方、グローバルに企業を運営していくにあたっては、必ず各国の事情を考慮することが必要になる。世界がグローバル化している（あるいは、していく）としても、国・地域ごとに法律、慣習、制度、嗜好などが異なるという現実は残る。各国・各地域のこうした違いをうまく取り入れ、地域特性を調整しながら運営することが必要になる。こうした調整を「グローバル：経営」に提案し、実行していくのが、「ローカル：経営」の役割である。各国に設けた現地法人の社長や役員は、この層に属する。

その次に来るC「ローカル：専門性」は、特定の国・地域だけに通用する専門性を持っている。

専門性のジャンルは、「グローバル：専門性」とあまり変わらないが、少し狭くなる。たとえばテクノロジーは、グローバルに汎用性が高く、ローカルな専門性はあまり求められない。したがってこうしたジャンルを除いた、法律、会計、マーケティング、ロジスティックなどが主な担当分野になる。この層に所属する社員は、自分の持つ専門知識を活用して、その1つ上の層に所属する社員（「グローバル：専門性」「ローカル：経営」）の活動や判断をサポートする。たとえば、この層で法務担当の場合は、その国の判例・法律解釈について法務問題のグローバル・ヘッド（グローバル法務のヘッド）に正しい情報を迅速に伝え、会社が誤った判断をしないようにサポートする。あるいは、その国の経営（「ローカル：経営」）が、現地法人独自の判断を下す際、それが正しい法律解釈に基づいたものになるようサポートする。

その次に来るD「グローバル：サービス・アドミニストレーション」は、グローバルで一律にサービスやアドミニストレーション（バックオフィス的業務）を提供する部隊である。たとえば、アマゾンやグーグルで世界共通のウェブサイトのフレームを作成する業務に従事する社員は、ここに位置づけられる。グローバルに活動する企業は、最近は当たり前のように、中国やインドにヘルプデスクやアドミニストレーションの拠点を設けている。そうした拠点は、その国のために設けられているのではなく、世界中にサービスを提供している。こうしたサービスに従事する社員も、この層に所属する。

その次の層はE「ローカル：サービス・アドミニストレーション」となる。この層に所属する社員は、グローバルに統一化したサービス・アドミニストレーションだけでは対応しきれない各国の特殊なニーズをカバーするために活動する。たとえば、各国に配置された物流業務で各家庭に物品を配達する社員は、この層に属する。

こうして運営される組織では、効率的な指示の伝達とコミュニケーションが求められる。そのために、この組織内では共通言語を操ることが求められる。現在、世界に通用する共通言語といえば、何と言っても英語である。したがって、この組織の中では英語が社員の共通言語となる。図の中では、上から下に伸びる矢印でそのことを示している。この組織で英語ができない場合は、重要な役割を担うことが困難になる。少なくとも「グローバル」を冠した役割（「グローバル：専門性」など）を担うことはできない。「ローカル」を冠した役割にしても、「経営」や「専門性」を担当する場合には、グローバルな役割を持つ上司、同僚、部下と円滑な意思疎通を求められるので、重要な役割を担うのは困難である。こうなると、どの役割・担当が割り当てられるかは、英語力の有無で決まるといったことが起こる。

好き嫌いは別にして、グローバルに単一化した市場に対応する企業組織はこういうものになる。私の感覚だと、海外との業務に関わる日本のビジネスパーソンの多くは、組織がこういう方向に変わらざるをえないということにすでに気づいている。

3 「グローバリズム」vs「共感の時代」

こうしてグローバリズムを前提として議論を進めることに違和感を覚える人も多い。グローバリズムは、「因果関係を単一のものに還元し、経済主義的にものごとをとらえ、グローバル化の多元性を単線的に経済というひとつの次元に切り詰め」る。**要するにこれは、すべての価値観を経済、すなわちおカネに集約するということである。**この考え方では、世界中のすべての行動は「おカネ儲け」がうまくいくかどうかという価値観に還元される。

この発想に違和感を覚えるのであろう。「グローバル化の進展により、ヒト・モノ・カネが以前より簡単に国境を超えるのは良い。だとしても、なぜすべての価値観をおカネに集約させなければならないのだろう」――こうした素朴な疑問が生じる。

そもそもこの価値観は、第3章に説明した「共感の時代」というコンセプトに真っ向から対立する。両者を対比すると、図表8－2のようになる。

左右にそれぞれの考え方の内容を示すキーワードを書き込んでいる。一目瞭然で、それぞれの項目が見事に対立している。

グローバリズムはすべてのことを1つの価値観（①）に集約する。それは、経済的なもの、すなわちおカネ（②）で表される。おカネが儲かることが良いことであり、そうならないことは悪いこ

図表8-2■「グローバリズム」vs「共感の時代」

グローバリズム	共感の時代
① 価値観の一元化	① 価値観の多様化
② おカネ	②「いいね！」という感覚
③ 競争	③ 協力
④ 単一言語（英語）	④ ネットワークの多様化

とみなされる。そこでは世界統一の市場（マーケット）が前提とされていて、その中で厳しい競争（③）が展開される。そこではまた、言語も英語に統一する（④）という強い圧力が働く。

「共感の時代」は異なる考え方をベースにする。そこでは価値観の多様性（①）が幅広く認められている。おカネが良い悪いの基準ではなく、お互いが「いいな」と共感できるかどうかが善悪の判断基準となる（②）。極端に言えば、ネット上でクリックする「いいね！」ボタンのようなものもそこに含まれている。こうしたネット上のクリックは、直接おカネのやり取りは関係しない。けれどもクリック数を見ると、そこに示されている意見や記事への共感の度合いがどの程度かよくわかる。また共感は競争ではなく、協力関係を重視する（③）。また、1人の人間が多数のネットワークに参加することを良いこととみなす（④）ので、ネットワークに用いられる言語を世界的規模で1つに集約しようとはしない。

この章の冒頭に引用した岡田斗司夫氏は、「評価経済社会」という考え方を提唱する。「人々のニーズをつかみ、最も効率よく生産して販売することによって、多くの富を集められるのが、貨幣経済社会。それに対し、人々の不安や不満をつかみ、効率よくそれを解消する方法を提案することによって、多くの人に影響を与え、尊敬と称賛を得られるのが、評価経済競争社会。得られる利益は貨幣的利潤ではなく、評価利潤、つまりイメージである。これが『評価経済社会』の定義です」。（『評価経済社会 ぼくらは世界の変わり目に立ち会っている』岡田斗司夫）

岡田氏の言う「評価経済社会」という考え方は、「共感の時代」のコンセプトをうまく言い表している。彼の言う「評価」を「共感の度合い」と読み替えると、彼もまたおカネ（貨幣）より共感（評価）が重視される世の中に変わってきていることを述べている。ソーシャル・アントレプレナー、NPO・NGO、ボランティアなどの活動が脚光を浴び、特に先進国の若い世代の注目を集めているのはその流れである。逆におカネ持ちは、おカネ持ちであるというだけでは尊敬されなくなってきている。いくらおカネを稼いでも、それを社会に有益な形で還元できなければ、逆に軽蔑されてしまう。

4 「共感の時代」を選択する

時代の流れを「グローバリズムの時代」ととらえるか、「共感の時代」ととらえるかで、世界はまったく異なったものに見える。世界をどう見るかによって、私たちの日々の行動も異なるものになる。前者の考え方であれば、ウルリッヒ・ベック氏も言うように新自由主義を標榜し、おカネを価値観の基準として生きていくことになる。後者の考え方であれば、競争ではなく、顧客やまわりの人との共感を重視して生きていくことになる。

どちらが正しい考え方なのだろう。**この二者択一に対する私の答えは、後者、つまり「共感を重視する」という考え方を選ぶというものである。**選択の根拠は、次の3つによる。

第1に道徳的観点である。グローバリズムは激しい競争を前提とする。第3章でも述べたように、競争は相手を殲滅することを最終目的とする。道徳的でない目的は私たちを幸せにしない。

第2に個人としての生き方の観点である。それは「いつか死んでいく1人の人間として、おカネだけを稼ぎ、一生他の人たちと競い合う人生を選んだとしても、むなしいだけであろう」というものである。

第3にネットワークの多様性の観点である。これについては、以下に少し詳しく説明してみよう。

グローバリズムが前提とするたった1つの「世界市場」の他に、社会の中にはさまざまな異なるネットワークが存在している。たとえばインターネットを使えば、今や誰もが手軽にネットワークを作ることができる。ソーシャル・ネットワーキング・サービス（SNS）の利用などは、その最たるものである。

そういう世の中では、たった1つのネットワーク（「世界市場」）だけを優先して、たった1つの価値観（「経済主義」）に縛られてしまうことは、魅力的な生き方ではない。それよりも、自分の興味や関心を大切にし、同じような興味・関心を持つ人たちとゆるやかなネットワークを作って、そ

図表8-3■多様なネットワーク

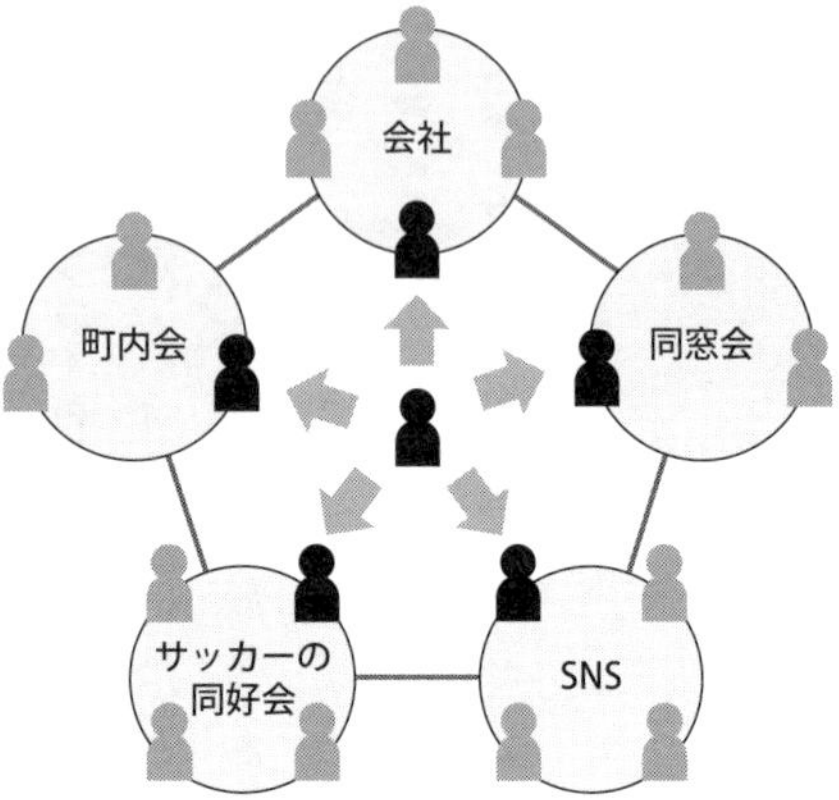

こに参加しているほうが充実した生活を送ることができる。

こういう多様なネットワークの存在をやや下手《へた》な図にすると、図表8－3のようになる。

この図は、1人の人間（黒で表示）が、会社（図の一番上）だけではなく、それ以外のネットワークにも関係しているということを示している。ネットワークは同じ学校を出た同窓生の集まりであったり、サッカーの同好会であったりする。こうしたネットワークにおける人間関係は、皆対等の立場で、丸いテーブルを取り囲んでいるようなイメージである。参加者は1つのネットワークに拘束される必要はなく、自分の関心や興味に応じて参加するネットワークを自由に選択することができる。

私たち一人ひとりは、普通こうした関係性の中で生きている。こうした多様な関係性を失い、たった1つのネットワークに閉じ込められてしまうと、息苦しいような窮屈さを感じる。

またこうしたネットワークの多くでは、おカネがやり取りされるわけでもないし、おカネを稼ぐことが尊敬されるわけでもない。たとえば、この図の「会社」以外のネットワークでは、おカネのことが重要ではない。同窓会では、同窓生全員のためにかいがいしく世話役をつとめてくれる人が自然と敬意を集めるし、サッカーの同好会ではサッカーのうまい人が一目置かれるようになる。こうしたネットワークの中で、会社以外のグループにさく時間が増えれば増えるほど、その人にとってのおカネの重要度は下がり、それぞれのグループで共感を集め、大切な人だと思われることのほうが重要になってくる。

個々人が持つこうした多様なネットワークは、私たちの日常生活にしっかりと組み込まれていて、これなしには充実した生活を送ることはできない。多様なネットワークが存在し、私たちがそれをエンジョイしているという事実は、単一のネットワーク（世界市場）と単一の価値観（経済主義）しか存在しないとするグローバリズムの原理を否定する。

5 「共感の乗り物」としてのおカネ

前節に述べた理由で、グローバリズムではなく、共感を重視する考え方を選択したとしても、冷徹な現実を無視することはできない。生活は経済の中に深く組み込まれ、私たちはグローバル化が進展する世界で生きていかなければならない。道徳的であることは尊いが、自分自身と家族の生計を立てていくことは、目の前の話としてもっと切実である。死ぬときにいくらおカネや物をかかえ込んでいても仕方ないかもしれないが、ほとんどの人は明日や明後日に死ぬわけではない。将来の長い年月をちゃんと暮らしていくためには、やはりおカネが必要である。趣味のサークルだって、おカネがなければ続けられない。

また、ビジネスはおカネなしでは絶対に成り立たない。グローバリズムのようにすべての価値観をおカネに集約しないとしても、やはりおカネとの関係は切っても切りきれない。この現実的な課題に対する本書の解決法は、**「おカネを『共感の乗り物』とみなす」**というものである。

この発想は、第3章に述べた「共感のゲーム」と「マネーゲーム」の整理の仕方と整合的である。そこに共感のゲームがマネーゲームを包み込むイメージを示した（「図表3－7 共感のゲームとマネーゲーム」参照）。ここでも、それと同じフレームで考える。

第3章で、おカネ（貨幣）に関する意見を3つ引用した。そこでの引用に、このフレームを適用する際のヒントが隠れている。

1つ目の引用は、「貨幣とは、すべての商品の抽象的価値を現実のものたらしめる交換手段である」（『法哲学講義』G・W・F・ヘーゲル）というものであった。一方、その章で別途述べたように、おカネはサービスへの共感の対価として支払われるものと整理できる。両者を組み合わせて、ここに言う「すべての商品の抽象的価値」を「共感」そのものと置き換えればいい。そうすれば、おカネを共感の交換手段としてとらえることができる。

2つ目の引用は、「貨幣とは『価値の乗り物』です」（『貨幣進化論』岩村充）というものであった。これも同様で、「価値」を「共感」と考えればいい。そうすれば、貨幣は「共感の乗り物」だということになる。

こうした読み替えは、経済学の常識からは離れている。経済学では、おカネは「財・サービスを購入するのに使える資産」であり、「交換媒体」「価値の貯蔵手段」「計算単位」と定義される（『クルーグマン マクロ経済学』ポール・クルーグマン、ロビン・ウェルス）。この考えに慣れ親しんでいると、「おカネは価値そのものである財・サービスといつでも交換できるから、それ自体が最も価値のあるものである」と考えるようになる。そこからもう一歩進めば、「だから『おカネは私欲の権化』であり、『欲望の乗り物』だ」という考えも出てくる。経済は私たちの生活の中に深く入り込んでいるので、普段私たちはこうした経済学的な発想に強く影響されている。

ここではその発想を離れ、おカネの役割を位置づける。私たちがおカネを払うのは、その交換の対象となる物・サービスに「それ、いいな」というポジティブな感情をいだくからである。そうした感情は、その物・サービスに私たちの心が動くことによって生じる。このポジティブな感情を共感と呼ぶと、おカネは共感が生じることにより、交換に使用されるということになる。**これは、「私たちにとって大切なことはおカネそのものではなく、交換の原因となる『他者からの共感』である」ということを意味する。おカネは共感の乗り物として交換に使用される道具にすぎない。**

6 おカネのリテラシー

おカネ（貨幣）については、第3章でもう1人、岩井克人氏を引用した。「貨幣とは、言語や法と同様に、純粋に『共同体』的な存在である」（『貨幣論』）。岩井氏は、おカネは共同体的な存在で、言語や法と同じであると言う。この考え方にも重要なヒントがある。

社会生活を円滑に営むために言語や法を利用しようと思うと、それなりの習熟が必要である。母国語であっても、私たちは長い年数かけて漢字を覚え、話し方や文章の書き方を学ぶ。外国語を学ぶのは、母国語よりもっと手間がかかる。法律も同様である。常識的な社会の規則は、大人になるにつれて何となくわかるようにはなるが、細かい点になると時間をかけて学ばなければわからない。弁護士や裁判官といった法律のプロになろうと思うとなおさらで、それこそ長い時間をかけて勉強し、資格試験も通らなければならない。

おカネがこうした言語や法と同じ共同体的な存在であれば、結局これを社会の中でうまく使いこなすためには、それなりに時間をかけて、それについて学ぶことが必要になる。学んで身につけたものをリテラシーと呼ぶならば、**社会で生きていくためには、やはり「おカネのリテラシー」が必要だということになる。**つまり、おカネに関する知識——金融・金融商品・会計・商売・経営等に関する知識——とそれを取り扱う能力を身につける必要がある。**「おカネを『共感の乗り物』と理**

解したとしても、それをうまく扱うためには、知識と能力は必要だ」ということである。

私たちは言葉を使って他の人とコミュニケーションを行う。言葉を使ったコミュニケーションを通じて相手に共感してもらうためには、話し方、聞き方、書き方、読み方にそれなりの習熟（リテラシー）が必要になる。聞いた話（あるいは書かれた文章）を正確に理解し、相手の立場や気持ちを考えながら、適切な言葉づかいで応答するから、自分の意図が相手に伝わる。それによってはじめて双方向のコミュニケーションが成り立つ。それがうまくできなければ相手に理解されないし、ひどい場合には「嫌な人だな」と誤解されて、それで関係は終わってしまう。

おカネも同じである。おカネのやり取りも双方向のコミュニケーションであると考えると、それを円滑に行うためには、おカネとそれに関連する事柄に、それなりの理解と習熟（リテラシー）が必要になる。相手からおカネを受け取るためには、相手の立場や気持ちを考えながら、かゆいところに手の届くサービスを提供することが必要となる。それに対して適切な金額を払ってもらうから、取引は成立する。金額が不当に高いと、仮に1回目の取引が成立したとしても、長期的な関係を築くことはできない。

前節と本節の考え方は、ローカルなもの（日本だけのもの）ではなく、グローバルに適用することができる。したがって、グローバリズムの思想を目の前にしても、別に怖がることはない。他の人からの共感を重視するという原理と、「共感の乗り物」であるおカネについてのリテラシーを持っていれば、余裕を持って対応することができる。

図表8-4■「グローバリズムの時代」と「共感の時代」

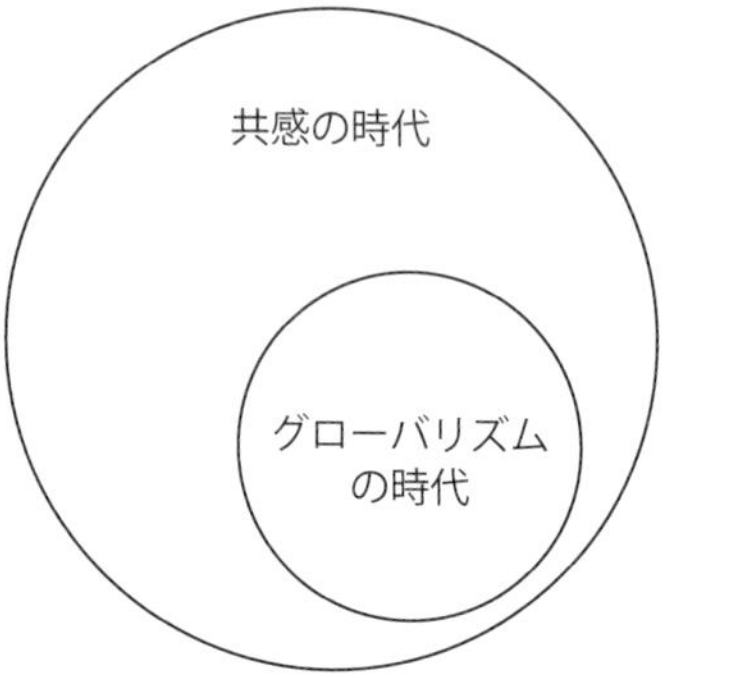

グローバリズムは「共感の時代」の考え方を飲み込むものではない。「共感のゲーム」が「マネーゲーム」を包含すると考えたのと同様に、「共感の時代」のコンセプトが「グローバリズムの時代」のそれを包含しているのである（図表8－4）。

7 制度と思想

本書の冒頭に楠田丘氏の「賃金論とは思想闘争です」という言葉を引用した。人事制度とは賃金を支払うための仕組みであり、したがって人事制度にもそれを支える思想が必要となる。それがなければ、異なる思惑を持つ関係者の利害を調整することができないし、働く人の心を引き付けることもできない。

「旧制度（長期雇用を前提とする日本の職能資格制度）」にも、やはり思想が存在する。それは「人の能力に対して給与を払う」というものであった。それは、戦後の成長期の日本に最適な考え方であったのだろう。だからこそ、この制度が日本企業に広く受け入れられた。けれども時代は変わってしまった。新しい時代には新しい制度が必要であり、それを支える新しい思想が必要である。ビジネスがグローバル化している中、その制度と思想は日本だけに通用するものではなく、グローバルに適用可能なものでなければならない。

本書で提案した「新制度」を支える思想は共感である。その思想では、おカネ自体を目的としない。共感を他者に伝える方法はいくつもあり、おカネはそうした方法の一つにすぎないと位置づけられる。おカネは共感の度合いに応じて交換される。この思想は人事制度や組織の運営だけではなく、ビジネスそのものにも首尾一貫して活用される。またこの思想は、今述べたような形でグローバリズムをも包含し、グローバルに適用可能である。

新制度はビジネスのグローバル化に対応している。したがって、グローバル化に最適化した図表8－1の組織にも適用可能である。ただしこの場合、この組織を貫く運営原理は、グローバリズムではなく共感である。その前提に立つと、この組織を運営するためには、次の2つの点に配慮する必要がある。

1つ目は、図表8－1を「社員の人格の上下関係を示す組織図」と理解してはいけないということである。この組織では、「グローバルな役割とローカルな役割」「経営とそれ以外」「専門性のある仕事とそれ以外」というような明確な上下関係を設けているように見える。こうした役割の違いは、単にそれぞれの業務の機能にすぎない。業務の機能と社員一人ひとりの人間性は別物であり、機能の違いを社員の人格の上下としてとらえるべきではない[2]。

共感をベースにした結び付きは、基本的に人間の上下関係を嫌う。発想の根本にあるのは、「図表3－2　共感のゲーム①」に示したように、さまざまな人が丸テーブルを囲み、対等の立場で議論するイメージである。組織である以上、組織上の機能として、経営や専門性を担う職務が存在する。けれども、それは組織の機能としての役割の問題であって、人間性や人格の問題ではない。組織の中でも、共感に基づく対等な人間関係、チームワーク、評価がなされるような企業文化を醸成していくことが必要不可欠になる。

2つ目は、言語を1つ（英語）に集約するといっても、限界があることを知るべきである。言語はビジネスを行ううえで、非常に重要なコミュニケーションの道具である。けれどもそれはあくまで道具であって、道具を使えないからといって、人間の優劣が決まるわけではない。

グローバル化した組織では、さまざまな属性を持った社員が集い、ヘテロジニアス[3]な環境となる。共感をベースにした組織は、こうした環境に対応しやすい。共感の丸テーブルを囲むさまざまな人は、国籍や母国語が違うということが元々想定されている。一方で言語を1つに統一するというのは、ホモジーニアス[4]な発想である。それぞれの方向性が反対であり、放置すると不協和音が組織のあちこちに発生する。

誰にとっても、母国語を使ったほうがうまくコミュニケーションできるに決まっている。仮に英語をその組織の公用語にするにしても、それを母国語としない人への配慮は必要不可欠である。母国語の違いをそれぞれの人が持つ多様性の一つとしてとらえ、社内のダイバーシティ活動の一環に取り入れるといった工夫が必要になる。[5]

8 人材要件

制度とそれを支える思想に加え、これをグローバルに運営していく場合、社員に求められる要件は何かということにも触れておきたい。この制度を使ってグローバルにビジネスを展開するとなると、それは図表8－5の4つとなる。

要件の土台となるのは、共感力である。組織もビジネスも共感をベースに運営されているので、これが土台となるのは当然である。

図表8－1の組織で主に使われる言語は英語なので、やはり英語を使いこなせることが好ましい。それぞれの社員の母国語（日本人社員の場合には日本語）に配慮がなされるにしても、コミュニケーションの道具としての英語の重要性は変わらない。

またこの組織では、専門性があるかないかによって与えられる役割が異なる。「経営」にも「経営する能力」という専門性が求められると考えると、組織運営の中核を担うA～Cでは必ず専門性が求められる。その専門性は、グローバルに通用する必要がある。グローバルに通用する専門性ということは、世界で一流と認められる専門性である。B「ローカル：経営」やC「ローカル：専門

図表8-5■グローバルな組織で求められる要件

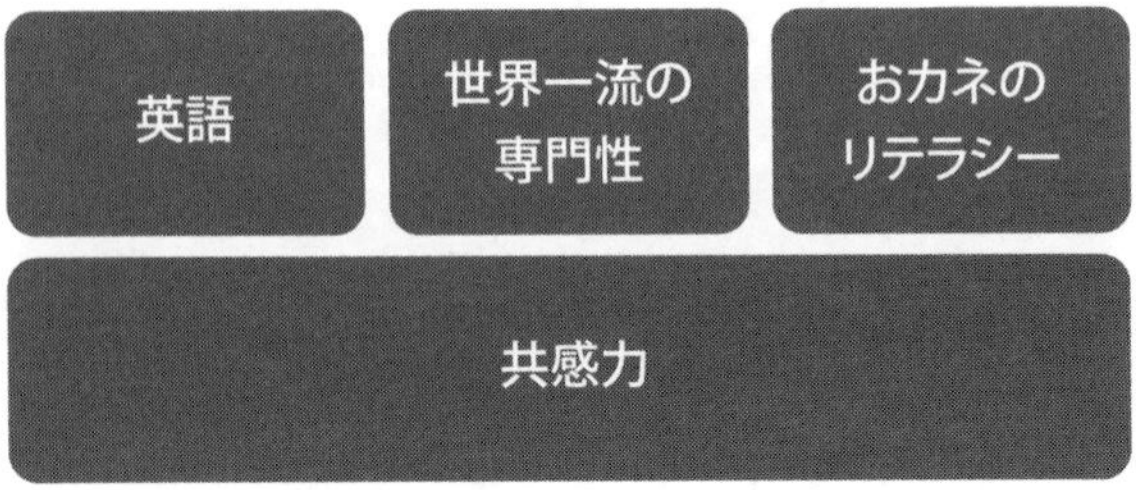

性」であれば、その国だけで通用すればいいように思うが、それもやはりグローバルな観点で比較され、選別の対象になる。したがって、そこでもやはりグローバルに通用する一流の専門性が求められる。

また共感の原理で運用すると言っても、ビジネスには必ずおカネがつきまとう。したがって「おカネのリテラシー」が求められる。

図表8－5の上側に書き入れた3つは、誰にとってもすべてを完璧にこなすことは困難である。したがってそれぞれの得手不得手があるのは仕方がない。組織が存在する理由の一つは、それぞれの弱みを他の人の強みで補うためである。したがって、この3つすべてについて抜群の対応力を持っている必要はない。けれども基本的には、こうした3つの要件をある程度満たさないと、グローバルな組織の中で活躍することは難しい。

第6章の最後に、新制度では人事評価の公平性がより重要で、上司・評価者の責任は重くなり、「評価者に評価者たる正当性」が求められるということを述べた。上司・評価者の責任が重くなればなるほど、上司・評価者を見る部下の目は厳しくなる。十分な素養がないのに上司の地位についていれば、部下のほうが黙っていない。

今述べた3つの要件（英語・専門性・おカネのリテラシー）は、難易度が高いかもしれない。一方で、こうした難易度の高いことに対応できるということが、評定者あるいは上司として部下を評価する重要な根拠づけとなる。加えて、部下に対する共感力が求められることは言うまでもない。

人事運用がグローバル化すれば、こうした要件を十分に満たさないと、なかなか部下を持つこともできないということである。グローバル化した組織の中では、求められる要件水準も高くなる。それは、組織内の公平性を保つためにもやむをえないということになる。

9 新制度と旧制度

こうした能力要件を聞いても、ため息が出るだけかもしれない。「ちょっと勘弁してくれよ。そこまでできっこないよ。新制度でそこまでいってしまうのであれば、日本については旧制度のままでいくよ」と言いたくなる。その気持ちはよくわかる。第4章の最後に述べた「③混合型」の発想である。

すでに述べたように、日本だけでビジネスをやっているのであれば、それは可能である。グローバルにビジネスをやっている会社であれば、日本と日本以外に分けるしかない。それは図表8－6

図表8-6■新制度と旧制度の並列

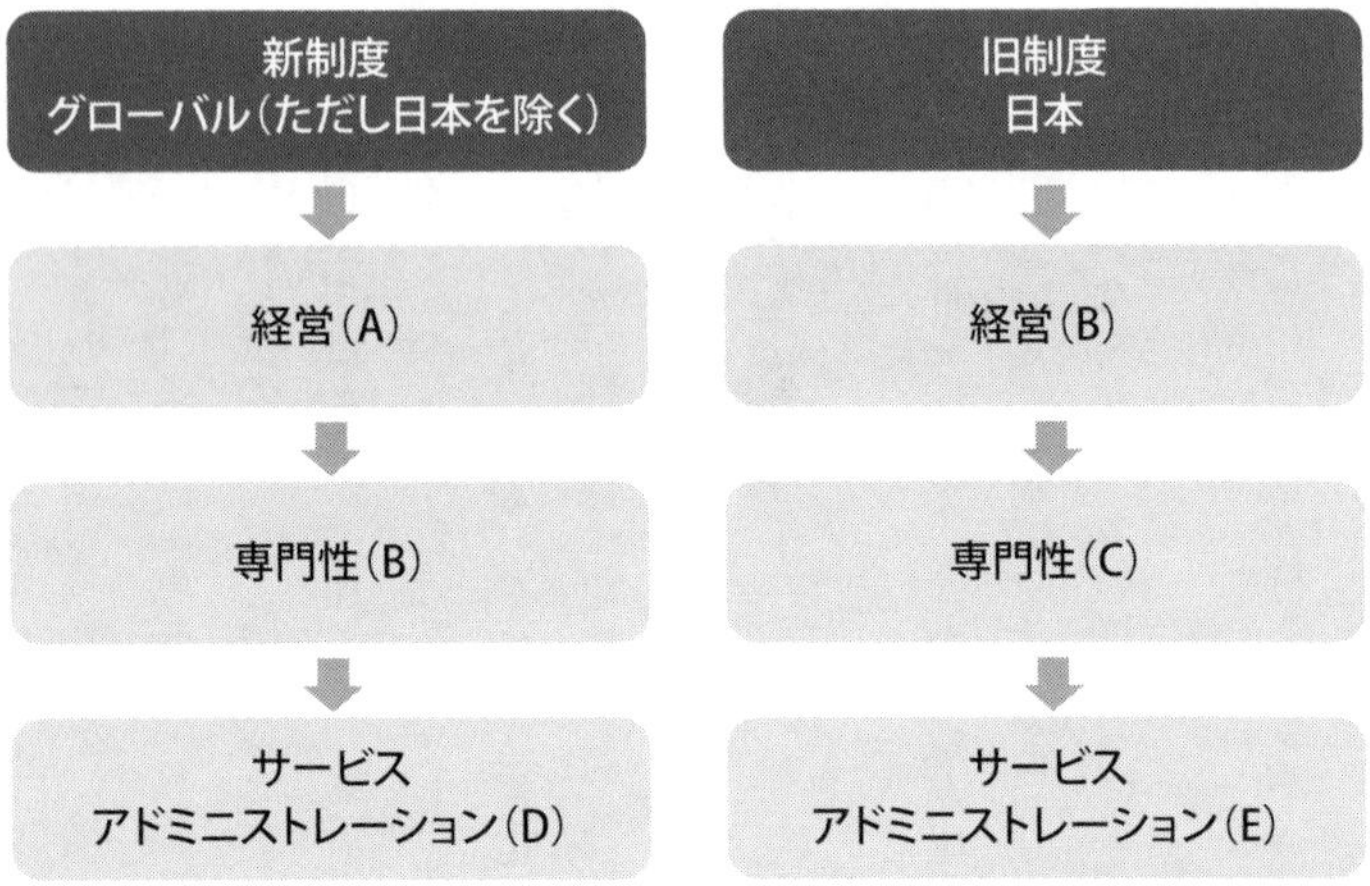

のような組織であろう。

この図の中の括弧内のアルファベットは、図表8-1のアルファベットに対応している。左側が「日本を除くグローバル」つまり「海外」で、右側が「日本」を示している。海外には新制度を適用し、日本には旧制度を適用している。こうすれば、日本だけは今までと同様、職能資格制度と長期雇用でやっていける。こうした運用は、日本だけを別扱いとして、グローバル化を避けている。したがって日本の社員については、共感能力とおカネのリテラシーはともかく、英語、世界一流の専門性といった難易度の高い能力を求められることはない。

それも1つのやり方であろう。長期雇用に付随する長期債務に耐えるだけの財務的余裕が会社にあり、ビジネス自体を日本とそれ以外に分けられるのであれば、こうして会社を運営して

図表8-7■グローバルと日本

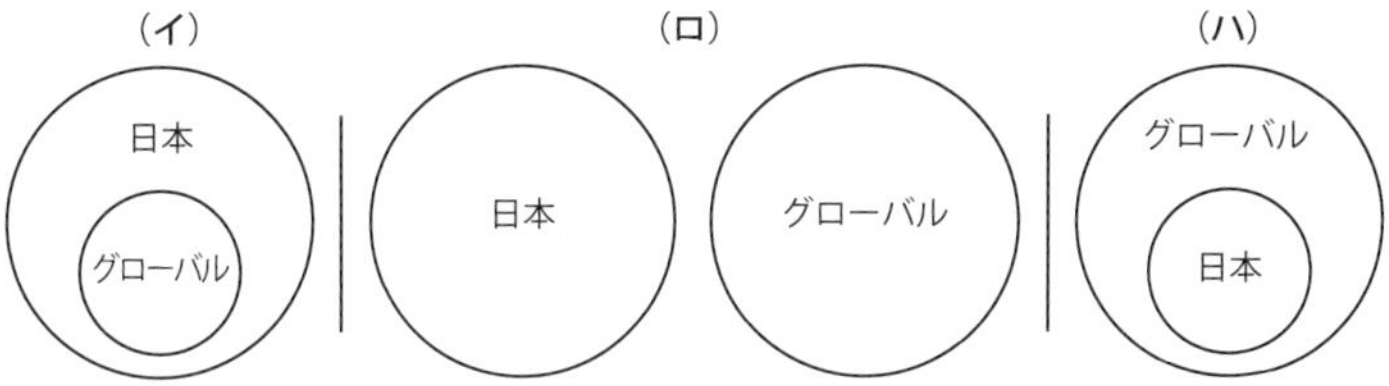

いくことも可能かもしれない。

けれどもこの場合も、誰かが日本と日本以外を俯瞰して経営し、グローバルに整合性のある会計、テクノロジー、マーケティングの戦略を作成し、実行していかなければならない。顧客へのサービスの提供、社内のアドミニストレーションについても同様である。そうすると、この図の左側と右側を橋渡しする役割が必要になる。その役割はまさにグローバルな役割なので、結局日本と日本以外の両方を担当する経営者、専門家、サービス・アドミニストレーションの担当者が必要になる。図表8-6の発想は、グローバルという上位概念とローカル（日本）という下位概念を並列して置くところに無理がある。図にすると図表8-7のようになる。

簡単な話で、グローバルにビジネスを運営するようになると、グローバルとローカル（日本）の関係は、この図の中の（ハ）の関係になる。日本はグローバルの一部である。日本がグローバルを飲み込む（イ）でもないし、日本とグローバルが並列する（ロ）でもない。図表8-6の仕組みはこの（ロ）を前提にしているので、無理が生じている。

結局、図表8-6のような運営は困難で、話は元に戻ってグローバルに一体化した人事制度を考えることが必要になる。つまり、**「グローバルに1つの制度（新制度）で対応するしかない」ということになる。**

10 目の前の現実と時代の流れ

会社の運営や個人の生活は究極的に現実的な出来事で、理想だけを語っていても問題を解決することはできない。そもそも本書で人事制度を「金融商品」としてとらえることから始めたのは、この趣旨に基づく。ビジネスの世界で一番現実的なものとは、売上、費用、利益、債権、債務、株主資本といったおカネである。おカネの観点で人事制度を分析するためには、それを金融商品と考えるのが一番の近道である。こうした足下の現実を無視すれば、会社も個人の生活もあっさりと破綻してしまう。

各社の置かれた状況はさまざまであり、一気に新制度に移行することが困難なことも多いであろう。実務経験者として、それがいかに大変なことかはよくわかっている。いきなり新制度のことだけを述べず、まず第5章で旧制度の改良方法を述べたのも、新制度導入がいかに大変かということを理解しているからである。「まず職能資格制度の修正から着手し、新制度への移行の機が熟するのを辛抱強く待つ」というのも経営戦略の一つであり、そのしたたかさを否定するつもりはない。

一方で、現実がすごいスピードで変わっているということも理解する必要がある。大きな変化は、時代の流れとなり、社会の風景を変えていく。また時代の流れは、私たちの常識や考え方（思想）を変えていく。時代の流れは創造的破壊者であり、遅かれ早かれ、好むと好まざるとにかかわらず、古い世代の古い制度を解体し、新しい世代のための新しい制度を生み出していく。時代の流れに逆らえば、解体されるほうに組み込まれてしまう。

時代の流れをどう読むかは、それぞれの置かれている立場でさまざまな意見があるだろう。けれども、少なくとも次の３つは避けがたい流れのように感じられる。

①ビジネスがグローバルに展開されるようになる
②おカネだけではなく、お互いの共感や評価を重視するようになる
③私たち一人ひとりが多様なネットワークを持つようになる

いずれもこの章ですでに説明した点である。①は「１つの国だけにこだわる」という考え方を、②は「おカネだけにこだわる」という考え方を、③は「１つの組織だけにこだわる」という考え方を壊す方向に働く。要するに、国やカネや組織より、私たち一人ひとりが持つ価値観やネットワークのほうが尊重される世の中に変わってきているということである。こうした大きな流れをふまえて人事制度を設計しなければ、やがて時代の流れが今の制度を解体してしまう。

新制度はこうした時代の流れに対応している。それはグローバル化に対応可能であり、かつおカ

ネではなく共感を原理とし、組織への出入りが自由であることを前提として成り立っている。この意味で、本書の最終的なお勧めはやはり「新制度」の導入である。

【第8章＊注】

（1）1944年生まれの社会学者で、2004年現在、ミュンヘン大学社会学研究所所長。（『グローバル化の社会学』訳者解説より）

（2）組織の中の役割（職務）と人格の上下関係については、筆者前々著『大企業サラリーマン 生き方の研究』「第4章 制度改革へ向けての提案――第3節【提案3】会社の果たす役割を明確にする 会社も上司も奢ってはいけない」に詳述している。

（3）Heterogeneous――2．異種の部分から成る、不均質の、混成の、雑多な（『ランダムハウス英和辞典』）

（4）Homogenous――2．均質の、同質の（『ランダムハウス英和辞典』）

（5）母国語とダイバーシティの関係については、筆者前著『日本企業のグローバル人事戦略』「第4章 外国語とダイバーシティ――第4節 ダイバーシティと母国語の違い」に詳述している。

あとがき

多くの本を読んでいると、そこに書かれていることから学んだり、内容に共感したりするだけではなく、それを書いた著者の人柄に尊敬の念をいだくことがある。実際に会ったこともないのに、そこに書かれた文章だけを通じて、著者の人柄まで尊敬してしまうというのは、ある意味不思議な話である。そういう本に出会う機会は少ない。特に知識やノウハウの習得を目的として読む仕事関係の本では、そういう機会が少ない。けれども、まれにそういうことが起こる。

人事関連の本で、私がそう感じたのは楠田丘氏である。彼は日本の「職能資格制度の生みの親」と言われる。彼の『賃金とは何か―戦後日本の人事・賃金制度史』(1)を読んでいると、彼が当時の人事運営上の課題をよく調査し、そうした課題に対応すべく職能資格制度を作り上げていった姿がよくわかる。また、それが彼1人の頭の中だけで作り出されたものではなく、多くの経営者、労働組合員、人事担当者とミーティングを重ね、実際のケースに向き合いながら改善を重ねた結果であるということがよく理解できる。労働省(当時)を退官し、人事制度の設計・導入に情熱を注ぎ込んでいったという生きざまも伝わってくる。知識やノウハウだけではなく、こうした彼の苦心と情熱がヒシヒシと伝わってくるから、尊敬の念につながるのだと思う。

本書の巻頭にも示したように、彼は「賃金論は思想闘争です」と言う。これを読むと、「なるほど、その通りだな」と思う。たとえば、共産主義も1つの賃金論だと考えることができる。マルクスは、当時の資本家がいかにして労働者を搾取するのか（賃金を抑制し、資本家の利潤を極大化するのか）という構造をきれいに分析している。そうした分析を前提に彼が作り上げた共産主義というのは、大変立派な思想の一つである。

思想とは「正しさ」の根拠となる原理である。いろいろと違う意見が出た場合、意識的にしろ無意識的にしろ、私たちはその原理に立ち返って、どの意見が正しいかを判断する。賃金をどういう原理に基づき、いくら払うかというのは、いつの時代も切実な問題である。さまざまなステークホルダーの思惑がぶつかり合うので、その答えは簡単には出ない。企業活動に関与する人は、誰だってなるべく大きな分け前に預かりたいと思っているわけで、そうした切実な利害関係を調整し、大方の合意が得られる原理を導き出すことは、容易な作業ではない。

楠田氏などが中心になって作り上げた職能資格制度というのは、その答えの一つである。長期雇用を前提とした雇用環境では、本当によくできている。中途半端に批判しようと思っても、すべての批判に対して理論武装がなされている要塞のようにも見える。けれども、グローバル化が進展し、個人の価値観が多様化した今の時代においては、残念ながら「よくできていた」と過去形で語らざるをえないように思う。それはあまりにもよくできていたので、時代が変わってもそれに代わるモデルの登場にはいたらず、今でも日本企業の人事制度の主流として脈々と生き残っている。けれども、さすがに時代の要請に合わなくなってきている。

楠田氏への尊敬の念にもかかわらず、この制度の要点を簡潔に批判すると「この制度が前提とする『人の価値に賃金を払う』という基本思想は、今の時代となっては社員に対して傲慢だと言わざるをえない」ということである。1人あたりの国民所得が低く、多くの人にとって生計を立てる術が会社員になる以外なかった時代であれば、それは成り立つ。「会社は社員の長期にわたる生計にコミットするから、社員は全人格的に会社にコミットしてくれ」ということであろう。「人の価値」を評定するということは、社員がコミットした「全人格」を評価するということである。

しかし今はそうはいかない。さまざまな批判はあるにしても、日本の社会保障制度は充実している。多くの人にとって、最低限の生計の維持が差し迫った大問題になっているわけではない。価値観も多様化している。「自分という人間の価値を会社が決めるというのは、しっくりこない。今の業務は楽しいから毎日一生懸命働くけれど、自分の人格や価値観のすべてを会社に売った覚えはない」というのが多くの人の感覚ではなかろうか。社員の「人としての価値」を会社が決められるとするのは、経営者、上司、人事担当者の思い上がりなのではなかろうか。

職能資格制度が時代遅れになっているのであれば、どうすればいいのであろうか。アメリカ流の随意雇用（Employment at Will）と職務等級制度をそのまま日本に持ち込んで、アメリカ企業と同じやり方をすればいいのであろうか。それをもって「グローバル・スタンダードの導入」と呼び、一丁上がりであろうか。私はそれでうまくいくとは思わない。アメリカにはアメリカの労働慣行、法、歴史、それらを前提とした幼少時からの教育がある。それが異なる日本にそれをまったくそのまま移植してもうまくいくとは思えない。

ヘーゲルの『法哲学講義』の序文に「ここはロドスだ、ここで飛べ」という比較的有名な引用がある。「あなたたちは見ていなかったが、昔ここことは違う場所（ロドス島）で私はこんなすごいことをやってのけた」と虚偽の自慢をする人に対して、「そんなに自慢するなら、ここでもう一度同じことをやってみろ」と言う寸鉄の批判である。[2] アメリカの仕組みをそのまま日本に持ち込むという発想に対しては、私はこれをもじって**「ここは日本だ、ここで飛べ」**と言いたくなる。私は日本が特別に選ばれた国で、そこには他の国にはない神聖な文化と伝統があり、したがって他の国とはまったく異なる独自の人事制度が必要であると言うつもりはない。そうは言わないが、しょせん違う労働慣行、法、歴史の中で育まれてきたものを、そのままそっくり導入してもうまくいかない。**大切なことは、前例踏襲でも人まねでもなく、私たちの足元の現場で起こっていることをよく観察し、それをさまざまな知識を活用して分析し、自分たちの頭でよく考え、制度設計を実施すると**いうことである。企業活動を持続的に成功させるためには、製品やサービスのイノベーションが必要不可欠だと言われる。今述べた「大切なこと」は、その際のプロセスと同様である。言い換えると、時代の変化とともに**人事制度にもイノベーションの実現が求められている**ということである。

私が本書で示したかったのは、このことである。

最後に再び、楠田氏の本（『賃金とは何か――戦後日本の人事・賃金制度史』）から2つ引用してみよう。

「理論は、結構壊されもするし、また生き返る。人の心をつかまないと制度にはならないんですよ」

結局いつの時代も、すべての人から支持される思想・理論など存在しない。また「『正しさ』の根拠」となる原理は、時代とともに動いていく。その中で、さまざまな「思想」が、より多くの「人の心」をつかみ、幅広い支持を得るべく「闘争」を繰り返す。それがまたイノベーションのプロセスでもある。本書がこうした社会的なプロセスの中で、少しでも貢献ができれば幸いである。

「社員満足というのは三つしかないのですから。相互信頼関係、つまり信頼できる制度ができるかどうか。それから納得できるかどうか。どんなに信頼できても納得できなければ、よいとは言えませんからね。それから持続できるのかどうか。途中でやめたらそれはもう社員満足は得られませんからね。朝令暮改ではね」

まさにおっしゃる通りであろう。本書がそこまでの域に達しているかどうか、あらためて自問しながら、ここで筆を擱く。

本書は白桃書房代表取締役・大矢栄一郎氏のご理解とサポートで出版にいたりました。また筆者は長年にわたり社内外のさまざまな方々と、これからの日本企業の人事制度のあり方について議論させていただきました。加えて本書に引用したヘーゲルなどの哲学については、私的な読書会・勉強会にて大学の先生方に教えを請い、他の参加者の方々と議論させていただき理解を深めることができました。今回1冊の書籍としてまとめることができたのは、こうした機会を通じて、さまざまなご意見・アドバイスをいただけたからこそだと感謝いたしております。お名前の掲載は控えさせていただきますが、お世話になった皆様方に心より御礼申し上げます。

以上

【あとがき＊注】

（1）正確に述べると、この本は楠田氏が書いたものではなく、彼へのインタビューで構成されている。

（2）『イソップ物語』に、あるほら吹きが、ロドス島でものすごい跳躍をやらかしたこと、おまけにそれを見ていた証人たちがいたことを自慢したので、聞いていた人たちが、「お前さん、もしそれがほんとうなら、証人なんかいらない、ここがロドスだ、ここで飛べばいい」といった話がある。（『法の哲学』ヘーゲル、藤野渉・赤沢正敏訳の訳注より引用）

【著者紹介】

山西 均（やまにし ひとし）

和歌山県出身。1983年、大阪市立大学法学部卒業。野村證券株式会社入社。Nomura International plc. London, Head of Japanese Equities Sales、Nomura International Ltd., Hong Kong, Head of Asia Investment Advisory、野村ホールディングス㈱グループHR企画室長等を経て野村バブコックアンドブラウン㈱コーポレート統括部長。人事関連の著作として『大企業サラリーマン 生き方の研究』、『日本企業のグローバル人事戦略』（いずれも日本経済新聞出版社刊）、「金融の観点から見る人事制度」（「賃金事情」［産労総合研究所］に2014年5月から11月まで連載）。

■グローバリズムと共感《きょうかん》の時代《じだい》の人事制度《じんじせいど》

——これからの時代《じだい》に即《そく》したしなやかな人事《じんじ》のあり方《かた》を探《さぐ》る

■発行日——2015年11月26日　初版発行　〈検印省略〉

■著　者——山西《やまにし》 均《ひとし》

■発行者——大矢栄一郎

■発行所——株式会社　白桃書房

〒101-0021　東京都千代田区外神田5-1-15

電話 03-3836-4781　FAX 03-3836-9370　振替 00100-4-20192

http://www.hakutou.co.jp/

■印刷・製本——藤原印刷

ISBN 978-4-561-23667-2 C3034